意味論と語用論に基づく

最上級英文法理論

――変項・認知・文脈からの母語話者の言語知識の解明――

Eiichi Iwasaki

岩﨑　永一

[著]

三惠社

An Upper-Advanced Grammatical Theory of English Based on Semantic
and Pragmatic Theories: Understanding Native Speakers' Linguistic
Knowledge from the Perspectives of Variables, Cognition, and Context
Copyright © 2018 Eiichi Iwasaki

SANKEISHA CO., LTD.
2-24-1, Chumaru-cho, Kita-ku, Nagoya, Aichi, JAPAN
ISBN: 978-4-86487-834-0 C3082 ¥2500E

Printed in Japan

推 薦 の 辞 (1)

　本書は、意味論と語用論の観点から、英語の変項名詞句、不特定・非指示の定冠詞の名詞句、不定冠詞・定冠詞を伴う単数名詞、日英語の疑問代名詞、再帰代名詞、等の意味現象と文法現象の綿密な分析を試みた独創的研究である。本研究では、認知言語学、形式意味論、生成文法、等の道具立てに基づいて、英語の名詞句に関わる多様な言語現象の統一的な記述と説明を試みている点が特に注目される。また本書ではこの統一的な規定に際し、日常言語の意味に関する複合階層モデル（言語モジュールに関わるＡ層、情報構造・認知構造に関わるＢ層、社会的知識、等に関わるＣ層の区分に基づく階層モデル）を提示し、この種の階層に関わる言語現象の体系的な記述と説明を試みている。この複合階層モデルの独創性は、特にＡ層は生成文法のモジュール性に関わる意味規定、Ｂ層は認知言語学の認知プロセス、イメージ性に関わる意味規定、Ｃ層は、語用論的な要因に関わる意味規定の実証的研究を体系的に可能とする点にある。本書は、この階層モデルの体系性に基づく注目すべき英文法理論の研究である。また本書では、以上の英文法理論の枠組みに基づく研究成果が、実践的な英語教育の応用分野にどのように貢献するかに関しても、具体的な考察がなされている。本書は、今後の上級レベルの英文法や理論言語学の研究だけでなく、言語教育の応用分野の研究にも理論・実証面の重要な知見を提供する独創的な研究書として一読をお薦めしたい。

京都大学名誉教授
関西外国語大学特任教授
山梨　正明

推 薦 の 辞（2）

The English grammar taught to second-language learners rarely reflects the insights obtained from modern linguistic theory and research. In fact, vitally important grammatical features like definiteness are often explained impressionistically if at all. Iwasaki's systematic and thought-provoking exploration of English grammatical theory should inspire deeper understanding of how the English language actually operates as well as innovative approaches to the teaching of English grammar.

Professor Tom Gally
The University of Tokyo

推薦の辞（3）

近年、伝統的な文法知識を軽視し、過度にコミュニケーション重視をうったえる風潮が見て取れる。小生自身はコミュニケーション活動を通した外国語学習のあり方には概ね賛成である。他方、英語を話す際、「文法が間違っていても、意味が伝わればそれでいい」という主張には同意しかねる部分が少なくない。「意味を正しく理解し、伝えること」は、決してたやすいことではない。日常の簡単なやり取りであればまだしも、会議や交渉などのビジネスシーンにおいて「外国語で意味を伝えること」の困難さは、とても筆舌の及ぶところではない。企業での英語コミュニケーションコンサルティングに従事している小生の立場から言わせてもらえるならば、細かな言葉遣いもさることながら、発話の文法的正しさ、とりわけ冠詞の適切な使用が、交渉相手が英語母語話者であるかどうかに関わらず、意味交渉の場面で、成功を決定づける大きな要因となり得るのである。本書は、統語論、意味論、語用論に鋭く言及しながら、いきすぎた「伝わりさえすればいい」の言説に警鐘を鳴らすものであるように、小生には思える。英語関連分野において、分野ごとのセクショナリズムが問題視されるようになって久しい。著者は「実験系、実証系の英語教育研究が研究勢力を拡大すると思われる中、このような確固たる理論言語学の科学的な研究も英語教育に取り込まれる必要がある」(p. 5)と指摘しているが、これには異論を挟む余地はない。本書は当該分野の専門家だけでなく、日本国内の様々な現場で英語教育に携わっている識者にとって一読する価値のあるものであると確信する。

東洋大学准教授
企業コンサルタント
佐　藤　　洋一

推薦の辞（4）

　岩﨑永一氏の新著『意味論と語用論に基づく最上級英文法理論』を読ませてもらった。これは真剣勝負の研究書である。気迫と慎重さが共存している。

　本書を読むと「歴史」を感じる。私が英語学、言語学に触れるようになったのは戦後まもない時期で、構造主義から生成文法の誕生及び初期の発展が言語学の旬で、認知意味論、語用論の発展はその後の時期になる。そんな状況の中でも奥津敬一郎氏の「私はうなぎだ」文の分析を読んだ時は私にとって数ある星の中でひときわ冴えたものがあった。その時期から著者も参考にしている畏友西山佑司氏らの分析方法を踏まえながらも今回さらにより説得的な論を展開する氏の切れ味の鋭い論考を読むと、時とともに積み上げてきた多くの言語学、意味論、語用論研究の一端がここまで来たかと感慨を覚えざるをえない。

　さて、今後この分野が将来どのように発展するだろうか。これを示唆するヒントがじつは本書に見い出せ、期待感を持たせるのである。それは著者が提案する A，B，C 層の意味構造である。この 3 層のなかでは A 層に関する分析が最も具体化しているが、B 層にも関係する見解が見え出し、さらに新しい C 層の存在を仮定する見解を岩﨑氏は提案している。この C 層の中身はなにか。私はこの中に意味論、語用論ばかりでなく言語理論の将来の可能性を感じる。夢が実現可能性をもってくる。著者にはこれからもこの問題を深く広く分析し、やがて奥深い理論を極めてもらいたい。

　また、the, there の問題は一見重箱の隅を突いているように見えるかもしれないが、そうではない。意味論、語用論の尖った部分を明らかにすることによってその論の全体像を示唆することができるのである。その立場に岩﨑氏のこれらの研究の方向の一端があるという意義を持つと考えたい。

　私が主に仕事をしてきた分野は英語教育、応用言語学の一部であるが、この分野も戦後、科学の眼が入って長足の進歩を遂げた。これに関して本書では第 11 章「英語教育での活用可能性と理念的問題」がある。

　この章が面白いのは、他のほとんどすべての章での理論の追求という研究者の面を述べたが、教師という立場に立っての研究テーマを集め、

著者の教師としての経験や思考に基づいて教師の態度はいかにあるべきかを論じていることで、氏の別の面を見せて、バランスがとれた論考になっている。例えば、ここで大学教養課程における英語の教授の在り方の根源的な理由を提案している。そこでは、大学における言語教育の根拠を西欧中世の大学の liberal arts に拠っていると考え、これを今日の大学の教え、学ぶ根拠の一つにするべきだと主張する。

その一方では英語の実用力養成を膨大な量の吸収などに求め、学生のために教師としても尽くすべきであると説く。実用と教養科目の学習の意義を再評価しようと提案している中に言語の理論研究の果実も入れ込むべきであるとも主張する。

効果的な教授法として、たとえば定冠詞 the の働きのイメージ図を用いた教授法を具体例をあげて紹介しているのはわかりやすい例である。難解な知識を図示すると学習者の理解が進むことを述べている。

英語教育の実践と理論言語学研究の両方を担う人が大学に多い現実を基に、その両立を維持することの大切さを説く。岩﨑氏は研究だけに興味があるのではない。また、言語学分野で理論言語学と応用言語学の関係については、言語の音、構造、意味などの言語理論研究と言語と人間活動の関係を研究する応用言語学の分野の相互の研究交流が必要であると考えている。互いの研究に相手の研究結果を利用する積極性を示すべきだとも主張する。これはともすれば相手の研究に無関心な両分野の研究者に再考を促すことである。

英語教員の専門性については英語を教える教師には該博な知識、理論言語学、文化、英語その他の言語の活用が必要になり、それを身に着ける教師の専門性が強く求められると論じている。本章では、他のほとんどの章で取り扱った意味論、語用論に基づいた意味構造の分析に加えて研究者は教師としても価値がある人材であるべしと説いている。

著者は3冊目の英語の意味論、語用論に関する、一段と内容が充実した研究書を出版することになった。これを機会に改めて岩﨑永一氏が研究者、教育者として活躍され、大成されることを期待したい。

慶應義塾大学名誉教授
明海大学名誉教授

小 池　　生 夫

はじめに

　認知言語学の隆盛を前にして、生成文法における意味論とは何かを再度、問い直す必要がある。そして、生成文法はその理論的基盤を維持しつつも認知言語学の知見を取り込む必要がある（cf. Iwasaki 2017）。一般に広く浸透している誤解は生成文法系の意味論とは形式意味論（＝真理条件的意味論）である、という誤解である。確かに、言語学や英語学の概論の教科書や講義では、統語論の章の次に来るのはたいてい形式意味論（と認知言語学）であり、また、形式意味論は統語論の樹形図を極めて素朴なレベルで受け入れているため、そのような誤解が生じるのは止むを得ない部分もあろう。しかし、西山（2017: 3）が正しく指摘するように、形式意味論（＝真理条件的意味論）から「もっとも距離を置いているのがChomsky」である。[1]　Chomsky（1995他）は指示的意味論への懐疑を述べ、さらに、人間の言語が統語論と語用論からなり、そこに指示的意味論（＝形式意味論＝真理条件的意味論）が入り混む余地はない、ということを示唆しているのである。要するに、形式意味論は決してチョムスキー学派の意味論ではないのである。チョムスキー学派の意味論なるものがあるとすれば、それは世界の中の実体を指示することに基礎を置かない意味論であるはずである。このような意味理論として、例えば、西山（2003 他）の変項名詞句に基づく理論や岩﨑（2015b）の理論が挙げられる。ただし、世界の中の実体指示を意味論レベルに全く持ち込まない、という理論的立場は、後者の方がより一層、鮮明になっている。

　そして、そのような意味理論と認知言語学は互いに守備範囲を異にしつつも、両立し、そして、相互にそれぞれを必要とするはずである、というのが本書執筆の出発点である。世界の中の実体を指示しない意味理論と世界の中の指示対象のイメージ・スキーマや指示対象の認知のプロセスを明らかにする意味理論は当然、両方とも必要だからである。結果的に、このような理論的立場、すなわち、世界の中の実体指示に基づかない意味理論と認知言語学の両方を両立させ、必要とする理論的立場は非常に興味深い、一貫したグランド・デザインを生み出すことになる。本書の第一の狙いはそこにある。

　より一般的には本書は意味論と語用論の知見に基づいて、新しい英語の文法理論、特に斬新な文法理論、言語理論を提示する試みである、と言えよう。ジャーナルではなく、著書だからこそ展開できる斬新で独自

な言語理論の提案も含めてある。領域細分化された専門性の高い学術雑誌は、極めて狭い先行研究の枠組みの中でのみ、新しい理論・仮説を評価する傾向があるように思われる。この傾向は極めて専門性の高い国際ジャーナルでも特に顕著である。「ジャーナル」では流行の理論的枠組みで書くことが求められるに対し、「著書」はそのような枠組みに収まらない新しいタイプの作品であることに意義があると思われる。[2] 著書は査読等の手続き面よりも、その作品の一貫性により、個々の論文では果たすことのできない意義があり、それは長い学問の歴史上、重要な役割を果たすと考える。偉大な作品は時間や商業的価値を超えて、生き残るはずである。

　本書は著者にとっては 3 冊目の纏まった単著の著作物である。1 冊目は『英語定冠詞とコピュラの意味論―背後に潜む自然数概念―』(金星堂, 2015) であり、網羅的・事典的な研究書というよりも、比較的コンパクトに纏まった、全く新しいオリジナルな仮説を凝縮したものを企図した。

　2 冊目は *The Syntax and Semantics of Comparative Correlatives: A Generative-Cognitive Language Design* (三恵社, 2017) である。著者が英国に留学中に開始した比較相関構文 (The + 比較級 …, the + 比較級 ….) の研究の総集編であり、どちらかと言えば、統語論に多くの頁を割いているが、意味論と語用論の議論も含めてある。そして、この構文の妥当な分析には、1 冊目で提案した英語定冠詞に関する仮説ならびに認知言語学の知見が必須なのである。

　本書は上記の 2 冊と比べて 2 つの大きな性質上の差異がある。1 つ目は、学術書ではあるが、図解を多用し、言語学の研究者だけでなく、広く文法理論や英語に関心のある読者が読みやすいように配慮した点である。本書の想定読者層は生成文法や認知言語学の研究者、大学院生、学生はじめ、日本語学、言語哲学、数学の研究者の他、広く英文法に興味を持つ方々である。言語学を専門としない読者は理論的な部分を読み飛ばし、興味のある言語事実の箇所のみを読み、そして、関連する文献を読み、考究し、再度、本書に戻ってきて、理論的な箇所を読んで頂く、という方法もあると思われる。2 つ目は、上記の 2 冊に比べて、より一層、語用論を重視した内容になっている点である。その結果、本書の副題が付けられることになった。しかし、語用論を重視しているとは言っても、言語モジュールを重視する研究姿勢は一面において堅持する。解明すべき言語事実に応じて、言語モジュールを重視する視点と言語モジュール以外の文脈や文化を重視する視点を章ごとに使い分け、そして、総じて一貫した言語デザインを提示することが本書の大きな任務である。

例えば、英語の定冠詞 the や日本語の「は」については膨大な先行研究がある。しかし、それらが、言語モジュール外の極めて複雑な要因を混ぜて議論していることが、それら二つの要素の意味論的本質に迫ることを阻害しているように私には思われる。例えば、英語の定冠詞については、新情報・旧情報の観点や特定・指示の観点からの学校文法的な説明が多い。同様に、日本語の「は」については談話レベルの議論が支配的である（cf. 西山 2003: 96）。本書は、英語の定冠詞 the や日本語の「は」、そして、前者が現れる定名詞句、それとは対照的な不定名詞句、さらに、前者を含む名詞句や後者が現れるコピュラ文（英語で言えば、A is B のような文、日本語では「…だ」の形の文）の言語事実を精査し、先行研究とは異なる全く新しい仮説を提案する。特に、それらに貫通する変項とそれに関わる個数の問題を議論する。日本語の「は」やコピュラ文については西山（2003）が非常に深く議論をしているが、彼の分析対象は主として日本語である。本書は分析対象の大部分を英語に絞る。（ただし、一部、コピュラ文の構造等は日本語の分析も含めており、それらは日本語学の研究者にとっても興味深いものとなるだろう。日本語学の専門家のご批判を待ち望んでいる。）したがって、西山（ibid.）の分析に影響を受けつつも、西山（ibid.）とは異なる理論体系を提案し、それによって、実際の英語の分析・説明を行うことを企図する。

　繰り返し強調すれば、本書は異なるトピックを無造作に集めたものではない。変項を含む命題函数やその変項（の値）の個数に着目し、それに認知言語学やその他の語用論の知見を取り込んだものである。西山（2003: ii）は以下のように主張している。

　　　これらの議論をとおして筆者は、(i) 生成文法理論の古典的な枠組みでさかんに論じられてきた英語の疑似分裂文（pseudo-cleft sentence）にたいする分析、(ii) 日本語の「は」と「が」の問題、(iii) 変項名詞句の問題、(iv) コピュラ文、とくに「措定文」と「倒置指定文」の曖昧性の問題、という 4 つの互いに独立した問題が根の深いところで有機的に結びついているということを明らかにしようとしているのである。

これを本書の立場で言い直せば、さらに、(v) 英語の定冠詞・不定冠詞の問題、(vi) 生成文法で盛んに議論されてきた Wh-移動とそれを誘引する変項の値の数の問題、(vii) 変項に基づく意味論レベルの議論が認知言語学

によってどう補完されるか、という問題が追加され、「変項名詞句」は「変項を伴う要素」と変更・敷衍される。これらがすべて一貫して結びついており、本書流の一貫した意味論・統語論・語用論の理論が構築されるのである。要するに本書は名詞句やコピュラ文を中心とする英語の様々な構文に潜む変項を解き明かし、さらに、認知言語学的な語用論モデルにより、それを補完するのである。その意味で、本書は一貫した内容の研究書である。特に、著者が 2008 年から取り組み始めたジャマイカ英語の比較相関構文の両節の間に顕在化するコピュラの問題等から上に挙げたような問題に至るまで、ずっと一貫して取り組んできた問題が鮮やかに一つの体系として、すべて有機的に結び付けられるのである。その意味で 10 年の研究が無造作ではなく、一貫した研究上の信念・探究心（探求心）・指針に導かれたものであったことに深く感謝し、また、大きな歓びであることも禁じ得ない。

　なお、本書は下記の拙稿・拙発表を基に、それらを修正・発展・再構成等を行ったものである。

○岩﨑永一．2018.「書評論文：山梨正明著『自然論理と日常言語－ことばと論理の統合的研究』」東京：ひつじ書房，2016，x + 210.『國士舘大學教養論集』81：9-24.
○岩﨑永一．2017.「「ウナギ文」における英語定冠詞と日本語の「は」―英語定冠詞の意味と英語教育におけるイメージ図の活用可能性―」日英言語文化学会第 13 回年次大会．於・明治大学．2017 年 6 月 10 日.
○岩﨑永一．2017.「英語の不定冠詞による総称表現の意味について―変項と統語位置を巡る新しい仮説の提案―」『外国語外国文化研究』（国士舘大学外国語外国文化研究会）27：1-22.
○岩﨑永一．2017.「総称表現における英語定冠詞と音楽楽器名の前の定冠詞：放射状カテゴリーによる分析」『國士舘大學教養論集』80：41-67.
○岩﨑永一．2016.「Donnellan（1966）の帰属的用法と西山（2003）の変項名詞句―広義の変項名詞句について―」『日英言語文化研究』（日英言語文化学会）5：27-38.
○岩﨑永一．2016.「There 存在文の意味論と英和辞書記述への提案」 *KLA Journal*（東京大学駒場言葉研究会）3：21-38.
○岩﨑永一．2016.「So 繋辞文の統語構造と意味論・語用論の援用による分析－TP 指定部に位置する変項詞としての so の意味－」『國士舘大學教養論集』79：1-34.
○岩﨑永一．2015.「非飽和名詞構文の意味論的分析―非飽和名詞は分散形態論で扱えるのか」『外国語外国文化研究』（国士舘大学外国語外国文化研究会）25：13-30.

〇岩﨑永一．2014．「非指示的な定冠詞の意味論的分析と英和辞書の記述への示唆—変項の個数と日本語の「は」との対比を巡って—」『國士舘大學教養論集』76: 27-57.

〇岩﨑永一．2016．「総称表現における英語定冠詞のデータと意味」JACET 英語語彙研究会第 11 回研究大会．於・東京電機大学．2016 年 3 月 5 日．

〇岩﨑永一．2015．「英語定冠詞とリスト存在文のデータと意味について—辞書記述と英語教育への提案—」東京大学駒場言葉研究会（KLA）．於・東京大学駒場キャンパス．2015 年 11 月 22 日．

〇岩﨑永一．2015．「There 存在文の意味論：変項詞としての there」日本第二言語習得学会夏季セミナー．於・八王子セミナーハウス．2015 年 8 月 18 日．

〇岩﨑永一．2015．「The + 不可算名詞 + 前置詞 + 不可算名詞における英語の定冠詞有無の問題—英語教育・辞書記述への提案—」国士舘大学外国語外国文化研究会発表大会．於・国士舘大学．2015 年 3 月 13 日．

〇岩﨑永一．2015．「「個数」をめぐる定冠詞・疑似分裂文・コピュラ文の意味論：「変項の個数」と「変項の値の個数」の組み合わせが決める意味と統語位置」京都言語学コロキアム．於・京都大学．2015 年 2 月 28 日．

　また、本書の内容の一部は執筆者が明治大学文学部の「意味論」の講義で扱った内容を含む。過去および現在の履修者の学生諸氏との議論が有益であった。とても聡明で善良な学生諸氏に対し、ここに記して感謝申し上げる。また、その「意味論」の講義のご機会を著者にお与えくださった清水あつ子先生（明治大学文学部教授）ならびに石井透先生（明治大学文学部教授）に心より御礼申し上げる。同様に、森田彰先生（早稲田大学教授）には常日頃の温かいご指導に御礼申し上げる。

　本書はまた、Lorie Heggie 先生や西山佑司先生との過去の多くの議論から有益な示唆を得ている。とりわけ、個々の分析は異なっても、西山先生へは私淑の念を禁じ得ない。意味論・語用論・言語哲学の多岐に渡って、西山先生のご講義やご講演、ご著書や論文、そして、西山先生との膨大な議論（電子メールによる私信）から、私が受けた影響と恩恵は計り知れない。ここに記して深く心より御礼申し上げる次第である。

　（ただし、上記は、もちろん、西山先生が本書の内容に賛成なさっているという意味では全くない。本書の分析はもちろん、私自身の責任である。）また、友人の秋本隆之先生、Chris Cummins 先生、Ashlyn Moehle 先生、Loren Waller 先生、さらに、Peter Sells 先生からの例文に関する様々なご示唆あるいは関係の議論・ご教示に感謝申し上げる。さらに、Grice の理論については、三木那由他先生から、また、集合論に関しては、中山幹夫先生（ゲーム理論）から、それぞれご教示を頂いた。衷心より御礼申し上げる。

はじめに xiii

　さらに、本書は4名の、意味論・語用論と英語教育の分野の第一人者の先生方から刊行に当たっての推薦のお言葉を、著者よりお願い申し上げ、頂戴することができた。著者にとっても、個人的に、大変な名誉なことであり、また、それ以上に、先生方の温かい、そして、雅量に富むご指導ご鞭撻に心より御礼申し上げる。（なお、インデントの有無等は頂戴した原稿そのものを尊重した。）

　慶應義塾大学名誉教授の小池生夫先生には著者が英国留学前の頃から今に至るまで温かくご奨励頂き、折に触れ、いつも肝心なときにこそ、お言葉をお掛け頂き、それらのお言葉は私に大きな力を与えてくださった。元大学英語教育学会会長（現在、名誉会長）として日本の大学英語教育を大きな視点から先導されてきた小池先生から、今回、拙著のために推薦のお言葉を頂けることになり、公私ともに非常に光栄であり、衷心より御礼を申し上げる。そして、不思議なことに、小池先生は私の母校である慶應義塾大学経済学部の名誉教授であられる。不思議なご縁であるが、母校とのご縁に感謝の念を禁じ得ない。

　京都大学名誉教授の山梨正明先生には、本書のような纏まった研究書を地道に完成させることの重要性についてご奨励頂いた。山梨先生のご奨励がなければ、本書が世に出ることはなかったと思われる。山梨先生の温かい、人間味あるご奨励に心より御礼申し上げる。日本認知言語学会会長、日本語用論学会会長等を歴任された山梨先生から、拙著刊行に当たり、推薦のお言葉を頂戴できたことは、研究上も個人的にも非常に光栄である。山梨先生には学会等で、本当に温かくご奨励頂いており、山梨先生の雅量に富む人間力と意味論・語用論・統語論、そして、文学作品に至るまでの膨大な守備範囲に畏敬と私淑の念を抱かざるを得ないものがある。山梨先生の諸般のご指導に衷心より御礼申し上げる。

　東京大学教授のトム・ガリー先生には東京大学の駒場言葉研究会にて発表のご機会をお与え頂き、その他、同研究会にて様々な有益なご教導を頂いている。同大のグローバルコミュニケーションセンター長としてご多忙の中、拙著のための温かいお言葉を頂戴致し、衷心より御礼申し上げる。ガリー先生は、私が出会った英語母語話者の中で、最も日本語が流暢な先生であられる。そして、ガリー先生は日本語で書かれたご著書『英語のあや－言葉を学ぶことはどういうことか』（研究社）をお持ちである。同書 p. 141 において 2005 年当時、「冠詞に夢中」であり、「冠詞に関する本を執筆すること」を検討されていたことが記されている。さらに、p. 144 の脚注 1 にて、そのタイトルを *The* または *On The* にしようとお考えになった、ということも記されている。本書が冠詞の専門家で

あるガリー先生のご期待に沿えるものであれば、と願っている。

友人の佐藤洋一先生（東洋大学准教授/東京大学教養学部非常勤講師）からも、温かい推薦のお言葉を頂戴し、心より御礼申し上げる。佐藤先生は企業での英語コンサルタントとしてのご経験が長く、そのご経験をもとにビジネス英語関係のご著書も刊行され、全国区で著名著者として誉れ高い。そのような佐藤先生から拙著に対してお言葉を頂くことができ、至極光栄である。俊英の佐藤先生は最近では、東京大学で博士号を取得され、同大学でも教鞭を取っていらっしゃる。それらのご成功自体、輝かしく敬服すべきことであるが、さらには、そのような大きなご成功の後にも、温かく、謙虚な、そして、気さくなご姿勢に何ら変化はなく、佐藤先生の誠実さに私は心から敬服している。私はいかなる肩書よりもこのような、人としての誠実さこそ、最高の信頼に値すると考える。成功する研究者の良き模範として私も見習いたいと考えている。

出版に当たり、株式会社三恵社の木全俊輔常務取締役に温かくご指導頂いた。前回の拙著に引き続き、誠実で几帳面なご指導に心より御礼申し上げる。木全常務の温かいご指導がなければ本書が世に出ることは決してなかっただろう。また、デザイナーの田口理江氏には才能あふれる、美しい表紙を創作頂き、心より御礼申し上げる。特に、知識の解明を表現した「道」は本書の意図とまさに合致する。また、本書の紙の色彩の選定についても温かくご教示を頂き、御礼申し上げる。出版の在り方が電子媒介の登場等も含め、大きく変化している時代にあって、変化の最先端を行き、創意工夫とイノベーションに富む三恵社には脱帽である。かつて四年間を過ごした私の母校の学風を思い出させるものである。ここに一本筋の通った、導かれた道とご縁を強く感じざるを得ない。

なお、本書の学術的内容に関するすべての責任は著者のみにある。

平成 30 年 3 月

岩﨑　永一

---

¹ 西山（2017: 3）は「生成文法理論の意味論は真理条件的意味論であるか？」という問いを提示している。
² 下記のサイトを参照。
http://www.ide.go.jp/Japanese/Publish/Download/Overseas_report/pdf/1309_kawakami.pdf（2017 年 3 月 9 日アクセス）［川上桃子. 2013.「本か論文か？台湾社会学者の学術コミュニケーション洗濯：3 人の専門家へのインタビュー」IDE-JETRO.］

要 旨

[第1章]

本章では本書全体の目的と本書が採択する理論的枠組みを述べる。そのために、まず複数の「意味」について挙げ、本書が解明を企図する「意味」のレベルを述べ、それに関して意味論のモジュール性を採択する言語観を述べる。さらに、本書の方法論である理論言語学の議論の方法についても簡潔に確認する。次に、可能世界における実体指示に依拠する真理条件的意味論の限界を述べ、それに代替する理論的装置として西山（2003 他）の「変項名詞句」を導入し、さらに、西山（ibid.）の記述方法の限界にも触れ、その観点から、Fauconnier（1985, 1994）の「役割関数」についても確認する。こうした準備に立って、不特定・非指示的な定冠詞（岩﨑 2015b）について言語事実と共に確認する。最後に、既存の英文法解説書や集合論に基づく代替案の問題点を確認し、変項名詞句という概念が英文法の理論にとって欠かせないことを確認する。

[第2章]

本章では西山（2003 他）の変項名詞句と Donnellan（1996）の確定記述の帰属的用法について比較・対照を行う。西山（ibid.）自身の主張とは異なり、両者は広義では同一である、という主張を行う。ただし、狭義では、西山（ibid.）の主張する通り、両者の属性は異なる、ということも認める。まず、関係する先行研究を確認し、言語学的に（すなわち、哲学的にではなく）、何が問題となっているのかについて確認する。次に、Donnellan（ibid.）の帰属的用法について、変項を用いた形式化を行い、Donnellan（ibid.）の帰属的用法が、広義では、西山（ibid.）の変項名詞句の一種であると見なせる、と主張する。さらに、これらに基づいて、日本語の倒置指定文について言語事実の説明を行う。

[第3章]

本章では不特定・非指示の定冠詞の意味について岩﨑（2015b）に基づき、その形式化の確認を行う。まず、特定の個体を指示しない「the ＋ 名詞句」について確認し、次に、言語事実に即して、岩﨑（ibid.）の、非指示的な英語定冠詞の形式化を確認する。さらに、同じく岩﨑（ibid.）による「the ＋ 複数形名詞句」の非指示性についても確認する。さらに、岩﨑（ibid.）では議論されていなかった、the と所有格の意味の違いについ

て、「恒等命題函数」の観点から新しい主張を行う。

[第4章]

本章では英語の「the + 単数形名詞」の総称について、この形がなぜ総称の意味を生じさせるのか、という問題を取り上げる。まず、伝統的な文法書、機能文法、真理条件的意味論、認知言語学の主要な先行研究を概観し、そのほとんどが、「the + 単数形名詞」が総称の意味を有するときには「集合」あるいは「種」を直接、意味する、と主張していることを確認する。本章では、このような理論的立場に異を唱え、総称を表す「the + 単数形名詞」は意味論レベル（純粋に言語的なモジュール）ならびに意味論レベルと語用論レベルのインタフェスでは、単に1つの名詞句を指定し、それにより、1つの指示対象を指示し、その後、語用論レベルで、放射状に様々な複数の対象物に意味を拡張することで総称の意味を持つ、というプロセスをたどることを主張する。すなわち、「the + 単数形名詞」という名詞句それ自体の言語的意味には総称の意味はなく、語用論的な操作の結果としてのみ、総称の意味を持つということを主張する。さらに、1つの楽器の種類の中にも多様な形状や大きさ等の違いがあり、それがプロトタイプ効果を生じさせ、プロトタイプを司る the (cf. 樋口 2013) が要請される一方で、個々のスポーツは均一的であり、そのようなプロトタイプ効果が生じないために、プロトタイプの the は要請されないという提案を行う。

[第5章]

本章は不定冠詞を伴う名詞句の総称の解釈が動詞句内でなぜ許容されないかについて、語用論の介在を受けない純粋な意味論的説明を与えることを目的とする。出発点として、久野・高見（2004）による、言語外の知識に還元する記述の問題点を指摘する。次に、英語の総称表現の分類や性質について先行研究を簡潔に概観し、不定冠詞を伴う総称表現の特徴を考察する。さらに、本章で用いる作業仮説として、変項とその値の候補の個数によって統語位置が決定される、すなわち、語用論の介在を受けない意味論的要因が統語位置の決定に関与する、という岩﨑（2015b）の主張を示し、その一部を修正する。[1] このような理論的装置の妥当性を疑問文や関係節の Wh-移動により確認する。そうした土台の上に立って、なぜ不定冠詞を伴う名詞句は動詞句内において、総称の読みが許容されないかについて、語用論の介在を受けない意味論的な説明を与える。さらに、不定冠詞による総称について、ドネランの帰属的用法とメンタ

ル・スペース理論の観点からも吟味する。ディスカッションとして、本章の変項（の値）と統語位置に関する仮説が Sluicing や Swiping という統語的現象についてどのような説明力を持ち得るかについて、Kimura (2011) の Sluicing の非移動分析と Swiping の移動分析を吟味し、最終的に、本章の仮説と Kimura (ibid.) の理論が所与の言語事実に対して、同じ予測を行うものであり、ますます本章の仮説が支持される、ということを確認する。

［第 6 章］
本章ではいわゆる「ウナギ文」における英語定冠詞と日本語の「は」の意味的属性を解明することを企図する。まず、「ウナギ文」読みについて確認するため、日英語の言語事実を例示する。次に、Fauconnier (1985, 1994) の役割函数を用いた坂原 (2001) の分析と西山 (2003; 2013)，今井・西山 (2012) の変項名詞句による分析を比較しながら確認する。その上で、彼らの分析の限界を克服するための本書の分析を提案する。その際に、第 3 章で確認した岩﨑 (2015b) の英語定冠詞と日本語の「は」の意味的性質を用いる。次に、ウナギ文の定式化を、定冠詞を伴う名詞句をコピュラの前に持つ英語のコピュラ文と主語名詞句直後に「は」を伴う日本語のコピュラ文の分析にまで敷衍し、日英語のコピュラ文に関する、叙述文と指定文の統一的意味構造を提案する。さらに、「BがAだ」の注文文についても簡潔に触れる。その後、本章の分析を「第二タイプの指定文」（西山 2000）の分析に応用する。その後は、やや発展的な、しかし、興味深い言語事実を扱いながら、「動詞 + something」と「動詞 + 変項」は決して同じではないことや、それに対応するであろう名詞句に関して、非飽和名詞についても議論する。その際、ある名詞が非飽和名詞か否かは、西山 (2003) の主張と異なり、レキシコンにおいてではなく、統語論・意味論レベルで決定されると主張する。さらに、上記のような表現に潜む変項やパラメータがどのような語用論的操作によって決定されるのかも議論する。さらに、ディスカッション1では日本語の倒置指定コピュラ文の統語構造について、ディスカッション2では（倒置）指定文に内蔵する（倒置）同定文について、それぞれ「は」と「が」の観点から、発展的な議論を行う。

［第 7 章］
本章では西山 (2003, 2013) で議論されてきた there 存在文について議論する。まず、西山 (ibid.) の場所存在文、絶対存在文、帰属存在文、リ

スト存在文の分類・分析について確認する。次に本章の対案を提示する。その際に、there 存在文と名詞句先導型存在文（名詞 ＋ 繋辞 ＋ 場所句）の違いを確認する。次に、there が変項詞であることを主張し、その後、絶対存在文だけでなく場所存在文も、西山（ibid.）の主張と異なり、変項詞を含むことを主張する。その後、場所存在文と西山（ibid.）が場所存在文ではないと主張する存在文について比較し、後者も前置詞句にメタファーが用いられている、と考えれば、場所存在文の一形態であると考えることができる、と主張する。次に、領域限定辞は絶対存在文には付与できないことを主張し、さらに、リスト存在文についても変項詞の観点から分析する。さらに、当該構文の there の意味を図示することは可能か、という根本問題も議論し、最終的に図示することはできない、という結論に達する。他に、本章の議論の統語論への示唆も述べる。

［第 8 章］
本章では Quirk et al. (1985), Toda (2007), Hatakeyama, Honda, & Tanaka (2010)等で議論されてきた So 繋辞文の "so" の意味について語用論的議論を行う。特に、倒置指定文と当該構文の並行性や同一指標を巡る問題等を扱う。その際に、関連性理論の議論を援用する。

［第 9 章］
日英語の疑問代名詞についてその意味的属性の違いについて考察する。その前段階として、まず、日本語と異なり、英語における叙述文の主語は Wh-疑問詞に置換できることを確認する。そのための論証として、叙述文と指定文の曖昧性についても議論する。その後、日英語の疑問代名詞の振る舞いの差異について言語事実を分析する。そして、日本語の疑問代名詞は命題関数の値が語彙化しているのに対して、英語の疑問代名詞は変項そのものが語彙化している、という仮説を提案する。

［第 10 章］
白畑（2006）が主張するように、日本語の再帰代名詞「自分」は長距離束縛と短距離束縛の両方を許容する。本章ではなぜ、再帰代名詞「自分」が長距離束縛と短距離束縛の両方を許容するのかについて議論する。本章では、「自分」が照応詞（特に再帰代名詞）と一般の代名詞の両方の性質を持ち、「指示的な照応詞」であることを提案する。白畑（ibid.: 59-60）は、α が β を束縛する条件の 1 つとして、「α と β は同一の指標を持つ」ことを挙げ、さらに、「同一指標とは ϕ 素性が同じであること」

（白畑 ibid.：67）と述べている。しかし、その一方で、白畑（ibid.）は「「自分」とその先行詞との間には、人称、性、数などの一致素性（つまり、φ 素性）が欠如している」（白畑 ibid.：67）とも主張している。それにも関わらず、白畑（ibid.）は「自分」が束縛表現（すなわち、束縛されている表現）であると称しており、ここには理論的な不整合性が見られる。この不整合性を解決にするためには、「自分」が指示的な照応詞である、という本章の主張が有効である。特に、本章では「自分」の先行詞と「自分」は同一の φ-素性を持つからではなく、同一の指示対象を持つから、同じ意味を有する、と主張し、それを支持する言語事実を挙げる。前章と本章の議論を通じて、日本語の名詞句は英語の名詞句に比べて指示に基づく機能が強い、という傾向があることを確認する。

［第 11 章］

本章では第 10 章までとは異なり、反証可能性を高く維持した経験的議論というよりも、本書で展開される言語理論の identity の 1 つをなすかもしれない問題、すなわち、それが英語教育にどれくらい活用され得るかという問題を議論する。この問題をより深く突き詰めて行けば、英語教育の理念の問題を考える際に、なぜ言語理論が必要とされるかという問題に通じる、と主張する。まず、英語教育における「認知的指導論」（森住 2015：3）や「ことばへの気づきを基盤とした言語教育」（大津 2009：28）を確認する。次に、その例として、英語定冠詞のイメージ図を用いた教授法について例示する。さらに、第 9 章の疑問代名詞の日英語の比較の議論をもとに、それがどのように言語教育に生かされるか、についての私案を提示する。以上の議論をもとに、英語教育と理論言語学の関係性における理論言語学が抱える問題点を議論し、さらに、理論言語学と「応用言語学」の関係性における問題点を議論する。これらの議論をもとに英語教員に求められる（あくまでも上記の視点からの、であるが）専門性に関する私見を述べる。

［第 12 章］

本章では本書のまとめと結語を述べる。特に、第 1 章で述べた「意味」の複数の層について振り返り、どのような切り口から意味の分析に迫るべきかについて述べる。最後に、本書が扱わなかった点、すなわち、本書の範囲の限界と今後の将来的研究課題についても述べる。

---

[1] この点について Iwasaki（2017：Appendix 2）も参照されたい。

目 次

推薦の辞(1) 山梨正明_____iii

推薦の辞(2) Tom Gally_____iv

推薦の辞(3) 佐藤洋一_____v

推薦の辞(4) 小池生夫_____vi

はじめに_____viii

要旨_____xv

第1章

本書の目的と理論的枠組み_____1

  1.1. 複数の「意味」と研究対象_____1

  1.2. 言語デザインと新しいカテゴリー観_____3

  1.3. 方法論_____4

  1.4. 「指示」に基づく真理条件的意味論の限界_____6

  1.5. 変項名詞句（西山 2003, 2013）と役割函数（Fauconnier 1985, 1994）_____7

  1.6. 非指示的な定冠詞（岩﨑 2015b）_____11

  1.7. コピュラ文・定名詞句分析に関する問題点_____15
    1.7.1. 一般的な文法解説書の解説方法_____16
    1.7.2. 内包・外延に基づく金水（2015）の誤謬_____21

  1.8. まとめ_____26

第2章

Donnellan（1966）の帰属的用法・西山（2003）の変項名詞句_____33

  2.1. はじめに_____33

  2.2. 西山（2003）_____33

2.2.1. 西山（2003）による Donnellan（1966）の帰属的用法の捉え方_____33

2.2.2. 西山（2003）による「指示的名詞句」、「非指示的名詞句」の問題点_____34

2.3. 非指示的名詞句としての Donnellan（1966)の帰属的用法 ___39

2.4. さらなる分析 _____40
2.4.1. 倒置指定文の曖昧性_____40
2.4.2. 岩﨑(2015b)の代名詞化の問題_____41
2.4.3. 絶対存在文と Donnellan（1966)の帰属的用法 _____42

2.5. 結論 _____42

第3章

不特定・非指示の定冠詞_____46

3.1. 定冠詞 the と帰属的用法と変項名詞句_____46

3.2. 不特定・非指示の定冠詞の意味_____49

3.3. 「the + 複数形名詞」の不特定・非指示の場合_____55

3.4. 恒等命題函数の the と所有格の違い_____60

3.5. まとめ _____63

第4章

認知と文化を反映する総称表現の英語定冠詞_____65

4.1. はじめに _____65

4.2. 岩﨑（2015b）での残された問題_____67
4.2.1. 「The + 複数形名詞」の分析_____67
4.2.2. 「The + 単数形」の分析は可能か_____67

4.3. 本章が採択する提案_____67
4.3.1. 本章が採択する提案_____67
4.3.2. 個体 vs 集合_____68
4.3.3. 「心的表象」を指示する証拠_____71

4.4. 提案を支持する更なるデータ_____78
4.4.1. 照応_____78

4.4.2.　プロタイプ仮定の前提_____78

　4.5.　「The + 単数形名詞」：「指示」と「総称」の曖昧性_____80
　　4.5.1.　「指示」と「総称」の曖昧性を巡る本章の主張_____80
　　4.5.2.　意味論レベルで「指示」と「総称」が曖昧な例_____81

　4.6.「Play + the + 楽器名」と「play + スポーツ名」への応用分析_____83
　　4.6.1.　久野・高見（2004）の主張とその問題点_____83
　　4.6.2.　本章の提案と言語事実の説明_____85

　4.7.　結論と理論的含意_____87
　　4.7.1.　本章の提案まとめ_____87
　　4.7.2.　意味論と語用論の区別の重要性_____88

第5章

総称表現における英語の不定冠詞_____91

　5.1.　はじめに _____91

　5.2.　総称を表す様々な表現と不定冠詞による総称表現_____93

　5.3.　変項の（値の）個数による統語位置_____95
　　5.3.1.　英語における Wh-疑問文の Wh-移動を引き起こす意味論レベルの要因_____95
　　5.3.2.　英語における Wh-関係節の Wh-移動を引き起こす意味論レベルの要因_____97
　　5.3.3.　関係節の統語構造_____98

　5.4.　動詞句内部の不定冠詞を伴う名詞句が総称解釈を持てない理由_____102

　5.5.　不定冠詞による総称とドネランの帰属的用法とメンタル・スペース理論_____103

　5.6.　まとめ _____105

　5.7.　[ディスカッション] 本章の Sluicing に対する理論的含意：Kimura（2011）の非移動分析の支持_____106

第6章

「ウナギ文」における英語定冠詞と日本語の「は」_____114

6.1. はじめに _____114

6.2. Fauconnier（1985, 1994)の役割函数を用いた坂原（2001）の分析_____115

6.3. 西山（2003; 2013)，今井・西山（2012）の変項名詞句による分析_____116

6.4. 本書の分析 _____118
  6.4.1. 日本語の「ウナギ文」の分析_____118
  6.4.2. 英語の「ウナギ文」の分析_____119
  6.4.3. 英語の定冠詞と日本語の「は」の意味の差異による日英語のウナギ文の差異_____121

6.5. 叙述文と指定文の統一的意味構造と語用論的曖昧性_____124

6.6.「B が A だ」の注文文_____129

6.7.「第二タイプの指定文」（西山 2000）_____130

6.8. 非飽和名詞と「動詞 + 変項」の比較_____132
  6.8.1. 非飽和名詞の決定_____132
  6.8.2. 音声形式の顕在化の有無と飽和と最小命題_____133
  6.8.3.「動詞 + 変項」と「動詞 + something」の違い_____134
  6.8.4.「前置詞 + 変項」と自由拡充_____138
  6.8.5. 非飽和名詞のパラメータの決定と自由拡充_____139

6.9. まとめ _____141

［ディスカッション 1］倒置指定コピュラ文の統語構造_____142

［ディスカッション 2］（倒置）指定文に内蔵する（倒置）同定文146

第 7 章

There 存在文における変項と定冠詞_____159

7.1. はじめに _____159

7.2. 西山（2003, 2013）_____160
  7.2.1. 場所存在文_____160
  7.2.2. 絶対存在文_____160
  7.2.3. 帰属存在文_____161
  7.2.4. リスト存在文_____162

7.3. 分析 _____ 163
   7.3.1. There 存在文と名詞句先導型存在文 _____ 163
   7.3.2. 変項詞としての there _____ 164
   7.3.3. 命題函数の値名詞句と新情報を伴う名詞句の違い _____ 165
   7.3.4. 場所存在文と絶対存在文 _____ 166
   7.3.5. リスト存在文と定冠詞 _____ 171

7.4. 場所存在文における変項名詞句 _____ 173

7.5. まとめ _____ 175
   7.5.1. 結論 _____ 175
   7.5.2. There の意味を図示することは可能か _____ 177
   7.5.3. 統語論への示唆 _____ 179

第 8 章

変項詞 So と文脈と命題函数 _____ 183

8.1. はじめに _____ 183

8.2. 倒置指定文と So ... の並行性 _____ 183

8.3. 同一指標を巡る問題 _____ 186

8.4. So の語用論的解釈 _____ 187

8.5. 結論 _____ 189

第 9 章

日英語の比較 1 : 疑問代名詞と変項 _____ 191

9.1. 英語における叙述文の主語の Wh-疑問詞化について _____ 191

9.2. 叙述文と指定文の曖昧性 _____ 192

9.3. 変項と値に関わる日英語の疑問代名詞の振る舞いの差異 ____ 195

9.4. 英語における変項の語彙化と値の語彙化 _____ 198

9.5. 結論 _____ 200

第 10 章

日英語の比較 2 : 照応詞と同一指標・同一指示 _____ 203

10.1.	はじめに	203
10.2.	「自分」の2つの指示性	204
10.3.	白畑（2006）	205
10.4.	本章の提案を支持する言語事実	206
10.5.	複数形「自分達」の指示	210
10.6.	結論	211

第11章
英語教育での活用可能性と理念的問題 ___ 213

11.1.	はじめに	213
11.2.	理論言語学と言語教育と民主主義	215
11.3.	英語定冠詞のイメージ図を用いた教授法	220
11.4.	There 存在文の there の辞書記述への示唆	224
11.5.	日英語の比較と教授法への示唆	225
11.6.	英語教育と理論言語学の関係上の理論言語学の問題点	226
11.7.	理論言語学と「応用言語学」の関係上の問題点	227
11.8.	英語教員の専門性に関する考察	228
11.9.	まとめと結語	231

第12章
まとめと結語 ___ 236

12.1.	様々なレベルの意味分析に関するまとめ	236
12.2.	すべての文法的要素をイメージ・スキーマで捉えることはできるか	239
12.3.	結語と将来的課題	241

あとがき ___ 244

参考文献 ___ 252

第 1 章

本書の目的と理論的枠組み

1.1. 複数の「意味」と研究対象

　私達が直感的に感じ取る「意味」は社会的知識や日常的な「常識」、情報構造や認知構造が複雑に絡み合っており、純言語的な意味がそのまま現れるのは稀である。これを視覚的に示せば、下記の図 1-1 のようになるだろう。

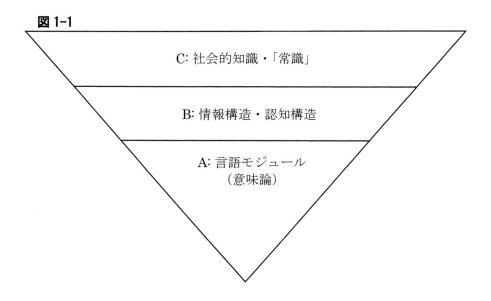

図 1-1

私達が日常的に＜名詞句の意味＞、あるいは、＜文の意味＞であると思っているものは、純言語的な意味での A 層の意味ではなく、B 層や C 層に

覆われた意味である、と本書では（作業仮説として）仮定する。この段階では、まだ、その例を挙げることは控えたい。私達の常識的な言語直感はまさにB層やC層に覆われているが故に、この時点でA層の意味の具体例を提示しても、読者にとって容易に納得できるものではないだろう。[1]むしろ、この図1の具体例は本書全体を通じて主張していくものであり、その過程で自ずと明らかにされる。また、C層、B層、A層がなぜそのような順序になっているのかも、本書全体を通じて示していきたい。一面においては、言語の深層に迫り、A層を解明するのが言語モジュールを措定する言語理論の役割であると言える。[2]また、別の一面においては、A, B, C層が不可分の場合もあり、その場合はそれらをセットとして扱える語用理論が必要であると言える。本書ではその両方の場面をそれぞれ吟味して行く。具体例を考えると、英語定冠詞のtheや日本語の「は」の本当の意味を（例えば、外語国学習者が知りたいのであれば）純然たるA層の意味まで到達する必要があり、その解明を本書では行う。むしろ、英語の定冠詞theの意味や日本語の「は」の意味について、C層やB層に覆われた状態の意味を考えているために、外国語学習者はそれぞれの意味を的確に習得できないものと思われる。さらに、母語話者はC層、B層、A層の意味を無意識のうちにトータルで半ば瞬時に捉えており、A層のみの意味を説明することが難しいのだろう。そこでA層の意味を解明するのが言語理論の重要な役割の一つと言える。

　A層の純言語的な意味とは言語モジュールのことであり、より狭義には、ここでは、意味論のモジュールということになる。言語モジュールの措定については生成文法と認知言語学で大きく理論的立場が異なる。前者は言語モジュールを措定し、さらに、統語論のモジュールを措定するのが大きな特徴である。特に、Chomsky（1995）は、言語は統語論と語用論から構成されると考え、独立した意味論に対してはすこぶる懐疑的である。それに対して、西山（2003, 2013）は意味論のモジュールを措定している。統語論と語用論以外に独立した意味論の部門があると西山は主張しているのである。さらに、言語モジュールを措定する語用論モデルである関連性理論（Sperber & Wilson 1986）では、語用論のモジュールが措定される。本書では西山（ibid.）の立場と同じく、意味論のモジュールを措定し、さらに、一般の生成文法の理論的立場と同じく、統語論のモジュールも措定する。さらに、岩﨑（2015b）で主張したように、統語論のモジュールと意味論のモジュールが密接な関係を持つ、と仮定する。すなわち、意味論レベルでの要因が統語位置を決定する、と主張する。この点については追って議論する。

英語の定冠詞や日本語の「は」については情報構造の観点、すなわち、B層の観点からの分析が多く、A層に迫る理論は、管見の限り、極めて少なったと思われる。例えば、西山（2003: 96）は日本語学の状況について下記のように妥当に解説を行っている。

　　　日本語の「は」と「が」の問題に関しては、これまでに多くの研究がある。とくに、最近では、それを文文法の枠組みではなく、談話文法もしくは語用論のレベルで処理しようとする傾向は強い。事実、その観点から、「新情報」と「旧情報」あるいは、「重要度のより高い情報」と「重要度のより低い情報」という機能主義的な観点で「は」と「が」の意味・用法を規定しようとする試みがさかんにおこなわれてきた。

西山（ibid.）も正しく指摘しているように、上記のような談話文法、情報構造、機能主義的文法では、「は」の意味の本質に迫ることは難しい（西山 ibid.： 351-392 を参照）。本書では、「は」や英語定冠詞のA層に迫る意味理論を提案することを企図する。同様に、A層、B層、C層が混然一体となって捉えることのできる意味についても明らかにする。場合によって、どのような層から分析対象に切り込んでいくかが異なるのである。

▌1.2.　言語デザインと新しいカテゴリー観

　本書は、言語デザインについては、Iwasaki（2017）の主張を引き継ぐ。統語論レベルでは生成文法理論の枠組みを採択し、意味論レベルでは西山（ibid.）からの影響を大きく受けつつも、しかし、西山（ibid.）とは異なる岩﨑（2015b）の変項に基づく意味理論を採択する。そして、以上の統語・意味論のレベルが言語モジュールを形成する、と仮定する。さらに、語用論のレベルに認知言語学を取り入れる。すると、Iwasaki（ibid.）および本書の採択する言語デザインは概ね、以下の図 1-2 のようになる。

図 1-2

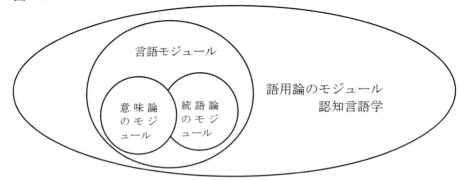

　図1-2からも分かる通り、言語モジュールは維持されており、この点では生成文法と何ら変わりない。一方で、語用論のレベルのみを見れば、認知言語学と何ら変わりない。この点を統一的な言語デザイン・モデルとして扱ったのが Iwasaki (ibid.) であり、本書も一貫してこのモデルを採択する。
　さらに、カテゴリー観について述べておこう。カテゴリーの成員が必要十分条件で決定され、カテゴリー同士の境界も明確な古典的カテゴリー観ではなく、カテゴリーの成員は必要十分条件によっては決定されず、同じカテゴリーの中にも典型的な成員から非典型的な成員まで多様な成員を含み、さらに、カテゴリー間の境界も曖昧であるような新しいカテゴリー観 (Lakoff 1987) を本書は採択する。この点も Iwasaki (ibid.) と同じである。例えば、生成文法では、英語比較相関構文（例 the more you give, the more you get）について定冠詞と副詞の境界線にこだわる (Iwasaki, ibid.)。しかし、本書では、意味の本質、特に、A層の意味の本質を解き明かすことを射程に置き、生成文法の主張する範疇に必ずしも区分する必要はない、と考える。

1.3. 方法論

　本書では＜容認性判断＞（とその理論的な概念である＜文法性判断＞）に基づく言語理論の構築を行う。これは生成文法で伝統的に採られている方法論であり、生成文法的な立場に立てば、経験科学的な方法ということになる。もっとも、諸説があり、プラトン学派の立場や Iwasaki (2013) の立場に立てば、言語理論は非経験科学ということになるが、

この点についてはここでは深い入りしない。どちらの立場に立つにせよ、科学的に妥当な方法論ということになる。昨今ではコーパス等の流行により、容認可能性に基づく文法理論構築が批判されることがしばしばある。しかし、Borsley（2000）が説得力を持って説明しているように、容認可能性判断に基づく理論構築はコーパスでは代えがたい。ある容認可能な文と容認不可能な文を比較・対照することで理論構築する場合、前者はコーパスに存在する場合があるが、後者には存在しない。さらに、コーパスに存在しないからと言って、容認不可能とは必ずしも言えない。たまたまそのような用例がコーパスのデータ採取時になかっただけで、後日、新しい文が加わるかもしれないからである。さらに、容認可能性に基づく文法理論の構築を「非科学的」であると誤解する研究者もいる。しかし、Borsley（ibid.）が主張しているように、眼科で視力を図るのに、どこまでが見えるかどうかを聞くのと同じように、ある文が容認可能かどうかを聞くのは科学的なデータ採取である。

　結局、このようにして作られた理論は他の言語事実に対するその予測可能性によって妥当性が試されることになる。Russell（1905: 484-485）の以下の言葉はこの状況を的確に述べていると思われる。

> A logical theory may be tested by its capacity for dealing with puzzles, and it is a wholesome plan, in thinking about logic, to stock the mind with as many puzzles as possible, since these serve much the same purpose as is served by experiments in physical science.

言語学者の Jason Merchant は彼の個人ホームページにて logical を linguistic に、logic を linguistics に置き換えている。[3]まさにその置き換えは妥当であり、上記の Russell の論理学に対する考えは理論言語学にも当てはまるであろう。さらに、本書著者であれば、logical を linguistic に logic を theoretical linguistics に変えるであろう。実験系、実証系の英語教育研究が研究勢力を拡大すると思われる中、このような確固たる理論言語学の科学的な研究も英語教育に取り込まれる必要があると思われるが、この点は本書の中で追って論じたい。

　纏めれば、理論言語学の方法論はデータ採取において、視力検査と同じような科学的方法論を採択し、理論構築においては、論理学と同様な高度に緻密で論理的な議論方法を採択していることになる。繰り返せば、容認性判断に基づく言語理論の方法論を非科学的だと主張する人は視力

検査や論理学も非科学的だ、と主張している等しいことになる。（なお、論理学は非経験科学であることに注意しよう。）

　ただし、B層やC層に基づく容認性判断は話者ごとのぶれが大きく、また、言語知識以外の要因に左右されることが大きく、果たして、B層やC層を主な研究対象とする認知言語学においては、容認性判断に基づく言語理論がどこまで成功しているかは議論の余地がある。本書はA層に特に研究の重点を置いているため、ここではこれ以上は深入りしないが、少なくとも言えることは、認知言語学における容認性判断に基づく理論構築を行っている研究者が、その経験をもとに、A層を研究対象とする言語理論における、容認性判断に基づく理論構築の方法論を批判することは的外れである、ということは強調しておきたい。A層を研究対象とする言語理論においては、話者ごとの容認性判断のぶれがそれほど大きくないからである。

1.4.　「指示」に基づく真理条件的意味論の限界

　ある名詞句が世界の中に存在するある対象を＜指示する＞ということは、本書においては、言語にとって副次的なことであり、C層に属することであると考える（cf. 岩﨑 2015b）。したがって、＜指示する＞ということは言語の意味にとって何ら本質的なことではない、と主張する。この点で本書は Chomsky（1995；2013）と同じ意味論観を持っていることになる。（もっとも、Chomsky（ibid.）は統語論と語用論の存在のみを主張し、純言語的な意味論の存在（cf. 西山 2003, 2013）を想定していないが、本書はそれを想定するため、その点で決定的な差異がある。）このように＜指示＞が言語の本質ではないという立場を取るということは、従来の指示に基づく意味論、すなわち、真理条件的意味論（「形式意味論」）の理論的立場にも少なからず重大な含意を持つことになる。[4]本書では西山（ibid.）の「変項名詞句」という理論的装置を用い、可能世界における指示対象に還元され得ない、言語表現の意味を吟味していく。指示対象に還元されない言語表現の意味が明らかにされればされるほど、自ずと真理条件的意味論では説明のできない事象がある、ということになる。さらに、認知言語学についても言語表現の意味を（その指示対象に関する）イメージ・スキーマないしは心的表象に還元してよいとするならば、上記の真理条件的意味論と同じ問題点を抱えることになる。[5]したがって、真理条件的意味論と認知言語学は、大きく理論的立場の異なるという一般的な見方とは異なり、実は指示を基礎とする意味論であること、言い

変えれば、非指示的な意味に十分な注意を払っていない、という点のみでは真理条件的意味論と認知言語学は共通していると言えよう。[6]これは決して、両意味理論に対する批判のための批判ではない。むしろ、ここで強調したいことは、非指示的な意味に十分な注意を払っていないことこそが、英語定冠詞 the や日本語の「は」の意味、特に、A 層の意味を解明するときの障壁となる、ということである。言い換えれば、上記の 2 つの要素の意味、特に、A 層に潜む意味に接近するためには、非指示的な意味論が不可欠である、ということになる。

1.5. 変項名詞句（西山 2003, 2013）と役割函数 (Fauconnier 1985, 1994)

　今までの議論において、非指示的な名詞句の重要性について強調した。非指示的な名詞句には西山（2003, 2013）の枠組みでは変項名詞句と属性名詞句がある。まず、後者の属性名詞句については、以下の下線部のような、名詞句に指示対象の属性を表す名詞句と捉えてよい。[7]

(1)　Andrew is <u>a nice linguist</u>.

上記の文は Andrew が名詞句を指示し、その指示対象が a nice linguist という属性を持つ、と考えればよい（cf. 西山 ibid.）。ここで、Andrew が指示対象を指示し、かつ、a nice linguist も指示対象を指示し、それら 2 つの指示対象が同じである、という読み[8]を、(3)は持たないことに注意しよう。A nice linguist を属性名詞であると捉えるということは、結局、a nice linguist は非指示的名詞句である、と捉えるということである（西山 2003 他）。そして、このような＜指示的名詞句 ＋ コピュラ ＋ 属性名詞句（非指示的名詞句）＞で構成されるコピュラ文は一般に叙述文（predicational sentence）と呼ばれる。

　次に、もう一つの非指示的な名詞句である変項名詞句について確認しよう。変項名詞句は西山（2003）により提案された理論的装置[9]であり、今までに、今井・西山（2012）、熊本（2014）、Heggie & Iwasaki（2013）、岩﨑（ibid.）等で精力的に論じられてきた。まず、その概要について、簡潔に以下で説明する。なお、以下での説明はすべて西山（ibid.）に負っている。

(2)　(a) 優勝者は山田花子だ。（西山 2003: 75）

(b) The winner is Hanako Yamada.
　　　　　　　　　　　　　(cf. Heggie & Iwasaki 2013)

上記の(2a)には少なくとも二つの読みがある。まずは「優勝者」を指示的名詞句として捉え、文全体を叙述文として読む読みである。この場合、特定の人物が優勝者としており、その人物は「山田花子」という名前（という属性）を有する、という意味である。次に、「優勝者」を非指示的名詞句として文全体を指定文として読む読みである。この場合、「優勝者」は世界のいかなる個人も指しておらず、[x が優勝者だ]という命題函数の意味を有し、その変項 x の値が「山田花子」で指定されるという読みである。ここでは、西山（2003）の理論的立場を採択すれば、当該の命題函数は「誰が優勝者か」という変項 x の値を問う疑問の読みになる。そして、その答えが「山田花子」で指定されることになる。ただし、峯島（2013: 427, n. 2）が正しく指摘するように、「命題函数」と「疑問」を理論的に区別することも可能であり、西山（2006）はそのような理論的立場であることに注意しよう。さらに、変項名詞句という概念を集合論の概念で代替できないことは西山（2005）が精力的に論じており、参照されたい。[10] 二つ目の指定文の読みを西山（2003: 76）、Nishiyama（2008: 15）等を参考に図示すれば、以下のようになるだろう

(3)　優勝者は　　山田花子だ。
　　　　[x が優勝だ]

上記において「優勝者」が変項名詞句であり、「山田花子」が変項 x の値を指定する値名詞句である。[11]
　同様のことは（2b）についても当てはまる。西山（2003, 76）, Nishiyama（2008: 15）等を参考に図示すれば、以下のようになる。

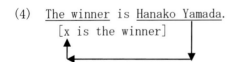

(4)　The winner is Hanako Yamada.
　　　[x is the winner]

上記において、the winner が変項名詞句、Hanako Yamada が値名詞句である。

以上、すべて西山（ibid.）の主張・解説方法に負っている。既にお気づきの読者もいるかもしれないが、命題函数であることを示す［…］の中でコピュラ文が登場している。もともと(2a)，(2b)それぞれの文全体の意味を解明するために、その中の個々の非指示的名詞句の意味を命題函数によって表示したのである。しかし、その命題函数の中にコピュラ文が登場し、ここに議論の循環が見て取れる。[12]さらに、西山（2003）自身は強く否定し、また、精力的な議論をしていることだが、西山の変項名詞句は Fauconnier（1985/1994）の役割（函数）とその属性が非常によく似ている。特に、坂原（2001）の Fauconnier（ibid.）の解説、特に、役割（函数）と極めてよく似ている。西山（ibid.）は変項名詞句の非指示性を強調するが、このような非指示性も単数形名詞句の場合には問題が生じないが、複数形名詞句の場合には問題が生じる。この点は追って議論する。変項名詞句の非指示性を除けば、直感的には役割（函数）と非常によく似ている、と言えよう。

役割函数の例を見て確認しよう。

(5)　(a) 2016 年のアメリカ大統領はオバマだ。
　　　(b) 2017 年のアメリカ大統領はトランプだ。

ここで坂原（ibid.：328）は「アメリカ大統領」は「役割函数」（坂原の原典では「関数」の文字を使用）であり、年代はパラメータであり、「オバマ」や「トランプ」は「値」である、と解説している。[13]（なお、ここでは、坂原の原典の年代と人物名を現代風にアップデートしてある。）ここで、パラメータとは $Y=ax+b$ のような場合の a, b であると考えると良い。そして、x, y が変数（言語学では「変項」、いずれの場合も英語では variable）であると考えればよい。すると、上記の坂原（ibid.）の解説を基に考えると、役割函数を f とした場合、以下のようになる。（実際、坂原の原典でも下記と本質的に同じ函数表示が示されている。）なお、ここでは、＊でもって、エクセルと同じく、×（掛ける）の意味を表すことにする。

(6)　(a) $Y＝f＊a$
　　　Y: オバマ
　　　f: 役割函数　「x の大統領」
　　　a: 2016 年
　　　(b) $Y＝f＊a$

　　　　Y: トランプ
　　　　f: 役割函数　「xの大統領」
　　　　a: 2017年

　上記では暫定的に、xを変項とし、その値がパラメータで取って変わられ
る、と考える。Y=x+2z という数式があった場合に、xをパラメータaで取
って変えるのと同じである。
　次に上記を変項名詞句で表記してみよう。

(7)　　(a) Y＝f＊x
　　　　Y: 2016年の大統領
　　　　f: 命題函数　［2016年の大統領はxだ］
　　　　x: オバマ
　　　　(b) Y＝f＊x
　　　　Y: 2016年の大統領
　　　　f: 命題函数　［2017年の大統領はxだ］
　　　　x: トランプ

　このように見ると、変項名詞句と役割函数はその表記方法や何を変数・
パラメータとして取るかという点では異なっていても、それぞれ、命題
函数または役割函数を通じて「2016年の大統領」と「オバマ」、「2017年
の大統領」と「トランプ」をそれぞれ結びつけている、という点、繰り
返せば、函数を通じて2つの名詞句を何らかの方法で結びつけているとい
う点では同じである。この核心的部分を踏まえれば、西山（ibid.）が精
力的に展開する両者の違いは、本書にとっては、ここでは深い入りする
必要はないものと思われる。
　以上の議論を簡潔に纏めると、西山（ibid.）の命題函数の表記には循
環論的問題点が内在していること、そして、その代替として、
Fauconnier（ibid.）の役割函数は検討の価値があること、という2点が
肝要である。しかし、本書では非指示的な意味論を推し進めるため、当
面、西山の変項名詞句を理論的装置として採択し、さらに、彼の命題函
数の表記方法も暫定的に受け入れることにする（cf. Iwasaki 2017: 17）。
西山の命題函数の表記は日常語で書かれ、それが循環的議論の原因とな
っているのであるが、一方で、日常語で書かれているために、分かりや
すい、というメリットがある。表記方法をテクニカルに変えて、そのた
めに分かりにくくなり、かつ、表記方法の複雑化そのものが目的化して

しまう、という昨今の（一部の）理論言語学の傾向を回避するためにも、西山の命題函数の表記は利用価値があると思われる。[…]という外枠さえ付いていれば、「函数」であるという立場は崩れないため、便利な表記でもあろう。

　さらに、(6)の「x の大統領」の x を年代で指定するのは変項名詞句よりも非飽和名詞（西山 ibid.）に近いとも言える。「社長」と言った場合、どこの会社の社長か、が必然的に含意されなければいけない、というように、非飽和名詞には意味論レベルでの補完的要素が常に要求される（西山 ibid.）。[14]これは、英語の of ＋ 目的語（「補部」）を取る名詞に関する統語的議論（Radford 1988）等も関係し、奥の深い問題ではある（以上、西山 ibid.:43-47）。非飽和名詞については本書第 6 章を参照されたい。

▎ 1.6.　非指示的な定冠詞（岩﨑 2015b）

　一般に叙述文と指定文の読みの差異について疑問を呈する研究者は少ない。一方で、controversial な議論を潜在的に巻き起こし得るのが、(2a)、(2b)のおける「優勝者」、the winner それぞれの名詞句の＜非指示性＞である。「指示」については、Kripke (1980) を始めとして哲学でも議論が多いようであるが、ここでは、「言語学的意味論としては、[…]現実もしくは可能な世界における何らかの対象を指示している名詞句であることを確認するだけで十分である」という西山 (ibid.: 64) の立場を採択する。ただし、西山 (2003; 2013) が指示・非指示を純然たる意味論の概念であると主張しているのに対して、本書では指示・非指示は語用論レベルの概念であると主張する。言い換えれば、西山 (ibid.) では指示・非指示がA層の概念であると主張されているのに対し、本書では指示・非指示はB層およびC層の概念であると主張する。

　ここで、本書でのA層がどのようなものかをより鮮明にするために、英語の定冠詞の例を考えてみよう。上記の(2b)でも定冠詞を伴っており、一般に定冠詞を伴う名詞句は指示的名詞句であるという見方が支配的である。[15]実際、西山 (2003: 63) においても以下のような記載が見られる。[16]

　　　[…] 英語であれば定冠詞や所有形容詞、関係節などで限定されるいわゆる「定表現」である。[…] これらは、いずれも世界のなかの対象（個体）を指示するという意味で、指示

的名詞句である。

上記の西山（ibid.）の論述では定冠詞を伴う名詞句は指示的名詞句である、と読める。しかし、Nishiyama（2008）でも議論されているように、英語の定冠詞のついた名詞句も非指示的な名詞句になり得る。この点については岩﨑（2015b）が掘り下げて論じており、参照されたい。特に、以下の下線部は非指示的である。

(8)　We will certainly select <u>the winner</u>, who will [...].

（岩﨑 2015b: 1）

上記の下線部の the winner は特定の優勝者を指しておらず、非指示的である。優勝者はこれらから選ばれるわけであるから、特定の優勝者が指示されることがないのは当然である。ここで注意すべきは、下線部は疑問の意味を持つのであって、不特定かつ既に決まった人物の指示を意味するのではない、ということである。[17]（例えば、上山（2010: 185）は定性について「その脳内表象が結び付けられている個体（individual）を何らかの意味で話者が直接見知っており、特定可能である場合」[丸括弧も原典による]と述べているが、これでは、(8)の定冠詞の定性を的確に説明できず、問題がある。[18]）Nishiyama（1997）でも強調されているように、前者が変項名詞句の読みであり、後者は（追って確認するように）Donnellan（1966）の確定記述の帰属的用法ということになる。金水（2015）は自然数を例にとり、「修飾表現によって範囲を狭めると、外延を示すことができる」と述べているが、上記の(8)は the winner の後ろに of the contest のような修飾表現を付与した場合でも、指示対象を持たない例であり、上記の金水（ibid.）の指摘は成立しない。上記の例文(8)は外延に基づく意味論、指示に基づく意味論の限界を示す好例と言えよう。

　　以上、英語において定冠詞が付いた場合でも非指示的名詞句になるという点について確認した。次に、名詞句の指示・非指示が理論言語学の中でどのような位置付けになるかを確認する。西山（2003: 60）ではある名詞句が指示的であるか、非指示的であるかは語用論レベルの問題ではなく、意味論レベルの問題である、と主張している。ここで、西山（ibid.）は「文中のある名詞句が指示的であるかどうか」と「ある指示的名詞句の指示対象はいかにして決定されるのか」（西山 ibid.）は別問題であると主張している点に注意する必要がある。これに対して、岩﨑

（2015b）では、そのような区別は行わず、指示・非指示の問題は語用論の問題であると主張しており、また、東郷（2005）も指示・非指示について意味論と語用論の区別を行わない立場である。岩崎（ibid.）では意味論レベルにあるのは変項の個数と変項を指定する値の個数であると主張している。(8) では the winner は命題函数[x が優勝者である]の意味を有し、その変項 x は何者によっても指定はされないが、少なくとも、上記の命題函数は、変項は x のみであり、y，z 等を含まないことを示している。したがって、変項の数は 1 個のみ、ということになる。さらに、変項 x の値を埋める値も 1 個である。これは、英語の定冠詞は変項と変項の値をそれぞれ 1 個持つ（と見込まれる）ときのみに許容される、という岩崎（ibid.）の提案する条件によるものである。詳細は追って議論する。そのため、[x が優勝者である]の変項 x を指定する値も 1 個であることが見込まれる。一見すると循環的に見えるかもしれないが、定冠詞 the が付いているということは変項と変項の値はそれぞれ 1 個であるということを義務的に課しているので、選ばれる人も 1 人であることが分かる。さらに、理論中立的にも、the winner では複数の優勝者を指すと考えることができないのは明らかだろう。現時点では変項とその値の個数については、これ以上は立ち入らない。

　なお、一点、変項名詞句について西山の重要な指摘を確認しておこう。それは変項名詞句は「変項を埋める値を数え上げるタイプの数量詞を要求する」（西山 2013: 268）という主張である。そのため、「3 人の」や「たくさんの」のような「絶対的な個数を数えあげるタイプの数量詞」（西山 ibid: 267）と異なり、「すべて」や「大部分」のような「比率的数量詞」（西山 ibid: 268）によって変項名詞句を修飾することはできない、と西山は主張している。数量詞の問題をとりあえず横に置いたとしても、西山は、変項名詞句は変項の値を数え上げることを要求する、ということを主張していることになる。ここで下記の西山の変化文読みを確認しよう。なお、原典に下線を付してある。

(9)　　(a) <u>洋子の一番好きな作曲家</u>が変わった。（西山 2003: 101）
　　　　(b) <u>Mary's favorite composer</u> has changed.（西山 2013: 371）

まず、下線部はそれぞれ「変貌の読み」の場合には指示的名詞句であり、「入れ替わり」読みの場合には変項名詞句である、というのが西山（2003; 2013）の主張である。例えば、(9a)を西山の主張に従い、「入れ替わり」の読みで読むということは[x が洋子の一番好きな作曲家だ]の x

に入れる値が変わる、ということになる。では、下記の下線部の場合はどうだろうか。（原典に下線を付した。）

(10) The students keep getting younger every year.

(Sweetser 1996: 75)

まず、上記(10)の下線部は「変貌の読み」か「入れ替わり読み」かで議論の余地があるが、特定の学生たちが変化するわけではなく、「変貌の読み」と解釈するのが自然であろう。[19]この読みの場合、命題函数[x is (the) students]の変項 x を指定する値が変わる、ということになる。（後で確認することだが、岩﨑（2015b）で主張したように、the がついている場合、変項とその値は1つとなるため、命題函数の中のコピュラは are ではなく、is でよい。）この場合、変項名詞句は変項の値を数え上げることを要求する、ということは満たされているだろうか。確かに、不特定であっても、何人か、何十人か、あるいは、何百人かの学生という指示対象が変項 x を指定するのだから、変項を数え上げると言えるかもしれない。しかし、以下の下線部はどうだろうか。（原典に下線を付してある。）

(11) The paint gets gradually darker as you move along the wall.

(Sweetser 1997: 120)

ここで壁に沿って進むにつれて使われているペンキが濃くなるということから、下線部が「入れ替わり」の読みを持っているとしよう。すると、下線部は[x is the paint]という命題函数を表し、その変項 x を指定する値が変わる（特に、より濃いペンキに変わる）、というのが(11)の解釈になる。ここで、変項名詞句は変項の値を数え上げることを要求する、ということは満たされているだろうか。ペンキは壁上に連続して塗られているのであり、離散的ではない。そのため、ここでは、変項を指定する値を数え上げる、ということは難しいと思われる。[20](11)について Sweetser (1997: 120-121) は下記のように述べている。

... here it is almost impossible to separate 'the paint' into an objectively determined series of individuals: there is only one surface, and no necessary boundary between the lighter and darker paint areas. But one way to look at [the sentence] might be to say

> that if we were to take samples at a series of individual
> points along the wall, they would fall into a sequence
> from lightest to darkest.

　もしこのように架空の点を仮定することが成り立つのであれば、変項の値を数え上げるという要求は満たされていることになるかもしれない（cf. Iwasaki 2017: 24）が、西山の理論体系において Sweetser が主張するような主観的な認知の問題をどのように扱われるのか、という点は興味深い点である。西山の理論体系は管見の限り、認知言語学とはその言語観が異なるはずである。この点は、変項名詞句は「変項の値の充足を通して世界との関わり、その意味で対象志向的な概念である」という今井・西山（2012: 282）の主張とも合わせて、興味深い論点を残していると思われる。

　さらに、代替案として、(11)は指定文が埋め込まれた叙述文（cf. 今井・西山 ibid.: 243, 西川 2013）である可能性も考えられる。すなわち、the paint gets XP を文全体としては叙述文と読み、XP に指定文が埋め込まれている、と読むのである。しかし、そこに隠れている命題函数については今後の研究課題としたい。

1.7. コピュラ文・定名詞句分析に関する問題点

　コピュラの文の分類において、しばしば一般の文法解説書では、「叙述」とそれ以外のものの 2 つに分類する解説が見られる。例えば、中島（2006）, 日向（2014）がそうである。しかし、このような分類は指定文の妥当な意味を捉え損ね、コピュラ文を同一性文（identity sentence）（あるいは指示に基づくその他の読み）と叙述文の 2 つに分類しようしている点で、指示に基づく意味論と同じ問題点を抱えている。以下では、中島（ibid.）, 日向（ibid.）の問題点を確認する。その過程で外延や内包の観点から変項名詞句を捉えようとする金水（2015）の問題点についても検討する。

　その前に、同一性文について簡潔な確認しよう。

(12) ハイド氏は、ジキル氏である。

　　　　　　　　　　　　（西山 2003: 175）[原典に下線を追加]

西山（ibid.）が正しく解説するように、下線部の名詞句は共に指示的名

詞句であり、特に、共に「特徴記述」ではなく、「世界の一次的な個体を直接指示するような指示的名詞句」（西山 2003: 174）である。このように A is B や「A は B だ」や「B が A だ」のような、2 つの名詞句の指示対象が同一であるような文を、西山（ibid.）に従い、同一性文と呼ぼう。

1.7.1. 一般的な文法解説書の解説方法

　既述のように、一般文法解説書の中には A is B の英語コピュラ文を「A=B」というタイプとそうではないタイプの 2 つに分けて解説を行うものがときどき見られる。[21] ここでは、そうした解説書のうち、著名な文法解説書である中島（2006）と日向（2014）を例として吟味する。（関連する議論は西山（2003: p.142-143）も参照。）
　中島（ibid.: 69）は下記の例文を挙げて論じている。（原典のフォントは修正してある。等号は原典による。中島（ibid.）は「A=B という等式は B=A と言い換えられるのですから、同定用法では be 動詞の前後を入れ替えることができます」と述べている。）

(13)　(a) Albert is Al Smith = Al Smith is Albert
　　　(b) Albert is that man standing next to Mary. = That man standing next to Mary is Albert.
　　　(c) Albert is Mary's husband. = Mary's husband is Albert.

上記の (13a)，(13b) は共に同一性文である。中島（ibid.）は「同一」ではなく、「同定」という術語を用いているが、「A は B だ」、「B が A だ」のような（倒置）同定文においては、B は「世界のなかの一次的な個体（人間や家、物など）を直接指示しているのではない。」（西山 2003: 170）ということに注意しよう。[22] 同様のことが英語の（倒置）同定文にも当てはまる。（同定文については本書第 6 章も参照。）上記の（13a），（13b）では A is B の B はまさに「世界のなかの一次的な個体（人間や家、物など）を直接指示」しているのだから、(13a)，(13b) は同一性文に他ならない。（西山（ibid.: 174-175）も参照されたい。）また、(13c) は叙述文の読みもあるが、等号で 2 つの文を結んでいるところを見ると、中島（ibid.）はどうやら同一性文として読んでいるようである。
　中島（ibid.: 68）は以下のように述べている。

　　同定というのは、A=B というふうに、2 つのことが同じであ

ると定めることを言います。

一方で、叙述については中島（ibid.）は以下のように述べている。

叙述というのは、A についての性質や、身分、状態、評価な
ど—これらをまとめて「属性」と呼ぶことにしましょう—を
述べる（叙述する）ことを言います。

ある名詞句の指示対象が同じである(13)は確かに、上記の中島（ibid.）
の言う A=B と合致する。（ただし、「同定」ではなく、「同一」である。）し
かし、下記の文はどうだろうか。

(14) <u>The cause of the riot</u> was John's article.
　　　　　　　　　　(Nishiyama 2008: 14) ［原典に下線追加］

まず、(14)の下線部は世界の中に可視的に存在する個体ではない。何か、
箱に詰められたものがあって、それが「暴動の原因」だ、と指し示すこ
とはないのである。そのため、(14)を同一性文と読むことはできない。
Nishiyama（ibid.）が解説しているように、(14)は倒置指定文の読みを持
ち、下線部は非指示的な変項名詞句である。このような（倒置）指定文
を見落としている点が中島（ibid.）の第一の問題である。
　さらに、下記の(15a)が叙述文であり、コピュラ前後の名詞句の入れ替
えができない、と中島（ibid.:69-70）は述べている。

(15) (a) Albert is an excellent candidate.
　　　 (b) *An excellent candidate is Albert.
　　　　　　　　　　(中島 2006: 70) ［原典のフォント修正］

しかし、(15b)と同様の文が Den Dikken（2006: 153）で扱われており、Den
Dikken（ibid.）はこれを容認可能な文、それも、（倒置）指定文の一種と
して扱っている。

(16) An excellent doctor is Brian. (Den Dikken 2006: 153)

Andrew Radford 先生（私信）によれば、(16)は下記の 2 つの解釈が可能
である。（下記の括弧内も Radford 先生に負っている。）

(17) (a) Brian is an excellent doctor
　　　　　["excellent doctor" が焦点化された述部名詞句]
　　　(b) An example of an excellent doctor is Brian

　Den Dikken（ibid.）は(16)は音形を持たない要素の「倒置」を含む構造
と主張しており、かつ、指定文の一種であると考えていることから、
(16)を(17a)と(17b)の両方の解釈を持ち得る文であると考えているよう
である。さらに、岩﨑（2015b）では、(16)を変項名詞句を含む指定文で
あると主張しており、(17b)の意味を有すると仮定したと言ってよい。[23]
[x が優秀な医者だ]という命題函数の変項 x を指定する値（の 1 つ）が
Brian である、と岩﨑（ibid.）では主張したのである。(17a)の解釈のも
と(16)を考えれば、叙述文ではコピュラ前後の名詞句の入れ替えができ
ない、という中島（ibid.）の主張は正しくないことが分かる。
　次に、日向（2014）のコピュラ文解説を確認しよう。日向（ibid.）は
集合ではなくカテゴリーに基づくコピュラ文の分析を提示している。カ
テゴリーに戻づく分析は集合論に基づくコピュラ文分析が受ける批判
（cf. 西山 2005）を避けることができるかもしれない。例えば、西山
（2005: 82, n.2）はある日本語コピュラ文の集合論的分析について「要
素と部分集合を区別せず，帰属関係と包摂関係を区別しない理論は集合
論とは無関係の理論である。」と述べているが、カテゴリーに基づく一貫
した理論が登場した場合、このような点は克服できる可能性がある。
　しかし、日向（ibid.）の分析も幾つかの問題を抱えている。日向
（ibid.）は「X≠Y 型と X=Y 型」（p. 27）とか「X=Y 型か X≠Y 型と冠詞の
使いわけ」（p.33）と記載していることから、彼が X≠Y 型の叙述文と X=Y
型に分類していることは明らかである。しかし、肝心の X=Y 型が（倒置）
指定文を表しているのか、あるいは、同一性文を表しているのか、ある
いは、（倒置）同定文を表しているのかが不鮮明である。
　例えば、日向（ibid.: 31-32）は下記の(18)、(19)、(20)を示し、「X=Y
型」であると指摘している。

(18) Jack Daniels is the company's CEO.
(19) His car is a hybrid.
(20) The tall guy over there is the CEO.
　　　　　　　　　　　　　　　　　（日向 ibid.）

日向（ibid.）はWh-疑問に答えているコピュラ文は「X=Y型」である、と主張している。このようなWh-疑問に対する答えを示す文は西山（2003他）の主張する（倒置）指定文である。ここから、どうやら、日向（ibid.）は彼の言う「X=Y型」で（倒置）指定文を示そうとしていることが分かる。（ただし、この問題は(20)を考えるときに再度、戻ることになる。）(18)は指定文として読むことが可能である。そして、日向（ibid.）が示している下記の(21)はそれに対応する倒置指定文である。

(21) The company's CEO is Jack Daniels.

しかし、(18)は叙述文の読み、すなわち、＜ジャック・ダニエルズの属性はその会社の社長である＞という読みも持つ。その場合、the company's CEO は非指示的な属性名詞句（cf. 西山 2003）であり、非指示的名詞句（the company's CEO）と指示的名詞句（Jack Daniels）が「同一」になることはなく、日向（ibid.）の言う「X≠Y型」に分類されることになる。纏めれば、(18)には、叙述文の読み（「X≠Y型」）と（倒置）指定文の読み（「X=Y型」）の両方の読みがあるにも関わらず、後者のみしか言及していないことが日向（ibid.）の問題点である。
　次に、日向（ibid.）は(19)を「X=Y型」の例として挙げているが、(19)は＜彼の車はハイブリッドという属性を持つ＞という叙述文に他ならない。したがって、(19)は「X≠Y型」である。
　さらに、(20)は様々な語用論的読みがある。[24]まず、コピュラ前の名詞句にストレスを置いた場合（cf. Mikkelsen 2005a）、指定文として読むことが可能である。この場合、the CEO は変項名詞句となる。また、the tall guy over there と the CEO をそれぞれ指示的名詞句であると解釈した場合、文全体で同一性文（西山 2003）と読むことも可能である。このような読みを「X=Y型」として一括りで分類することは以下のような帰結をもたらす。すなわち、日向（ibid.: 31-32）は「X=Y型」に分類できる基準として、Wh-疑問に対して答えているか、を挙げ、さらには「X=Y型」を「X≠Y型」と区別するための、別の4つの点も挙げている。しかし、Wh-疑問に対して答えているという性質を持つ文は（倒置）指定文であり、既出の同一性文にはそのような性質は必ずしも当てはまらない。すなわち、Wh-疑問に対して答えているという性質は特段持っていないが、それでも、A is B における A と B のそれぞれの指示対象が同一のものや人物を指す（cf. 西山 2003: 174-175）という意味で同一性文は「X=Y型」であると言える。言い換えれば、Wh-疑問に対して特段答えていない「X=Y

型」が存在するのである。[25] それにも関わらず、日向（ibid.）は「X＝Y型」の判定基準として Wh-疑問に答えているかどうかを挙げており、ミスリーディングであると言わざるを得ない。

　以上のように、日向（ibid.）は「X＝Y型」の定義が曖昧な点、「X≠Y型」である例文を「X＝Y型」に分類している点が問題点である。

　さらに、A is B というコピュラ文のうち「X＝Y型」であると見分ける方法の1つとして、B が特定され、聞き手もそのように認識しているため、the が付く、という説明を日向（ibid.）が行っている点は、本書とは大きな差異である。彼は以下の例文を挙げている。[26]

(22)　Jack Daniel is <u>the</u> company's CEO.　（日向 ibid: 32）
[原典の太字を下線に変更]

確かに、(22)の可能な解釈のうちの1つは日向（ibid.）が想定しているような解釈もあるだろう。一方で、A is the B という表現における the は非指示的な解釈も持ちうることに注意しよう。

(23) John's article was <u>the cause of the riot.</u>
(Nishiyama 2008: 15) [原典に下線追加]

上記は(14)に対応する文である。この場合、the cause の the は非指示的であり、また、下線部は、Nishiyama（ibid.）が指摘するように "what was the cause of the riot?" に対応し、[x が暴動の原因だ]という命題関数の意味を有する変項名詞句である。このような変項名詞句の解釈を日向（ibid.）が議論していないことも、日向（ibid.）の分析に欠けている点である。

　以上の中島（ibid.）と日向（ibid.）の議論を吟味して分かることは、英語のコピュラ文の理解には「A＝B」とそれ以外のものという二分法では決して十分ではないこと、西山（2003, 2013 他）が主張するように、より精密な議論が要求されるということである。

　さらに(20)[The tall guy over there is the CEO（日向 ibid.）]は、倒置同定文（西山 2003: 167-173）と分類することもできることを確認しよう。日向（ibid.: 32）は X＝Y 型の説明箇所—「X＝Y 型の用例」と日向（ibid.）は記している—において、(20)を例に挙げ説明している。確かに、ある会社のCEOは通常、1人しかいないことを考えれば、日向（ibid.）が(20)を「X＝Y 型」に分類しているのは理解できる。さらに、日向

（ibid.）は、聞き手にとっての新情報である「重要情報 the CEO（＝抽象的カテゴリー）」［括弧内も原典による］はコピュラに後続する、と述べている。この場合、(20)の文は、名詞句 the tall guy over there が指示対象の人物を指示し、それについて the CEO であると述べていると考えると、(20)は叙述文であると解釈できるかもしれない。[27] しかし、ここでは(20)を西山（ibid.）の言う（倒置）同定文である可能性を探ってみよう。（倒置）同定文「AはBだ」、「BがAだ」とはAが指示的名詞句であり、かつ、以下のような文タイプであると西山（ibid.：168）は述べている。

> ［…］A の指示対象について、「それはいったい何者か」を問題にし、その答えを「B にほかならない」と認定することが、「B によって、A を同定する」ことの意味なのである。

この考え方を採択すると、上記の日向（ibid.）の示す文(20)は、that guy over there の指示対象について、何者であるかを考えると、それは the CEO だ、と解釈できる。この場合、倒置同定文読みである。

　倒置同定文について、西山（ibid.：168）は、「どれ（どのひと）」について問うてその答えを与える倒置指定文に対して、「A はいったい何者か」について問うてその答えを与える、と述べている。（上記の鍵括弧内も西山の原典からの直接引用。）さらに（倒置）同定文「AはBだ」、「BがAだ」のA は指示的名詞句であると述べ（西山 ibid.：168）、B については、その規定の難しさについて西山（ibid.：186, n.59）は述べているので参照されたい。また、西山（ibid.：170-171）は、B を他の名詞句で置き換えた場合に当該の倒置同定文の真理値が異なってしまう場合があることを指摘し、指示的に不透明な解釈を持つ、と主張している。さらには、西山（ibid.：171-173）は倒置同定文と叙述文が「しばしば混同されやすい」ことを指摘した上で、両者の違いについて経験的証拠を示し議論している。[28]（倒置）同定文はさらなる探究の余地があると思われるが、現時点ではこれ以上の深入りは避けたい。（本書第 6 章も参照されたい。）

1.7.2. 内包・外延に基づく金水（2015）の誤謬
　前節の(16)で見たように、変項名詞句は必ず定名詞句でなくてはならない、ということは正しくないということである。ここで、これに関係する金水（2015）の主張を確認しよう。金水（ibid.）は西山（2003）の変項名詞句は内包・外延、集合等の観点から書き換えることができると

主張しているが、果たして金水（ibid.）の議論はどこまで成功しているだろうか。金水（ibid.）は以下のように主張している。

> このようにして見てきたとき、西山（2003）で「変項名詞句」としているものは、基本的に定名詞句であると言えそうである。

金水（ibid.）の指摘とは異なり、変項名詞句は定名詞句以外のものもなり得る、という点は今後の議論においても重要である。上記の誤った想定から、金水（2015）は

> 名詞句は集合の内包を表し、その集合の外延は変項または定項として含意される。変項を含む<u>定名詞句</u>について、その変項の値を補充したり、変更したりする等の意味が述語によって与えられるとき、その名詞句は変項名詞句の解釈を受ける。

と主張しているが、下線部の彼の前提が崩れることになる。

　さらに金水（2015）は「外延とは、いわゆる指示対象（のメンバー）である」と定義を与えた上で、「外延が変項または定項として備わっている」とか「名詞句は集合の内包を表し、その集合の外延は変項または定項として含意される」とかと述べている。これは言い換えれば、金水（ibid.）は、「指示対象（のメンバー）が変項または定項として備わっている」とか「名詞句は集合の内包を表し、その集合の指示対象（のメンバー）は変項または定項として含意される」と述べている、ということに等しい。さらに言い換えれば、＜指示対象、すなわち、世界の中の個体が変項になり得る＞（※）と金水（ibid.）は主張していることになる。しかし、著者にとって、※は論旨不明である。

　さらに、西山（2005: 78）が正しく解説するように、同一要素からなる集合は同一集合であることに留意しよう。例えば、西山（ibid.）の例を借りれば、「ある問題 A を解くことができる人は太郎，次郎，三郎の 3 人だけ」で、かつ、「3 年 4 組の生徒で身長 が 170cm 以上の人は太郎、次郎、三郎の 3 人だけ」（西山 ibid.）という仮定のもと、そのような人の集合をそれぞれ N，M とすると、それぞれの集合は内包的表記と外延的表記により、以下のように書ける。

(24)　(a) M= { x｜x は問題 A を解くことができる人 }
　　　(b) M= { 太郎、次郎、三郎 }
(25)　(a) N= { x｜x は 3 年 4 組の生徒で身長が 170cm 以上の人 }
　　　(b) N= { 太郎、次郎、三郎 }

(西山 2006: 78-79)

この場合、集合の要素（すなわち、太郎、次郎、三郎）が同じであるため、集合 M と集合 N は同じである。西山（ibid.）が解説するように、内包的表記が異なっていても、集合の要素が同一である場合、当該の 2 つの（あるいは複数の）集合は同一である。以上は、すべて西山（ibid.）に負っている。

　以上の点に留意して、金水（ibid.）の議論を確認してみよう。以下は金水（ibid.）からの直接引用である。ただし、例文番号のみ変えてある。矢印やそこに併記されているものも原典による。

　　(i) 10 以下の素数：S={x｜x≦10∧x∈素数} ← 内包による表現
　　　　S={2，3，5，7}　← 外延による表現
　　この場合、まさに「10 以下の素数」は変項名詞句であり、
　　指定文や倒置指定文を作ること　ができる。
　　(ii) a. 2，3，5，7 が 10 以下の素数である。
　　　　　b. 10 以下の素数は 2，3，5，7 である。
（以上、金水 ibid.）

ここで、どうやら金水（ibid.）は(iia)，(iib)の「10 以下の素数」を {x｜x≦10∧x∈素数}で置き換えることができる、と想定しているようである。[29]この想定自体が潜在的な問題を含んでいるが、仮に正しいとすると、どのような帰結になるか考えてみよう。内包的表記を採択しても、外延的表記を採択しても、上記の S={2，3，5，7}と S={x｜x≦10∧x∈素数}が同じ要素を持つことには変わりなく、同一集合であることには違いない。すると、上記の金水（ibid.）が示している文は以下と実質的に変わらないことになる。

(26)　(a) 2,3,5,7 が {2，3，5，7}である。
　　　(b) {2，3，5，7}は 2,3,5,7 である。

結局、金水（ibid.）の主張の結果として生じる(26a)，(26b) は有意義な

実質的意味を持たない文であって、これは西山（2003）の指定文や倒置指定文とは全く異なるものである。さらに、金水（ibid.）の提示する（iia）,（iib）の「10以下の素数」を「10以下の素数の全体」と記述すれば集合が、「xは10以下の素数」と記述すれば集合ではなく、xの属性の定義となることに注意しよう。[30]この点でも金水（ibid.）はこの曖昧性を無視し、「10以下の素数」を「10以下の素数の全体」であると一方的に想定していることになる。さらに、＜「xは10以下の素数」と記述すれば集合ではなく、xの属性の定義となる＞ということはまさに、[xが10以下の素数である]という西山の命題函数の<u>中身</u>が述べていることと実質的に同じである。[31]すると、ここでも変項が必要とされること、さらに、西山の変項名詞句が必要であることが分かる。なお、（iia）,（iib）の「10以下の素数」は集合の解釈を持つことは難しく、変項名詞句として解釈されるべきだと私は考える。数学において「α」と「αの集合」は厳格に区別されるべきだからである。そして、（iia）,（iib）の「10以下の素数」を[xが<u>10以下の素数</u>である]という命題函数を持つ変項名詞句であると考え、その変項xが2,3,5,7それぞれによって指定される、と私は考える。[32]すなわち、2がxを指定し、3がxを指定し、5がxを指定し、7がxを順次、指定する、と考えるのである。このように考えれば、命題函数の中の下線部の「10以下の素数」は複数の数ではなく1つの数の属性を表すと考えることができ、「10以下の素数の集合」とか「10以下の素数のカテゴリー」とかと想定する必要は全くなくなる。

　結局、金水（ibid.）による内包・外延の表記および集合に基づく、西山理論への代替案提案の試みは成功していないと言える。これは、外延のみならず内包的表記さえも「指示」という概念から無縁ではないことを考えれば当然である。西山（2003他）の変項名詞句の概念は非指示的な、命題函数を有する装置だからである。例えば、西山（2005: 80）は「…集合というものは世界とは独立には決まらないということである。つまり、集合は、現実世界であれ、可能世界であれ、なんらかの言語外の世界に依処してはじめて決定できるのである」と正しく解説している。西山（2003他）の変項名詞句は言語外の世界に依拠しない、純言語的、純意味論的な概念であることに注意しよう。そのような純言語的、純意味論的な概念が、言語外の世界に依拠する集合を用いて代替できるわけはないのである。この点で金水（ibid.）の試みは根本的に問題があると言えよう。このことと関連すると著者には思われる箇所を以下で確認してみよう。西山（2004: 31, n.1）はKatzの意味論について下記のように論述している。（原典に下線を付した。）

［Kats の意味論は］言語表現の意味を世界との関係で捉えよ
　うとしているのではない点に注意しよう。Katz の意味論に
　おける「意味」（meaning）は、Frege の言う「指示対象」
　（reference）から区別された「意義」（sense）と一見近い
　ように思われるかもしれないが、両者は大きく異なる。
　<u>Frege の「意義」があくまで「言語表現の（世界における）</u>
　<u>指示対象を決定する仕方」（the mode of determination of</u>
　<u>the referent）として規定されていたのにたいして、Katz の</u>
　<u>「意味」はそのような「世界における指示対象」という外延</u>
　<u>的な概念からまったく独立の規定である</u>点に注意すべきであ
　る。この点について詳しくは、Katz（1986, 1990, 1992,
　1996）を参照。

西山（2003）の（変項名詞句に関する）理論的立場が上記、特に、下線
部の Katz の意味論的立場と同じかどうかは慎重な吟味を要すると思われ
るが、「文中のある名詞句が指示的であるか否かは言葉の意味の問題であ
るが、指示対象が存在するかどうかは世界の事実の問題なのである」（西
山 2003: 60）という論述から考えても、西山が意味論レベルの問題と世
界の中の指示対象の問題を分けて考えていると想定できる。したがって、
西山の（変項名詞句に関する）理論的立場は Katz の上記下線部と遠くは
ないと思われる。そうであるとすれば、ますます、外延や内包の観点か
ら分析しようとする金水（ibid.）の理論的立場は西山（ibid.）の変項
名詞句の本来の理論的立場から離れていると言えるだろう。
　結局、中島（2006），金水（2015），日向（2014）ともに下記が概ね当
てはまることになろう。（ただし、日向（ibid.）については「集合」を
「カテゴリー」に変えることが必要であろう。）

　　　要するに、コピュラ文を「要素と集合の関係」と「同一指示
　　　関係」で分析しようとする標準集合説に忠実であればあるほ
　　　ど、「措定文」「倒置指定文」というコピュラ文の重要な区別
　　　を捉えることが難しくなるのである。（西山 2005: 84）

コピュラ文の妥当な理解には言語外の世界に依拠する集合に基づく理論
だけでなく、言語モジュールに依拠した非指示的な文法要素を扱う理論
が必要であること、要するに、本書の言う C 層や B 層だけでなく A 層も必

要であること、そして、現状では著名な文法解説書等においてもその認識は全く浸透していない、ということが確認できたと言えるだろう。

1.8. まとめ

　本章ではまず、「意味」についてA〜C層の複数の意味について示し、本書ではA層にまで掘り下げて迫る意味理論を企図すること、さらに、言語事象によっては、A層〜C層をセットとして捉える必要のある場合もあることも指摘した。その具体的な言語現象は次章以降で明らかになる。さらに、言語観、言語デザインの問題として、言語モジュールの部門では生成文法や変項に基づく意味理論を、非言語モジュールの語用論のレベルでは認知言語学を組み込むことを提唱した（Iwasaki 2017）。さらに、容認可能性に基づく理論言語学の方法の妥当性について確認し、その後、「指示」と「非指示」という概念について、真理条件的意味論の問題点や西山（2003, 2013）の変項名詞句の概念、そして、岩﨑（2015b）の非指示的な定冠詞について概観した。最後に、既存の英文法解説書や集合論に基づく代替案の問題点を確認し、変項名詞句という概念が英文法の理論にとって欠かせないことを確認した。

【付記】本章の一部は日英言語文化学会『日英言語文化研究』5（pp. 27-38）に掲載された拙稿に基づいている。

---

[1] 例えば、西山（2004: 37）は以下のように指摘している。

> われわれは、日常、言葉の意味と思っている側面のなかに、語用論的な読みこみがあまりにも深く浸透しているため、そのことにほとんど気づかないケースもすくなくない。

[2] モジュールに馴染みのない読者は西山（2010）や今井（2015: 67-76）を参照されたい。Fodor （1983)によるモジュールの概念について分かりやすく解説している。
[3] http://home.uchicago.edu/merchant/ （2017 年 12 月 1 日現在）
[4] この点に関して、西山佑司先生（私信）に感謝する。
[5] ただし、世界の中の事物に関するイメージ・スキーマだけでなく、その認知に関するイメージ・スキーマがあるとすれば別である。例えば、函数のイメージ・スキーマは世界の事物に関するイメージ・スキーマではなく、函数という概念の理解に関するイメージ・スキーマであろう。詳しく 7.5.2. における there に関す

る議論とそこで引用されている文献を参照されたい。

[6] ただし、以下に Sweetser（1997）が妥当に指摘するような、異なる視点が関与する場合を、真理条件的意味論は十分に扱うことができない、という点では認知言語学に軍配が上がることになる。

> None of these examples are literally "true"-like metaphorical usages, therefore they have not been of much interest to logically-oriented formal semanticists. They are, however, productive and pervasive usages in English. And they constitute yet further examples of the ways in which linguistic forms, far from expressing truth value, regularly express the relatedness of varied viewpoints on a single scene. (Sweetser 1996: 75)

[7] 属性名詞句には表意（explicature）を構築する語用論的操作の1つである「自由拡充」が適用できない、と今井・西山（2012: 275-283）は主張する。しかし、彼らが挙げているのは、否定を含む文であり、本書著者は自由拡充を阻止するのは、属性名詞句ではなく、否定表現である、と考える。実際、(ia)に自由拡充を施して、(ib)の解釈を得ることは可能である。

(ia) Ian Roberts is a Professor of linguistics.
(ib) Ian Roberts is a Professor of linguistics [at Cambridge].

ここで注意すべきは、上記の自由拡充は、ケンブリッジ大学内だけでなく、その他の場所でも行うことはできるということである。例えば、コネチカット大学滞在中の Ian Roberts の所属大学を知らない人がいたとして、Ian Roberts が Theresa Biberauer と共著論文を多数書いていることから、ひょっとして彼らは同僚ではないかと推測し、そして、(ib)のような自由拡充を行うことも可能である。そのため、今井・西山(ibid.)の挙げている、発話される場所とその結果生じる文脈含意に関する「予想される反論と応答」(pp. 278-283) は当てはまらない。一方で、(iia)に自由拡充を施して、(iib)を得ることは無理である。

(iia) John is not a Professor of linguistics.
(iib) John is not a Professor of linguistics at Cambridge but a Professor of linguistics at Oxford.

上記の(iia)と(iib)は明らかに真理値が異なる。(iia)はいかなる大学であっても、John が言語学の教授であることを否定しているのである。(ia, b), (iia, b) の例から分かることは、自由拡充を阻止するのは属性名詞句ではなく、否定語だということである。(ib)の[at Cambridge]は飽和ではなく、自由拡充であると思われるが、仮に、[at Cambridge]を飽和として見なした場合（「教授」は「α 大学の教授」という α を飽和する必要がある非飽和名詞（西山 2003）と見なした場合）、a Professor of linguistics を a linguist に代えてみればよい。A linguist は飽和名詞であり、飽和は必要ない。同様の議論が成り立つ。

⁸ このような読みは「同一性文」（identity sentences）（例えば、西山（ibid.：174））と呼ばれる。

⁹ 西山（2003）の前の文献として西山（1988）もあるが、後者は修正を経て前者に組み込まれたようである。

¹⁰ 金水（2015）は「主として西山（2003）の「指示的／非指示的名詞句」「変項名詞句」等の概念で表されていた意味論的体系は、集合、内包、外延、定／不定といったより一般的な概念で整理でき」と述べ、さらに、「名詞句は集合の内包を表し、その集合の外延は変項または定項として含意される」と述べている。金水（ibid.）は西山（2005）を引用していないが、西山（2005）ではコピュラ文の分析において、集合論を用いても、指定文と叙述文の違いを十分に扱うことができないことを論証しており、西山（ibid.：90）は「コピュラ文の分析において，集合概念を導入することによって 変項名詞句や叙述名詞句のような非指示的名詞句の概念を不要とする議論は正当化されえない」と妥当に結論付けているのである。なお、金水（ibid.）は「…の場合、まさに「10 以下の素数」は変項名詞句であり、指定文や倒置指定文を作ることができる」と述べているが、これはかなりミスリーディングな表記である。ある名詞句が変項名詞句であるか否かはある文中の中で決定されるのであって、ある名詞句が文と独立に変項名詞句か否か予め決まっているわけではない。（西山 2003 参照。）（次の脚注を参照されたい。）

¹¹ 西山の変項名詞句についての誤解は少なくない。例えば、西垣内（2016b：118；2017：128）は下記のように誤解に基づいて論述している。

　　　「変項名詞句」とは、次のような表現である。
　　(1)　a.　洋子の趣味
　　　　　b.　タカシの身長
　　　　　c.　奈緒美のケータイ番号
　　　　　d.　ビールの量

しかし、このような指摘は正しくない。ある名詞句が変項名詞句であるか否かは、ある与えられた文脈の中で文中で決まるのであって、文から独立に、ある名詞句が変項名詞句であると述べることは一切できないことに注意されたい。（西山2003参照。）さらに、西垣内（2017：130）は以下のように述べている。（下線部は原典による。）

　　　(1)に例示した「変項名詞句」の主要部は語彙的特性として「非飽和名詞」と呼べるものである。しかし，西山（2003：72-92）には［原典ママ］さまざまな名詞句が「変項名詞句」としてはたらく例を示している。
　　(10)　a.　太郎は洋子の趣味を尋ねた。（西山 2003：80，例 (50a)）
　　　　　 b.　花子は自分の欠点がわからないようだ。（西山 2003：80，例 (53a)）

c. 客は、その本の定価に関心がある。（西山 2003: 80, 例
(54a)）
これらは、［途中略］「非飽和名詞」を主要部とする「中核名詞句」
から派生されるものである。

まず「(1)に例示した「変項名詞句」の主要部は語彙的特性として「非飽和名詞」
と呼べるものである。」という西垣内（ibid.）の主張は誤りである。西山（2003）
においては、ある名詞句が変項名詞句か否かは文中において決定されるのであり、
それに対して、非飽和名詞はレキシコンで決定されるものである。（ただし、本書
は、ある名詞が非飽和名詞かどうかは文中で決定される、と主張している。）した
がって、西垣内（ibid.）の主張は西山（ibid.）の主張を正しく捉えていない。
西山（ibid.）の変項名詞句と非飽和名詞は全く別の概念であるにも関わらず、西
垣内（ibid.）は両者を混同して論述していると言わざるを得ない。さらに、西垣
内（ibid.）は「「非飽和名詞」を主要部とする「中核名詞句」」と主張しており、
西垣内（ibid.）の言うところの「中核名詞句」が「非飽和名詞」を主要部とする
ということは、西垣内（ibid.）の言う「中核名詞句」と西山（ibid.）の「変項
名詞句」は根本的に異なる概念である、ということになる。
[12] この点の指摘は Iwasaki（2017: 17）を参照されたい。
[13] 坂原（2001: 329-330）は値の一部とパラメータを「切り離してみる」として、
以下の例文(iia, b)を挙げている。下記の他の例文もすべて坂原（ibid.）による。
　(ia) この事故の原因は、太郎の居眠りだ。
　(ib) 　太郎の居眠りが、この事故の原因だ。
　(iia) *太郎は、居眠りが、この事故の原因だ。
　(iib) この事故は、太郎の居眠りが、原因だ。
　(iii) *この事故の太郎の居眠りが、原因です。
　　　　　　　　　　　　（坂原 ibid.: 329-330）
上記の(iia)について、「太郎の居眠り」が新情報を表すために切り離せない、と
坂原（ibid.）は主張している。本書著書はそのような新情報云々ではなく、函数
の値はそもそも切り離せないし、さらに坂原（ibid.）が挙げている(iii)が示す
ように、函数そのものも切り離せない、と考える。
[14] 西垣内（2016a: 143, fn.5）は西山（2003）が「非飽和名詞」およびそれに関
する「パラメータ」の定義を明確に与えていないと指摘しているが、このような
指摘は必ずしも正しくない。西山（ibid.: 33）は「非飽和名詞」について例を挙
げて説明し、例えば「Xの」主役のような場合のXをパラメータであると説明し、
さらに、「非飽和名詞はかならず「Xの」というパラメータを要求し、パラメータ
の値が定まらないかぎり、意味として完結しない」語彙要素である、と主張して
いるのである。なお、非飽和名詞は「文法（とくにレキシコン）のレベル」（西山
ibid.: 38）で規定される、と主張している。（この点は本書の主張は西山（ibid.）
とは異なる。）
[15] たとえば、中島（2006: 16）は「普通名詞が既知情報であることを表す手段

として、英語には定冠詞の the があります」と述べている。また、中島（ibid.:
19）は「定冠詞は、それが付いた名詞が同定可能という意味で、既知情報である
ことを表します」と述べている。また、金水（2015）は定名詞句に続く不定名詞
句の定義の説明において「その他種々の初出・導入表現で文脈に最初に導入され
た名詞句は不定名詞句である」と述べている。これは言い換えれば、ある文脈に
おける既出の表現が定の表現である、と金水（ibid.）が想定している、と言える。
中島（ibid.）や金水（ibid.）の上記の指摘が問題であることは本書を通じて明
らかになる。（例えば、（8）が例である。）また、岩﨑（2015b）も参照されたい。
情報構造や指示に基づく同定可能性では決して英語定冠詞の意味を首尾よく説明
することはできないのである。ところで、中島（ibid.）の上記の論述は名詞その
ものが情報と読める述べ方をしている点も trivially に問題がある。

[16] しかし、西山（ibid.: 63）は「指示的名詞句によって指示される対象」は
「数や命題のような抽象的な対象であっても一向に構わない」とも述べている。
しかし、これは、彼の述べる「世界のなかの対象（個体）を指示する」というこ
とと整合性を見出すのは難しいと思われる。少なくとも、「数や命題」のような
「抽象的な対象」を、世界の中の「個体」と見なすことはできないだろう。ここ
で、「世界のなかの対象（個体）を指示するという意味で、指示的名詞句である」
（西山 ibid.）と定義した上で、そのような指示的名詞句を言語に内在する要因
（すなわち、言語モジュール内の要因）と仮定する西山の理論的立場には大きな
理論上の混乱があると考えざるを得ない。これは、指示・非指示という要因に代
わる別の要因を設定する必要があることを示している。

[17] 今井・西山（2012: 201-202）およびそこで引用されている Baker（1968），
Heim（1979）も参照されたい。

[18] したがって、単数形名詞の前につく定冠詞の使用可能性を「特定のメンバー1
つを同定でき」（中島 2006: 17）る場合であるとするような説明も不十分である
ことが分かる。また、庵（1994: 41）は以下の主張をしている。

　　　聞き手が知っている（と話し手が認める）名詞句が「定名詞句
　　　(definite NP)」である（cf. Chafe (1976)、金水 (1986)))。

しかし、これでは(8)の下線部を的確に説明することができず、定性の定義として
不十分である。他に、岩﨑（2014: 27）で指摘したように、Snape（2005: 156）も
同様の問題点を抱えている。さらに、日向(2014: 33)のように、the を「THAT で
置き換え」[大文字は原典による]ることができる、という考え方では(8)の非指
示的な読みを的確に捉えることができない。日向（ibid.）の主張する that への
置き換えの方法では、(8)は指示的な読みのみになってしまう、と誤って予測され
てしまう。また、上記の日向（ibid.）の説明では、the Japanese や一般論（総
称）を述べるときの the use of new computers も適切に説明できない。さらに、
日向（ibid.: 184）は「特定のモノ・コトを指しており、相手もわかっているとい
う事情の下で使うときは定冠詞 the を付ける」と述べているが、このような説

明は、本書や岩﨑（2015b）で議論する言語事実を説明することができず、不十分である。Ｂ層やＣ層に覆われた定冠詞の意味は that のように思われる場合も多々あるかもしれないが、それでは A 層における定冠詞の意味に迫ることができない。予想される反論として、(8)のような例は一部の例外にすぎない、ということが考えられるが、既述の the use of ... 等は実際の英語でよく用いられる形であり、少数の例外と見なすことは難しいだろう。さらに、例外も含めて説明できる、より一般性の高い仮説が説明力の高い仮説と言える。結局、指示に基づく理論的立場は限界があると言え、本書や岩﨑（2015b）のように非指示的な意味論によってこそ、英語の定性ならびに定冠詞の意味を正しく捉えることができるのである。

[19] 例文（10）の複数の読みについてはSweetser（ibid.）を参照されたい。特に、学生たちが毎年若くなるのではなく、教授自身が歳を取り、その「解釈尺度」（"evaluative scale"）が変化する読みもSweetser（ibid.）は挙げていることに注意しよう。この読みを Sweetser（ibid.）は主観的な読みであるとし、「図と地の反転（"figure-ground reversal"）」（p. 77）と呼んでいる。

[20] 以上の議論は Iwasaki（2017: 24）を参照されたい。

[21] 西山（2003: 166）は以下のように述べている。

> コピュラ文「A は B だ」は、措定文［叙述文］か倒置指定文かのいずれかの意味に解釈されることが多いとはいえ、これ以外の解釈も不可能ではない。

[22] なお、本書では「同定文」（identificational sentence）の定義は西山（2003）に従い、坂原（2001）の定義とは異なるため、注意されたい。

[23] 一方、西山（2003: 76）は「変項名詞句は論理的には１項述語であるといってさしつかえない」と述べている。

[24] 西山（2009: 85-86）は下記の(i)が叙述文の読みを持つと述べている。
　　　(i) Obama is the President.
上記の(i)の the の指示性が気になるが、仮に、(i)が叙述文読みを持つという西山（ibid.）の解説が正しいとすれば、(i)は非指示的な属性名詞句であることになる。すると、同様なことが(18)にも言えるかもしれないが、ここでの the の指示性・非指示性はここでは保留したい。

[25] 天野（1995a: 7-8）は「A が B だ」、「B は A だ」という文の解釈について、指定文読みだけでなく、同定文読みも同一性文読みも B について質問する点では同じ性質を共有していると主張し、その共通性を「＜X は B である＞という前提命題の x を A で埋める」とか「いずれの B も、念頭にある＜…とは何か、どういう性質か＞といった問いを構成する名詞句であるという点、すなわち＜X は B である＞という前提命題を構成する名詞句である」とかと主張している（いずれも p.10）。さらに、西山（1990）が同一性文について述べていることを言及しつつ、同一性文「A が B だ」の B について「＜「B」の指示対象と同じ指示対象はどれか＞という、念頭にある問いを構成する名詞句となっており、「A」がその答えを表す名詞

句となっているということを述べているわけである」（p. 6）と主張している。しかし、（少なくとも西山の分析に従う限りは）同一性文におけるBに変項が含まれていない以上、同一性文のBという名詞句は「どれが」という問いを要請していないことに注意しよう。もし天野（ibid.）の一連の主張が正しいと仮定すると、「BはAだ」、B is A のような形の叙述文（例えば、That is a problem）もA（ここでは、a problem）という属性を持つのは何か（すなわち[x is a problem]という命題関数の読み）という意味を持つことになってしまう（本書第9章も参照）。すると、叙述文読み（日向（2014）の「X≠Y型」）とその他の読み、すなわち、指定文、同定文、同一性文の読み（どうやら日向（ibid.）の「X=Y型」）の差異がなくなってしまい、Wh-疑問に答えているかどうかという日向（ibid.）の挙げている基準は、「X=Y型」を「X≠Y型」から区分する有用なテストではなくなってしまうことに注意しよう。

26 ただし、特定されているのが、会社なのか、会社のCEOなのかについては、日向（ibid.）は論述していない。

27 実際、日向（2014: 32）は「「社長である」」[原典が鍵括弧を使用]と述べている。もし、当該の the CEO を「あの社長である」等ではなく、「社長である」と解釈する場合、それは属性名詞である。

28 （倒置）同定文のBのある属性について、「意味論だけで決めるわけにはいかない。」と西山（2003: 187, n. 60）は述べている。それにも関わらず、彼の示す（倒置）同定文という概念は「文-文法における意味論上のもの」である、と西山（ibid.）は述べている。しかし、これに対する理由を西山（ibid.）は示しておらず、上記の点は彼の規定であると言わざるを得ない。

29 しかし、ここで「10以下の素数」は「10以下の素数の全体」とは異なること、さらに、「10以下の素数」は「10以下のある素数」と「10以下の任意の素数」の二つの解釈を持ち、曖昧である点にも注意しよう。「素数」は集合ではないため、金水（ibid.）の(i)における「x ε 素数」の記述は「x は素数」と書くべきである。（以上、中山幹夫先生（私信）のご指摘による。）また、以下の場合、下線部は集合ではなく数である。

　(i) 2が 10以下の素数 であるであることは疑いようがない。

30 中山幹夫先生（私信）のご指摘に感謝し上げる。

31 ここでの属性はあくまでも命題関数の中身での記述であって、「10以下の素数」自体が属性名詞句ではないことに注意しよう。

32 2, 3, 5, 7 をセットとして扱われる1つの値と見なし、これが当該の変項 x を指定する、という可能性も排除はできないが、この点の妥当性については保留し、将来的研究課題としたい。なお、上記の「セット」とは集合の意味ではなく、日常的な語感としての「ひとまとまり」という意味である。少なくとも、2, 3, 5, 7 は{2, 3, 5, 7}とは異なり、厳格な集合ではないことは明らかである。

第 2 章

Donnellan（1966）の帰属的用法・西山（2003）の変項名詞句

2.1. はじめに

　本章では西山（2003；2013 他）の変項名詞句とドネランの確定記述の帰属的用法（Donnellan 1966）の差異について論じる。特に、西山（2003）や Nishiyama（1997）の主張と異なり、ドネランの帰属的用法も広義の変項名詞句の一種であると論じる。すなわち、本章では西山の変項名詞句と後に見るドネランの帰属的用法の違いと類似点について考察する。西山自身は彼の変項名詞句とドネランの帰属的用法の違いを強調するが、本章では両者は広義の変項名詞句の範疇に収まり得る、と主張する。

　本章の構成は以下の通りである。2.2. では西山（2003），Nishiyama（1997）による、変項名詞句とドネランの帰属的用法の差異に関する主張を概観する。2.3. では本書独自の視点から西山（ibid.）、Nishiyama（ibid.）の問題点を吟味し、本書の理論的立場を提案する。2.4. では本書の理論的立場に基づいて、幾つかの言語データを説明することを試みる。2.5. では結論を述べ、本研究の対象がことわざ等の定型表現の生の言語データで観察されることを確認する。

2.2. 西山（2003）

2.2.1. 西山（2003）による Donnellan（1966）の帰属的用法の捉え方

　西山（2003）では以下の例文について議論をしている。

(1)　　この子が出世できるかどうかは、<u>この子の将来の奥さん</u>次第だ。
　　　　　　　　　　　　　（西山 ibid.：100）［下線部は原典による］

この例文の下線部について西山（ibid.）は以下の 3 通りの解釈を論じている。第一に、下線部を Donnellan（1966）の「指示的用法」として読み、下線部を「特定の女性」と読む読みである。第二に、下線部を Donnellan（ibid.）の「帰属的用法」[1]と読み、文全体を「この子が出世できるかどうかは、この子の将来の奥さんが誰であれ、その女性の力次第だ」（西山 ibid.）と解釈する読みである。ここで西山（ibid.）は下線部について「世界の個体を指そうとしているという点で指示的名詞句であることに注意しよう」と述べている。第三に、下線部は、個人ではなく、「ある女性 A がこの子の将来の奥さんである。」（西山 ibid.）という命題である、という読みである。以上が西山（ibid.）による(1)に対する 3 通りの読みである。西山の読みでは第三の読みの場合のみ、下線部が非指示的な変項名詞句として扱われており、第一と第二の読みでは下線部は指示的名詞句として扱われている点に注意が必要である。

2.2.2.　西山（2003）による「指示的名詞句」、「非指示的名詞句」の問題点

2.2.2.1. Donnellan（1966）の確定記述の帰属的用法と名詞句の指示性・非指示性

　まず、西山（ibid.）の第二の読みに関する問題点を確認する。西山（ibid.）は、ドネランの帰属的用法の名詞句を指示的名詞句であると主張しているが、この指摘は Donnellan（ibid.）の原典の含意を必ずしも忠実に反映しているとは言い難い点に注意を要する（cf. 岩﨑2015b: 95）。Donnellan（ibid.）は以下の例文について議論している。

(2)　　<u>Smith's murderer</u> is insane.　［下線を原典に追加］

この文に関して、彼の帰属的用法に関する論述において、Donnellan（ibid.: 291）は "we were <u>not</u> referring to Jones nor to anyone else by using the description"［下線を原典に追加］と述べており、この点から、ドネランの帰属的用法の名詞句を（通常の代名詞や直示表現と同じような意味での）指示的名詞句と見なすことは無理があるだろう。ただし、西山（2003: 60）は「文中のある名詞句が指示的であるかどうか」と「あ

る指示的名詞句の指示対象はいかにして決定されるのか」（西山 ibid.）が別であると考えていた点に注意する必要がある。服部（2003: 39-40）が解説するように、ドネランは言語使用に焦点を当てており、そうであれば、直前の被引用箇所でドネランが、何者も指示していない、と述べても、＜指示的名詞句ではあるが、何も指示していない＞という潜在的反論は成り立つ。ただし、これは西山（ibid.）が＜指示的名詞句＞と＜指示している＞という概念を別であると仮定しているから成立する反論であることに注意しよう。前者を意味論レベル、後者を語用論レベルであると区別するのが西山（ibid.）の理論的立場のようである。しかし、本書は以下のように考える。こうである。意味論レベルには、そのような、一般には語用論的要因と思われる＜指示的名詞句＞という概念は含めない。さらに、＜指示的名詞句＞と＜指示している＞とは同義であり、それらは語用論レベルに含まれる、と。このような立場の場合、やはり、上記のドネランの被引用箇所について、確定記述の名詞句は＜非指示的＞である、と読むのが妥当であると思われる。[2]

　確かに、Donnellan（ibid.）は、ドネランの帰属的用法は（彼の指示的用法と同様に）言語使用を問題としており、言語知識を問題としているのではない（服部 ibid.: 39-40）。しかし、西山（ibid.: 60）が「ある名詞句が指示的であるか」ということと「ある指示的名詞句の指示対象はいかに決定されるのか」が別であると主張するとき、彼はそれを意味論と語用論の違いに帰している。西山（ibid.）の含意を汲めば、＜ドネランの帰属的用法の名詞句は指示的名詞句ではあるが、その「使用」においては指示していなくてもよく、ドネランの原典との乖離はない＞という潜在的反論も予想される。

　しかし、この場合、西山（ibid.）の言う、言語知識上の指示的名詞句・非指示的名詞句という概念と言語使用上のある指示の決定の問題は以下のように場合分けをすることができる。

図 2-1

	言語使用における 指示	言語使用における 非指示
指示的名詞句	1a	1b
非指示的名詞句	2a	2b

指示的名詞句が 1a, 1b のそれぞれのケースのように、言語使用上、指示している名詞句、指示していない名詞句に区分されることはそれほど不

自然ではない。しかし、問題は非指示的名詞句が言語使用上においては指示していない名詞句になり得るか、という点である。西山（ibid.：392, n.33）は「変項名詞句が非指示的である」ことについて、

　　　　もともと指示表現（referring expression）ではない以上
　　　　「指示しようとすらしていない」という意味である。

と主張している。ここでの「指示表現（referring expression）」が指示的名詞句と西山の定義上同じであると仮定すると、上記の被引用箇所は＜非指示的名詞句は言語使用上も指示しようとさえしていない＞と解釈することができる。すると、上記の表 2-1 では 2a のような名詞句は、西山の枠組みにおいて、存在しないことが分かる。
　　これは以下のような理論的含意を持つ。西山（ibid.：60）が「ある名詞句が指示的であるか」ということと「ある指示的名詞句の指示対象はいかに決定されるのか」が別であると主張するとき、両者は完全に独立ではなく、後者は前者に（部分的にであれ）依拠しているのである。
　　さらに、西山（ibid.）において、ある名詞句が指示的名詞句であるか、非指示的名詞句であるかの決定は語用論的コンテキストに依存しており（cf. 岩﨑 2015b：第 3 章）、結局、指示的名詞句・非指示的名詞句という概念は語用論的な要因を必然的に含んでいるのである。
　　以上の帰結をもとにすれば、Donnellan（ibid.）のいう、名詞句が何も指示していていないということが言語使用上のことであったとしても、そのような何も指示していない名詞句を、西山（ibid.）のように、指示的名詞句として扱うのは問題があるということになる。
　　さらに、総称の問題も関係があるだろう。以下の例文を検討する。

(3)　The Italians drink rather a lot, though I must say Luigi is
　　　very abstemious. (Lyons 1999: 184)
　　　　　　　　　　　　　　　　　［原典の太字部を下線部に変更］

下線部が「イタリア人なら誰でも」という読みを行った場合を検討する。西山（2003：100）のように「世界の個体を指そうとしている ［…］ 指示的名詞句である」という立場を取ると、下線部がイタリア人であるすべての人々を指示するということになってしまい、though 節において例外が示されていることと矛盾する。さらに、下線部を帰属的用法と解釈せずに、一般の指示的名詞句として読むと、すなわち、「イタリア人である

人全員が」と読むと、やはり、同じように though 節と矛盾する。[3]
Italians を一般的な指示的名詞句と読んでも、ドネランの帰属的用法と読んでも、どちらであっても、<u>西山（ibid.）の、ドネランの帰属的用法に対する解釈に拠る限りは、</u>（3）のような例文を的確に説明できない。その理由は西山（ibid.）では、下線部をいずれの場合も指示的名詞句として扱う点にある。この点でもドネランの帰属的用法の名詞句を指示的名詞句と断定する西山の理論的立場にはデメリットがあると言わざるを得ない。以上の点と（3）に関する議論は岩崎（2015b: 88-89）されたい。[4]

2.2.2.2. 変項を含む命題と発話コンテクストへの影響の可否

　次に、西山（ibid.）の主張する第三の読みについて検討する。西山（ibid.）は「この子の将来の出世を左右するのは」将来、夫人となる人、その人個人の力ではなく、「ある女性Aがこの子の将来の奥さんである。」（西山 ibid.）という命題である、と強調する。そのための論拠として、以下のような説明を述べている。

> 　たとえば、この子の将来の奥さんとなるその女性 A が実は、大変な悪妻で、夫の出世を妨げることばかりするひと［原典ママ］だと仮定しよう。ところが、そのような悪妻をもっているということが、逆に夫を自立させ、結果的には夫を出世に導くということもあるのである。このばあい［原典ママ］、その夫の出世にとって、女性 A の力は、なんら影響を与えていないのであるが、［ある女性 A がこの子の将来の奥さんである。］［原典は例文番号のみ］という命題がその夫の出世に影響を与えているのである。（西山 ibid.: 100）

上記のような、ある人の妻が悪妻であることが結果としてその人の出世にプラスになるという解釈は多分に語用論レベルの解釈であって、意味論レベルの問題ではないと思われる。意味論レベルでは、「ある女性 A」が「この子」（の出世）に影響を及ぼすのであり、上記の西山（ibid.）の主張を意味論レベルに影響を与える議論としては本書は採択しない。
　このことを分かりやすくするために、（1）と同じ性質の以下の例文（4a）を検討する。基本的には（4a）は（4b）と真理条件的に同じ意味を有すると考えられる。

（4）　（a）鈴木社長のご夫人のご機嫌がどうなるかを決めるのは、<u>福袋</u>

　　　　の中身だ。
　　(b)　鈴木社長のご夫人のご機嫌がどうなるかは、福袋の中身次第
　　　　だ。

　上記(4a)の下線部の「福袋の中身」はまだ分かっていないとすると、下
線部が指示する個体はないことになる。すると、その段階では、下線部
を指示的名詞句として読むことは難しい。もし、可能であったとしても、
そのような指示的な読みはここでの議論には影響がない。ここで問題に
なっているのは、先に引用した西山(ibid.: 100)の主張のように、「鈴木
社長のご夫人のご機嫌がどうなるかを決める」ものが[x が福袋の中身だ]
という命題か、あるいは、x を指定する値の指示対象か、ということに注
意すべきである。すなわち、西山(ibid.)の言うような変項を含む命題か、
あるいは、本書が主張するような変項を指定する値か、ということが問
題であり、変項を全く含まない指示的な名詞句の読みはここでは問題と
なっていないのである。(4a)，(4b)の下線部を非指示的な変項名詞句
として読めば、[x が福袋の中身だ]という意味になる。このように下線部
自体は非指示的名詞句ではある一方で、「鈴木社長のご夫人のご機嫌」に
影響を与えるものは[x が福袋の中身だ]という命題ではない。変項 x が指
定される以前に、ご夫人の機嫌が決まらないということを考えても明白
だろう。変項 x を埋める実際の品物が分かってこそ、ご夫人の機嫌がよく
なるか、悪くなるかが決まるのである。したがって、ご夫人の機嫌に影
響を与えているのは、命題ではなく、福袋の中に入っている品物、例え
ば、素敵なお菓子である。ここで注意が必要なのは、下線部自体は変項
名詞句ではあるという点であり、さらに、ご夫人の機嫌に影響を与える
のは上記の命題函数の変項 x を指定する値である。この点は次の 2.3. で
再度、議論する。
　さらに、上記の経験的問題に加えて、純理論的にも西山（ibid.）の主
張は問題がある。「ある女性 A がこの子の将来の奥さんである。」（西山
ibid.［※とする］）と表記しているが、この解釈のもとでは（1）の下線
部が変項名詞句である、という西山（ibid.）の主張に留意すれば、※は
［ある女性 x がこの子の将来の奥さんである］という変項を含む命題（函数）
と等しい。変項を含む命題（函数）は、語用論的解釈を与えるための、
内容が不完全な命題（函数）である。そのような不完全な命題（函数）
が発話コンテクストに影響を与えることはないだろう。
　以上の複数の理由により、（1）の下線部を個人ではなく命題である、と
する西山（ibid.）の主張は採択できないということになる。

2.3. 非指示的名詞句としての Donnellan（1966）の帰属的用法

　岩﨑（2015b: 94-95）はドネランの帰属的用法について簡潔に議論をした。(1)について、岩﨑（ibid.）は(1)をドネランの帰属的用法で読んだ場合として下記(5)の提案を行っている。[5]

(5)　　　[xがこの子の将来の奥さんである]のxを満たす α がこの子の
　　　　　将来の出世を左右する。

岩﨑（ibid.）と本書は以下の点で異なる。第一に、岩﨑（ibid.）では、西山（2003）他に従い、（暫定的に）ドネランの帰属的用法の名詞句を指示的名詞句であるという前提で議論を進めている。第二に、岩﨑（ibid.）では、(1)の下線部は α ではなく、西山（ibid.）に従い、[xがこの子の将来の奥さんである]という命題函数の意味を有する、と主張した。
　本書では岩﨑（ibid.）の理論的立場を修正し、以下を提案する。

(6)　　(a) ドネランの帰属的用法の名詞句は広義の変項名詞句である。
　　　　　(1)の下線部は背後に命題函数[xがこの子の将来の奥さんで
　　　　　ある]を有し、非指示的名詞句である。
　　　　(b) ただし、(1)の下線部が背後に命題函数[xがこの子の将来の
　　　　　奥さんである]を有するということが、(1)の下線部の意味が
　　　　　命題函数[xがこの子の将来の奥さんである]であるというこ
　　　　　とを意味しない。(1)の下線部の意味は上記の命題函数の変
　　　　　項xの値を埋める値 α （α がいかなる個人であれ）である。

上記の主張を簡潔に纏めれば、(1)の下線部は当該の命題函数[...x...]の変項xの値を埋める α を意味する、ということになる。この α は上記を満たす、いかなる個人をも意味するため、結局、これはドネランの帰属的用法と同じである。
　したがって、西山（2003）や Nishiyama（1997）では西山の変項名詞句とドネランの帰属的用法は別の理論的概念であると強調されているが、本書ではその両方が広義の変項名詞句という範疇に属する、と主張する。もとより、変項名詞句は文字通り、変項を含む名詞句であると想定すれば、(6)のような仮説のもとでは(6)の下線部は変項を含む名詞句、すな

わち、変項名詞句である。

　ここで(6b)の α と一般の指示的名詞句は同じである、という反論が予想される。[6] しかし、(3)を思い出せば、以下は異なることが分かるだろう（cf. 岩﨑 2015b, c）。すなわち、下記の2つは異なる性質のものである。

(7)　(a)　「イタリア人」が指し示す指示対象（すなわち、イタリア人全員）
　　　(b)　[x がイタリア人だ]という命題函数の変項 x の値を埋める α（必ずしもイタリア人全員ではなく、例えば、イタリア人全員のうちの8割あるいは9割の人々）

上記からも明白なように、ある名詞句が直接的に何らかの対象を指示することとある名詞句が命題函数を持ち、その中の変項を指定する何らかの値の指示対象を指示するのでは異なる場合があるのである。

2.4.　さらなる分析

2.4.1.　倒置指定文の曖昧性

　まず西山（2003: 93-94, 2013: 162）で引用・議論されている下記の例文を検討する。他に今井・西山（2012:177）でも扱われている。

(8)　わたくしの意見は党の意見です。（上林 1988: 68）
　　　［西山の原典での引用に下線部追加］

この例文について西山（2003: 2013）は下線部が指示的であれば、(8)は叙述文となり、「わたくしが述べた意見は、党の意見を反映している」（西山 2013: 162）という解釈になり、下線部が非指示的であれば、「わたくしの意見は何かといえば、党で決める意見がそうだ」（西山 ibid.）［原典に下線追加］という解釈になる。このように西山（2003; 2013）では(8)の下線部の名詞句の指示性・非指示性を基準として、(8)の解釈を行っている。

　しかし、上記の二つの解釈の他にもう一つの解釈を、ドネランの帰属的用法（Donnellan 1966）に基づき本書は想定する。それは、下線部が特に特定の意見を指示せず、「わたくしがこれから述べる意見は何であっても」という意味の場合である。(8)に対するこの解釈は、ドネランの帰属

的用法を除けば、管見の限り、先行研究にはなかったと思われる。
　数多くの先行研究の中でそのような解釈が著者の文献調査を超えて、仮に他にもあったとしても、いずれにせよ、上記の解釈を(8)を用いて形式化すれば、以下の(9)のようになる。[7]

(9)　[x が私の意見である]を指定する値 α は「党の意見」である。

すなわち、命題函数の変項 x を α が指定し、その α について叙述したのが「党の意見」という名詞句である。ここでは所与の解釈のもとでは、α が何であってもそれは「党の意見」であることになる。なお、この読みと(8)の叙述文読みとは異なる。叙述文読みでは(8)の下線部は個体や命題を指示するが、(9)の読みでは、「私の意見」はまだ述べておらず、考え中の場合もあり、必ずしも(9)の下線部が指示的とは言えない。存在していない個体や命題を指示することは出来ないからである。
　さらに、西山の変項名詞句の読みである「わたくしの意見は何かといえば、党で決める意見がそうだ」(西山 2013: 162)という解釈とドネランの帰属的用法の読みである「わたくしが（これから）述べること（意見）は、それが何であっても、それは党の意見と同じ属性のものだ」という解釈は異なる。後者の下線部には質問の意味は含まれない。

2.4.2. 岩﨑(2015b)の代名詞化の問題
　次に代名詞化の問題を検討する。（下記の英文の作成過程等は岩﨑（ibid.: 30, n.3）を参照されたい。）

(10)　We will certainly select the winner, and he or she will [...]. （岩﨑 2015b: 1)

第1章で見たように、ここでは岩﨑（ibid.）の主張通り、the winner は[x is the winner]を意味する変項名詞句である。そして、本書の理論を用いれば、x を指定する値 α が＜ある個人＞であり、それを he or she で受けているのであり、また、岩﨑（2015b: 31, n. 4, Andrew Radford 先生に帰す）では(10)において、he or she の代わりに they も可能であり、それは x を指定する値 α が＜複数の（セットになっている）個人＞であり、それを受けていると言える。したがって上記の(10)の he or she の読みも(6)で形式化したドネランの帰属的用法の例である。しかし、the winner 自体は＜誰が優勝者か＞という疑問の読みであり、ドネランの帰

属的用法ではなく、西山の変項名詞句の読みになっていることに注意しよう。すなわち、(10) の the winner の意味である命題函数[x is the winner]の変項 x を指定する値 α の解釈が帰属的用法の読みになるのであって、the winner 自体は変項名詞句の読みになっているのである。(詳しくは次章でも議論する。)

2.4.3. 絶対存在文とDonnellan (1966)の帰属的用法

　第7章で詳しく見るが there-存在文の読みについても西山 (2003: 402-403) はドネランの帰属的用法に触れている。(下記の下線部は原典による。)

　(11)　洋子の好きな作曲家が存在する。

この文を西山は絶対存在文であるとして、「〔x が洋子の好きな作曲家である〕を満たす x の値が空でないこと、いいかえれば、「洋子は、ある作曲家を好きに思っている」ということを述べているにすぎない」と主張している。そして、西山 (ibid.) は「「洋子の好きな作曲家であればだれであれ、そのひとが存在する」という意味でもない」と断定している。(「だれ」と「ひと」の平仮名表記は原典による。) 西山 (ibid.: 100) はこのようなドネランの帰属的用法の読みでも下線部は指示的であると主張していることを思い出そう。一方で、本章の主張では (11) の下線部は〔x が洋子の好きな作曲家である〕の命題函数を背後に持ちつつも、下線部そのものの意味は上記の命題函数の変項 x の値を埋める値 α (α がいかなる個人であれ) であり、(11)全体ではその値 α が存在する、という意味になる。したがって、変項 x が空ではなく、何らかの値 α が存在する、ということを述べていることになり、これは既述の西山 (ibid.) の絶対存在文読みと同じである。すると、本章による、ドネランの帰属的用法の定式化を用いれば、(11) の読みとして「洋子の好きな作曲家であればだれであれ、そのひとが存在する」(西山 ibid.) という読みは決して排除できないことになる。

2.5. 結論

　本章では西山の変項名詞句 (西山 2003; 2013, Nishiyama 2008 他) とドネランの帰属的用法 (Donnellan 1966) を比較・検証し、狭義の変項名詞句という観点からは、前者が主張するように前者と後者は異なるもの

であり、その点で西山の主張には理があるものの、広義の変項名詞句という観点から、両者は共に変項を伴っている点で変項名詞句の下位範疇であると見なせる、という結論に達した。

ここでの「狭義」とは命題関数が疑問の意味を持つということであり、また多くの場合は、その変項を直接的に指定する値名詞句が存在し、これが西山の一連の研究（西山 2003；2013, Nishiyama 2008 他）で強調されてきたもののように思われる。西山（ibid.）は、変項名詞句は命題関数そのものを意味するということを想定し、命題関数を巡る様々な要素を意味する場合があるという着想に至らなかったために、ドネランの帰属的用法を変項名詞句と認めることができなかったと思われる。

一方、「広義」とは、変項を伴う命題関数が設定されれば、その変項が直接的に指定されずに、その変項の値の性質を叙述しているものも変項名詞句である、という意味である。

ただし、西山も変項名詞句について、その変項を直接指定する値名詞句が同一文中に顕在化するものだけを変項名詞句として扱っているのでは決してなく、例えば、西山（2013）では彼の主張する絶対存在文について当該の命題関数の変項の「値の有無や多少を述べる」（p. 257）というように変項の値を指定する値名詞句が同一文中には顕在化していない例も多数議論しており、それらも変項名詞句として扱われている。絶対存在文は本章の範囲外であるため、ここではその説明は省く。（本書第 7 章を参照されたい。）絶対存在文以外にも西山（2013）では様々な変項の値に関する豊かな議論が行われており、決して、値名詞句が顕在化する（倒置）指定文に限って変項名詞句が議論されているわけでない。この点は西山に対して公正であるために結論にて付言した。

以下で(1)を再掲し、(12)とすると、その下線部をドネランの帰属的用法として解釈する場合に関する解釈は表１のようになる。

(12)　この子が出世できるかどうかは、<u>この子の将来の奥さん</u>次第だ。
　　　　　　　　　　（西山 ibid.： 100）［下線部は原典による］

表 2-2

	西山 (2003 他)	Donnellan (1966) 帰属的用法	本書
下線部分	指示的名詞句 ←	非指示的名詞句 （極めて弱い指示 の名詞句）[8] →	変項名詞句 （変項を指定す る値の叙述）

非指示的な名詞句について述べる例は決して理論言語学の中の仮定だけではない。一般化された定型表現、例えば、ことわざにも多いと思われる。例えば、以下のようなことわざがある。（このことわざについては鈴木（2015）で詳しく議論されている。）

(13)　溺れる者は藁をもつかむ。

下線部は特定の個人を指示しているわけではない。また、溺れる人全員指示しているとも限らない。（溺れる人全員が例外なく、藁を掴むわけではない。）また、「誰が溺れる者か」という疑問の命題を表しているわけでもない。「溺れるものは（通常は）誰でも」のような、ドネランの帰属的用法でこそ正しく解釈できるものであり、本章の分析では、[x が溺れるものだ]の変項 x を指定する α（α は溺れる人の 8 割、9 割、cf. 岩﨑（2015b: 89））が藁をもつかむ、という解釈となる。さらに以下のことわざでも同様である。

(14)　A hungry man is an angry man.
(奥津 2008: 28)［原典に下線追加］

ここでも主語名詞句 "a hungry man" は特定の個人を指示していないし、おなかの空いた人100%全員を指しているわけでもなく、疑問の読みも可能ではない。したがって、ドネランの帰属的用法の読みのみが可能である。本章の分析では、[x is a hungry man]の変項 x を指定する α（当該の人々のうちの例えば8割か9割か？）が an angry man ということである。このようにことわざ等の言語表現でも本章で見たドネランの帰属的用法の解釈は不可欠である。

【付記】
本章は下記の拙稿に基づいている。（第1章の一部も同様。）同誌の査読者のコメント、そして、ドネランの帰属的用法に関する西山佑司先生のご教示に感謝申し上げる。ただし、上記の各氏が本章の主張に賛成しているという意味ではない。
　岩﨑永一．2016.「Donnellan(1966)の帰属的用法と西山(2003)の変項名詞句—広義の変項名詞句について—」『日英言語文化研究』（日英言語文化学会）5: 27-38.

---

[1] 西山(2003)では「属性的用法」と日本語訳しているが同じである。
[2] ここで本書は言語知識と言語使用を区別しないということでは全くない。むし

ろ、本書は言語知識に専ら焦点を当てている。本書は「指示」、「非指示」という概念は語用論的概念であり、純然たる言語知識（言語のモジュール）には含まれない、と考えている、ということである。

[3] 実際、西山(ibid.: 190)では「総称文（generic sentences)」の主語の位置にある名詞句について「[…] というもの一般を指している」と述べている。

[4] 他に、岩﨑（2015c）でも関係する議論をした。

[5] なお、下記(5)の提案と類似・関係する主張については、西山（2003: 97-98）も参照されたい。（変項を指定する値の叙述に関しては岩﨑（ibid.: 70-71）を、また、あるコピュラ文の中に別のコピュラ文が内在しているタイプの文については西川（2013）を参照されたい。）

[6] この点に関して西山佑司先生（私信）に感謝する。

[7] ただし、二重コピュラ文については西川(2013)を参照されたい。叙述文を内在する指定文については本書の他、岩﨑（2015b）でも若干触れた。

[8] 「極めて指示の弱い名詞句」と括弧付きで付したのは、Donnellan（1966: 303）の "reference in a very weak sense" を踏襲したものである。しかし、同時にDonnellan（ibid.: 291）は "... we were not referring to Jones nor to anyone..." と述べており、括弧内の上段では「非指示的名詞句」とした。

第 3 章

不特定・非指示の定冠詞

3.1. 定冠詞 the と帰属的用法と変項名詞句

　本章では岩﨑（2015b）が主張した英語定冠詞の意味の本質についてまず確認する。一般に英語の定冠詞の意味については、＜既知＞であるとか＜旧情報＞であるとか、と情報構造の観点から説明される。下記の定義は一般によく見られる定義である。

(1)　Definiteness: a DP is definite iff its referent is known to both speaker and hearer, and is unique in the contextually relevant domain. (Snape 2005: 156) [1]

しかし、Lyons（1999）でも示されているように、英語の定冠詞は話し手と聞き手が共に指示対象を知っている場合に限られるわけではない。例えば、岩﨑（ibid.: 1）が示す下記の例文はその例である。

(2)　(a) We will certainly select {a / **the**} winner, who will receive GBP 1000 as a reward.
　　(b) We will certainly select {a / **the**} winner, and he or she will receive GBP 1000 as a reward.

ここで注意すべきは、岩﨑（ibid.）および本書第 1 章で主張したように、(2a, b) の the winner はそれぞれ、[x is the winner]という命題関数の意味を有する変項名詞句であるということである。西山（2003）の理論的立場を借りれば、＜誰が優勝者か＞という疑問の意味ということになる。一方で、上記の命題関数を指定する値（α としよう）についての叙述は、前章で述べた通り、ドネランの帰属的用法の読みとなることに

注意しよう。この点は非常に微細で直感的な把握が難しいかもしれないが重要な点である。[2]同様に、西山（ibid.）の変項名詞句の洞察を借りれば、(2a, b)の the winner は単純化すれば、＜質問＞の意味を内包しているのであって、select は＜その質問の答えになる人物を選ぶ＞という意味である。岩﨑（ibid.）で強調したように、ここで、(2a, b)の the winner はいかなる特定の＜人物＞や＜個体＞も指示していないことに注意しよう。まだ、優勝者は選ばれていないのであるから当然である。一方で、選ばれたと仮定し、その上で、who will receive... / he or she will receive...と述べている後続の文それぞれにおいては who と he or she は＜人物＞や＜個体＞についての文であり、who と he or she はそれぞれドネランの帰属的用法の読みを持つことになる。ただし、この場合でも、特定の＜人物＞や＜個体＞を指示したり、念頭に置いたりはしておらず、＜優勝者がだれであっても、その人物＞が、ということである。ここで、＜疑問＞の意味を持つ変項名詞句読みと不特定の＜個体＞をわずかでも示そうとしているドネランの帰属的用法の読みの違いが見て取れるだろう。(2a, b)の the winner にのみ焦点を絞れば（すなわち、who will... / he or she will...の箇所を暫定的に無視すれば）、ここでの the winner は変項名詞句読みであって、帰属的用法は一切効いてこない、ということに注意しよう。すなわち、ここでの the winner は＜個体＞を示そうとは一切していない、ということになる。したがって、定冠詞の意味に既知の＜個体＞指示を含めている(1)は定冠詞の意味の説明として問題がある、ということになる。[3]

　さらに付け加えれば、英語定冠詞の the は特定の個体を指示していない場合がある、と述べるとき、ドネランの帰属的用法についてのみ考察し、西山の変項名詞句の意味を考察しない場合、英語定冠詞の意味の説明として不十分である。例えば、久米（2016: 33）は先行研究に基づいて(1)と同種の定性に関する定義を示している。すなわち、個体指示を前提とする説明である。Iwasaki（2017）でも指摘したように、久米（ibid.）は、英語定冠詞の不特定の用法を示してはいるが、ドネランの帰属的用法に関する解釈とそれに関連する西山（2003）の議論について言及していない。久米（ibid.）は以下の文を示している。下線は被引用文献の原典による。

(3)　　I'd like to talk to the winner of today's race-whoever that
　　　is; I'm writing a story about this race for the newspaper.
　　　　　　　　　　　　　　　　　　　　　　　　　　　　（Ionin et al. 2004）

ここで、Iwasaki (ibid.) に基づいて、久米 (ibid.) の問題点を確認しよう。上記の下線は不特定ではあるが、＜今日のレースの優勝者＞は確定している、という読みが少なくとも1つ可能である。この読みの場合、不特定ではあるが、(まだレポーター等が誰であるか分かっていないだけの) 1人の人物を指示していることになり、これは指示的な読みである。したがって、久米 (ibid.) においては、結局、＜個体＞指示の読みしか示すことしかできておらず、＜個体＞指示とは無関係の、非指示的な定冠詞の用法を示せていない、ということになる。すなわち、(3)に関する上記の解釈が示しているのは、[x is the winner of today's race]の変項 x を指定する値 α であるうちの1人の個人を指示している、ということである。これを図解すれば以下のようになるだろう。

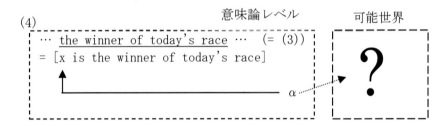

言い変えれば、(3)に関する上記の解釈が示して<u>いない</u>のは[x is the winner of today's race]の変項 x を指定する値 α が特定の個体を指して<u>いない</u>場合、ということである。これを図示すると以下のようになる。

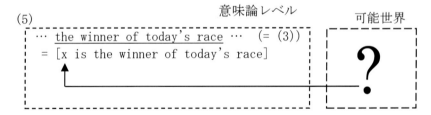

上記の図解の(4)がドネランの帰属的用法の立場を本書が図示したものであり、(5)が西山の変項名詞句を示したものである。
　以上、確認したように、久米 (ibid.) のように、(4)と(5)の区別をしていない先行研究は多い。ほとんどの先行研究においては「the ＋ 名詞 (句)」の解釈において、(4), (5)の区別を見過ごしていると言えよう。(さらに、(1)は(5)だけでなく、(4)さえも十分に扱うことができない。)
　以上見てきたように、確かに(1)は不十分であるが、「文脈上関連のあ

る領域内で唯一つ」という点は Russell（1905）を受け継いでおり、概ね正しい、と思われる。ただし、Iwasaki（2017）でも指摘したように、単数形名詞（句）のみを扱うことができ、複数形名詞（句）を扱うことができない点が大きな問題として残る。この点は、追って議論する。

3.2. 不特定・非指示の定冠詞の意味

今までの議論では[x is the winner of today's race]の変項 x を指定する値がまだ決まっていない場合は、クエスチョン・マークを用いて記した。(5)がそれである。そして、この読みと(4)の、α が不特定の人物を指示する読みを区別した。以下では、この問題を検証してみよう。

岩﨑（2015: 4）は以下のような定式化を提案した。[4]（表記を一部変更。）

(6) 変項名詞句の意味を表す命題関数[... x ...]について、(i)変項が１つのみ（xのみ）、かつ、(ii)それを指定する値の個数が１つのみ、あるいは、そのように定まるという見込みがある場合に限って、非指示的な定冠詞 the が許容される。（必要条件）

上記の定式化を言い変えれば、(i)，(ii)の両方が満たされた場合にのみ、名詞句の前に定冠詞の the が付くことができる、ということになる。そして、岩﨑（ibid.）で主張したように、命題関数 f(x)の f が語彙化したものが定冠詞の the ということになる。ここでは the が世界の対象を指示するという機能は本質的には持たないことになる。上記の定式化は意味論レベルでの議論であり、もちろん、語用論レベルでは the は指示対象を指示するということに注意しよう。言い換えれば、C 層では the の意味は指示対象の指示と見えても、A 層での the の本質的な意味には指示は含まれず、上記の(6)のような変項の数と変項の値の数、すなわち、数機能（福井 1998: 177-178）が関わっている、というのが岩﨑（ibid.）の主張である。[5]言語学において、「函数」という術語が出てくることを嫌う人は多いが、これは避けて通ることがないものである。「函数」という概念が人間の（生得的）知識にあり、それが言語の機能でも機能している、というのが本書（ならびに岩﨑（2015））の理論的立場である。これをイメージ・スキーマ等や可能世界における指示で置き換えることは理論上できない。なぜならば、A 層の言語能力とはイメージ図のようなものとは本質的に異なると思われるからである。さらに、確かに、通時的な議論として、the の祖先は指示詞であったということはよく知られている。しか

し、現代の英語になるにつれて、そのような指示機能が弱まり、(6)のような属性を持つようになったという理論的措定を行うことは非論理的ではないだろう。(ただし、これについては通時的な観点からの精密な将来的研究が必要である。)

具体例を挙げて上記の(6)の説明力を確認しよう。岩﨑 (2015b: 8) では以下の例文を挙げて説明を行っている。

(7) (a) The winner is John or Bob.
(b) The winner is John and Bob, who are a {duet /team}.
(c) *The winner is John, from one team, and Bob, from another team.
(d) 優勝者はAチームのジョンとBチームのボブだ。

上記の(7d)が示すように、日本語では指定文読みの場合の命題函数の変項 x は複数の値によって指定できる。(7d)の「優勝者」は[x が優勝者だ]という意味を有し、その変項 x は「Aチームのジョン」と「Bチームのボブ」という2つの値によって指定できる。これを図解すれば下記のようになる。(本書では、下記のようグレーで塗られた丸は人を意味する。)

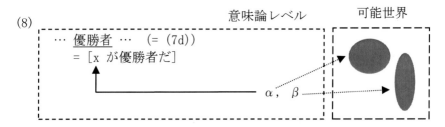

上記で分かるように変項 x は2つの値によって指定されている。これが英語の対応文(7c)では許容されない、というのが岩﨑 (2015b) の指摘である。ここから、英語の「the + 名詞句」においては、命題函数の変項 x の値は1つでなければいけない、ということが分かる、というのが岩﨑 (ibid.) の主張であった。[6] さらに、意味的に(7b)は変項の値をセットで扱っている。すなわち、[x is the winner]の変項 x を John と Bob がセットで1つの値として指定しているのである。これを図解すると以下のようになる。

第3章 不特定・非指示の定冠詞 51

(9)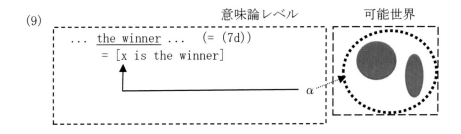

上記からも定冠詞の付いた変項名詞句では、値は一見、2つに見えても、あくまでもセットとして1つであることが分かる。変項の値は1つという(6)の条件は満たされているのである。なお、変項が1つのみでx，y，z,...のように変項が複数である場合が生じないという点については、複数形名詞句を扱う箇所で議論するが、ここでは、以下の図解のような解釈は少なくとも単数形名詞では生じ得ないことだけ確認できれば十分である。

(10)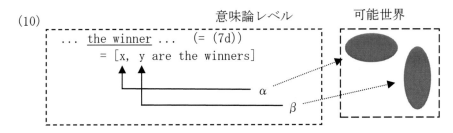

上記の命題函数を確認すれば分かるように the winners という複数形名詞が含まれており、the winner という単数形名詞が変項名詞句の場合に、そもそもそのような解釈は不可能であると思われる。

　以上のように、(6)は妥当な説明力を持つことが分かる。(その他の言語事実については岩﨑(ibid.)を参照されたい。) (6)は英語の定冠詞が変項の値が必ず1つである(と見込まれる)ことを要求する。すると、時間軸を捨象した場合には、(5)のような変項の値がクエスチョン・マークになるような解釈、すなわち、変項の値がゼロ個も可能性として含まれる解釈は英語定冠詞を伴う名詞句では許容されず、必ず、(4)のように不特定で正体不明の(unidentified)人物あるいは個体であったとしても、1人の、あるいは、1つの(セットである場合も含む)値が要求されるのである。これが時間軸を捨象した場合の英語定冠詞の「定」の本質的性質である。しかし、実際の解釈においては当然、時間軸も含まれること

になり、(4)と(5)の区別は重要である。そして、それは変項の値がまだ決定していないか、あるいは、既に決定しているαであるかという重要な差異に起因し、この差異を言語外の要因に追いやることは（議論の余地はあるが）難しいと思われる。したがって、Snape（ibid.）、久米（ibid.）のような先行研究では「the + 名詞句」の意味として(4)のみが念頭にあり、(5)のような場合が度外視されてきたことに問題があると言えよう。[7] さらに、それ以前に、(1)で見たように、「話し手と聞き手が共に指示対象を知っている場合」を「定」の条件としている Snape（2005: 156）の想定は妥当ではない。Snape（ibid.）の想定では(4)と(5)のいずれをも説明することができない。Snape（ibid.）、久米（ibid.）のような第二言語習得研究が前提としている「定」に関する規定を見ると分かる通り、ここにも世界における指示対象に力点を置く意味論（とそれに基づく「応用」研究）の限界が見られる。(5)の「?」で図示されているように、世界における指示対象がなく、変項を指定する値 α が１つのみあるということのみが保証されている場合があることに注意しよう。

　以上、英語の「the + 名詞句」において時間軸を含めた場合には(4), (5)の区分は重要であったが、日本語のように定冠詞を伴わない場合でも(4)と(5)の区分は必要である。以下の日本語の例を見てみよう。

(11)　<u>優勝者</u>は誰なのか私にはまだ知らされていない。

上記の場合、優勝者は決定しているが、それが誰なのか、(11)の発話者には知らされていない場合と優勝者がまだ決定していない場合の少なくとも２通りの解釈が可能である。すなわち、[x が優勝者だ]の変項 x を指定する値が１つであると決まっている場合と変項 x を指定する値が決まっていない場合があるということである。詳細は岩﨑（2015b）も参照されたいが、日本語の「は」はこのように変項の個数がゼロ個の場合も許容し、さらに、変項の個数が１個に限らず、複数個の場合も許容する。[8] 以上の点から、岩﨑（2015b）では英語の the と日本語の「は」について下記のように対比的に纏めた。

表 3-1　岩﨑（2015b: 18）[一部、表記変更]

変項の値の個数	ゼロ個	1 個	2 個以上
英語の the	N/A	Yes	N/A
日本語の「は」	Yes	Yes	Yes

第3章　不特定・非指示の定冠詞　53

この表から様々な言語事実を説明できるが、下記では1点のみ挙げることにしよう。詳しくは岩﨑（ibid.）をご覧頂きたい。[9]

(12)　(a)　We chose Bob this time.
　　　(b)　We did not choose Bob this time.
(13)　(a)　We chose {the / a} winner this time.
　　　(b)　*We did **not** choose **the winner** this time.
　　　　　　　　　　　　　　　　　　　（岩﨑 ibid.：10）

岩﨑（ibid.）で説明したように、(13b)の容認不可のマーク*は the winner が変項名詞句の場合である。(13b)も the winner を世界の中の1人の個人を指示する読みでは容認可能である。言い換えれば、(13a, b)の the winner ともに、それぞれ、命題関数[x is the winner]の意味を有し、その中の変項 x の値が、(13a)では1個であるが、(13b)では0個ということである。すなわち、(13a)では優勝者を1人選んだのだから、変項の値は1個であり、(13b)では優勝者を誰も選ばなかったのだから、変項の値は0個ということになるのは当然である。[10]そして、表1に従い、(13a)は定冠詞 the が名詞句に付くための必要条件が満たされ、(13a)は容認可能となるが、(13b)では表1の要件を満たさないため、theは許容されず、そのような the が付いている(13b)は容認不可能となる。ここで、(13b)の the winner を世界の中の対象を指示する読みであるとすれば、当該の命題関数は[x is the winner]となり、その変項 x はたった1人の指示対象で指定されるため、表1を満たすことになる。その場合、表1により、容認可能ということなる。
　以上、見てきたように、変項の個数と変項の値の個数に着目する理論（岩﨑 2015b）は妥当な説明力を持っていると言える。さらにもう一点、本書の強みを補強する極めて重要な言語事実に触れておこう。

(14)　　[Hotel concierge to guest, in a lobby with four elevators]
　　　　You're in Room 611. Take the elevator to the sixth floor
　　　　and turn left. (Birner & Ward 1994) [原典のイタリックを下
　　　　線に変更。括弧内は原典による]

長谷部(2005: 25)は上記のイタリックの the を総称の the として、以下のように主張している。

ここでの the NP の使用を唯一的同定可能性や包含性で説明することはできない。[(14)]における the elevator という名詞句の使用の背景には、対象が、具体的で個別的なインスタンスとしてではなく、抽象的なタイプ概念として捉えられているという事実がある。(長谷部 ibid.)

　上記の(14)の the elevator は後続の限定修飾句も考慮すれば、[x が 6 階に行くのに使えるエレベータだ]という命題函数の意味を有し、その変項 x を指定する候補は複数（上記の文脈では 4 つのエレベータ）の中から 1 つをどれでもよいから選んで、それが x の値を指定する、と捉えることができ、実際、最終的にはどれか 1 つのエレベータを選ぶことになる。(したがって、(6)は満たされている。) このように視覚的に容易に数えることのできる 2 個以上の個数の存在物がある場合でも the が使える例に対して、本書の命題函数理論は妥当な説明を与えることができる。
　(14)と同じタイプの例に対して、小田 (2012) も問題を提起し (pp. 76-77)、それに対する小田の解決策を示している (pp. 117-118)。小田 (ibid.) は彼女の最終的な結論として、総称と非総称の用法を区別し、後者について「何らかの限定された局所的な談話領域との関係において唯一に決まる指示対象 N の存在前提を伝達すること」が「本質」であると主張している (p. 340)。さらに、総称の用法については、小田 (ibid.) は、坂原 (1996) に帰しながら、「支えとなる談話領域が限定されていない」とか「支えとなる局所的な解釈領域が存在」しない、と主張している (pp. 341-342)。一方、(14)と同じようなタイプの例に対しては、小田 (ibid.: 118) は「繰り返し同じ行動を経験・知覚することが行動を定型化し、行動の定型化がまさに認知フレームの形成をうながす」と述べている。エレベータを多くの人々が繰り返し使うから、というのが小田 (ibid.) の挙げる理由のようである。そして、小田 (ibid., p. 118, p. 125, n.26) の含意を踏まえると、エレベータ使用に関する「「移動」フレーム」(p. 125, n.26) の中ではエレベータは 1 つのみであるから、「認知フレーム内の唯一の役割として働く」(ibid.) ということが小田の主張の最大の眼目のようである。要するに、小田 (ibid.) は総称的用法の場合には談話領域は制限されていないが、その代わりとして認知フレームが機能しており、その中では定冠詞が唯一の指示対象の「存在前提を伝達」(p. 340) している、と主張していると思われる。しかし、(14)では四角括弧内 [Hotel concierge to guest, in a lobby with four elevators] で示されているような談話領域が存在しているのは明らかであり、(14) タイプのような例を、小田(ibid.)の言うところの＜＜談話領域の限定さ

れていない＞＞総称用法であると考えるのは、＜＜＞＞部分が誤りである以上、受け入れがたい。また、仮に(14)の the elevator が総称用法であれば、当該のコンテキストのエレベータではなくとも別のビルや別の街のビルを意味することが可能になってしまうが、それは(14)の発話者の意図でない。発話者の意図は当該のビルの 611 号室に向かうことのできるエレベータということである。さらに、総称と非総称の場合で場合分けを伴う仮説よりも、統一的な仮説の方がより望ましく、その点でも岩﨑（2015b）および本書による既述の主張の方が望ましいと思われる。結局のところ、名詞句の指示性に基づく理論では(14)の the elevator の the の意味を的確に説明することは出来ず、岩﨑（ibid.）や本書のように変項と命題函数を用いた議論を行ってこそ、当該コンテキストに複数の対象物（ここでは four elevators）がある場合の定冠詞 the の意味を説明できるのである。

3.3.「the ＋ 複数形名詞」の不特定・非指示の場合

次に「the ＋ 複数形名詞」の場合の意味について検討しよう。高見（2015: 15）が挙げている下記の例を考えてみたい。

(15) {The parents /*parents} of Tiger Woods must be proud of him.
【原典のフォント修正】

高見（ibid.）は「両親もそれぞれの人にいて多数ですが、タイガー・ウッズの両親は限定され特定されています。」と述べ、その上で、「したがって、[…]聞き手は、[…] 両親を唯一的に理解できるので、the が必須」（ibid.）と解説している。結局、高見（ibid.）は定冠詞が＜特定＞の存在物を指示するという説に立っていると言えるだろう。しかし、上記のような＜特定＞に基づく説明は一般性を持ちえない。The parents を含む下記の文（著者作成）を見てみよう。

(16) The parents of those excellent students must be proud of them, although a few of them might have missed the news.

上記の下線部は多数の学生（はっきりとした人数は確定せず、例えば 100 人くらいだとしよう）の両親をすべて特定し指示していることはない。まず、そのような大多数の両親を話し手・書き手がすべて特定できるこ

とは極めて稀であり、日常的な世界において、そのようなことは通常はありないと言える。さらに、下線部が全員の両親を指示していないということは although で導かれる節内を見れば分かる。必ずしも全員ではない、という付記がついているのである。したがって、ここでも＜「the ＋ 複数形名詞」は「すべての～」を表す＞といった誤解が誤りであることが分かる。（岩﨑（2015b: 82-84）では、辞書にもそのような誤りがある点を調査した。）「the ＋ 複数形名詞」は指示対象をすべて指示するのではなく、例外を認めるのである。さらに、「the ＋ 複数形名詞」は変項名詞句であると読むのが妥当だろう。(16)の下線部は[x are the parents of those excellent students]の変項 x を当該の優秀な学生たちの両親のうちの、例えば、8割や9割の人々が指定する、と考えることができる。このように「the ＋ 複数形」について考えると、「the ＋ 単数形」に関する高見（ibid.）の説明は一般性を持ちえないことが分かる。

　さらに興味深い下記の例を見てみよう。

(17)　(a) Fans of Tiger Woods will be pleased.
　　　(b) The fans of Tiger Woods will be pleased.

(Chris Cummins 先生，私信)

上記の(17a)は EXISTENTIAL の読みであり、言い変えれば、"There exist fans of Tiger Woods who will be pleased" という読みになる。また、(17b)は GENERIC の読みであり、言い変えれば、"Collectively, or on average, the fans of Tiger Woods will be pleased" という読みになる。[11]文頭の the の有無によって、名詞句だけでなく、文全体の解釈に影響があると言えよう。

　ここで、同じ定冠詞の付いていない複数形名詞句でも、なぜ(17a)は容認可能であるのに、(15)の the のついていない形は容認不可能なのだろうか。両者を下記に再度、記す。

(18)　(a) Fans of Tiger Woods will be pleased.
　　　(b) *Parents of Tiger Woods must be proud of him.

前者は一定の人数の fans を意味し、後者は2人だけを示す。どうやら複数形名詞の示す対象の人数や個数に関係があることが分かる。

　このことをより明らかにするために、下記の例を見てみよう。

(19)　(a) Members of the *One Direction* fan club will be pleased

to hear that.
(b) *Members of *One Direction* will be pleased to hear that.
(Chris Cummins 先生，私信)

上記の(19a)は文頭に the がなくても容認可能である一方で、(19b)は文頭に the がないと容認不可能であると分かる。(19a)の *One Direction* の前に the が付いているのは fan club と名詞句を形成しているためであり、(19b)では *One Direction* の前に the がついていないのは固有名詞の前だからであり、これらのことはここでは問題ではない。問題は文頭の the の有無である。ちなみに、One Direction とは英国のボーイ・バンドであり、5 人で形成される。

ここでもし(19b)の文頭に the を付与すれば、(19b)は容認可能な文になる。[1][2]

(20) The members of *One Direction* will be pleased to hear that

下線部は[x are the members of One Direction]という意味を有し、その変項 x は 1 つの値で指定されなければならない。(6)の定冠詞に関する規則がここでも働く。そのため、変項が 2 つ以上となるような[x, y are members of *One Direction*]とか[x, y, z are members of *One Direction*]のような命題函数は許容されない。すると、[x is the members of *One Direction*]の変項 x を指定する値が 1 つでなければならないということは、*One Direction* のメンバー5 人は1 つのセットとして取り扱われ、1 つの値として x を指定することになる。これを図解すれば以下のようになる。

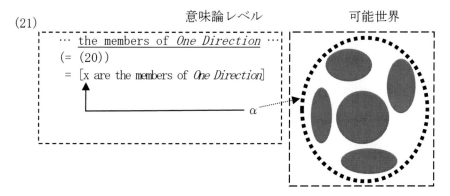

今までの議論は意味論レベルから先に考え、その後、変項を指定する値

αの指示対象について可能世界の状況考えていたが、反対に、可能世界の状況（あるいはそれに対する心的表象、メンタル・スペース (Fauconnier 1985/1994) だと考えてもよいだろう）を先に考えれば、5人が同じバンドのメンバーとして常にセットであるような世界あるいはメンタル・スペースがあり、そのような解釈を実現するような意味論レベルの定式化が必要だということになる。すると、変項が1つでその値が（セットで）1つであるという(6)が必要ということになり、定冠詞 the が必要とされる、と考えることができる。

なお、上記のようなセットで読む読みの可能世界（あるいはメンタル・スペース）の状況は「統合的スキーマ」（山梨 2000: 77[1995]）に対応し、(19a)のように定冠詞が付かずに members of... をセットで読む読みが要求されず、個々のメンバーの存在の伝達に重点が置かれる場合には「離散的スキーマ」（山梨 ibid.）に対応すると思われる。これを山梨（ibid.）を基に図示すれば、下記のようになる。(22b)ではもっと多くの丸を書いた方がよいが、便宜上、下記の数に留めてある。

(22)　(a) 統合的スキーマ　　(b) 離散的スキーマ

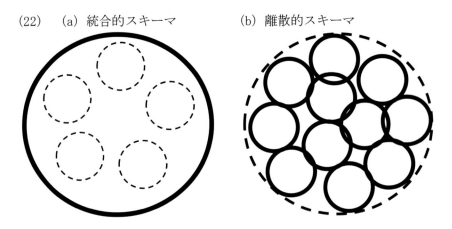

個々の要素の数が少ない場合にはセットとして扱われ、統合的スキーマとして扱われ、個々の要素が多い場合には、個々の構成要素の存在が強調されると言える。したがって、(15)の高見 (ibid.) の議論に戻れば、高見(ibid.)が述べるように、人々がタイガーウッズの両親を「特定」したり、「唯一的に理解できる」かどうかということとは別に、個々の要因の数が少なければ値としてセットになるということであることが分かる。

今までの議論で意味論レベルで問題となっていたのは、今までの図解でも分かるように、変項の数と変項の値の数であり、指示・非指示は意

味論レベルには影響を及ぼさない概念であることが分かるだろう。これは西山（2003，2013）とは相容れない立場である。西山（ibid.）では指示的名詞句・非指示的名詞句という概念こそ、意味論レベルの重要な概念である、とされる。さらに、彼の変項名詞句はいかなる場合も非指示的であるとされる。しかし、岩﨑（2015b）が主張するように、これらの理論的立場は重大な問題をもたらす。

　まず、西山（2003: 86-89 他）やNishiyama（2008: 19-21）では「変化文」の「入れ替わり読み」として、下記のような例文がよく挙げられる。

(23)　Mary's favourite composer has changed.
　　　　　　　　　　　（Nishiyama 2008: 19）［原典に下線追加］

上記の下線部が西山（ibid.），Nishiyama（ibid.）によれば、非指示的な変項名詞句であり、入れ替わりの読みをもたらす、ということである。西山（ibid.）自身は否定するが、これは Fauconnier（1985/1994）の役割函数とよく似ている。しかし、後者ではその指示・非指示性に力点は置かれていないが、前者では既に述べたように指示・非指示性が重要な理論的力点となっている。このような西山（ibid.）の立場は確かに(23)の下線部のように単数形名詞を扱っている限りは理論上の問題は引き起こさないように見える。

　しかし、岩﨑（2015b）が論じるように、以下のような「the + 複数形名詞」の例文の問題が生じる。

(24)　Due to this accident, the vice presidents of the company
　　　　will change soon.（西山佑司先生・私信[13]、岩﨑 2015b: 85）
　　　　［原典に下線追加］

岩﨑（ibid: 84-93）で論じたように、下線部は入れ替わり読みの解釈を持ち、下線部は変項名詞句である、ということになる。[14]そして、既に述べたように、西山（2003 他）においては、変項名詞句は非指示的名詞句である。しかし、岩﨑（ibid.）で主張したように、上記の下線部は母語話者の直感では指示的名詞句である、ということに注意しよう。個々の副社長が指示されており、その指示される副社長が入れ替わる、ということである。すると、西山（ibid.）の＜変項名詞句はいかなる場合も非指示的名詞句である＞という主張は、この点で母語話者の直感と相容れないことにある。以上はすべて岩﨑（ibid.）で詳細が議論されており、これに対する潜在的な反論に対する反駁もあるので、参照されたい。

結局、上記のような理論的問題点が生じる原因は、＜変項名詞句はいかなる場合も指示的名詞句である＞という西山（ibid.）の措定に他ならない。

　西山（ibid.）以外にも、入れ替わり読みは Sweetser（1997）でも Fauconnier（1985/1997）の役割（函数）を用いて議論されている。Sweetser（ibid.：129）は以下の例文を示している。（原典に下線を追加）

(25)　(a)　<u>Her apartment</u> keeps getting bigger.
　　　(b)　<u>Her apartments</u> keep getting bigger.

下線部を Sweetser（ibid.）は(25a, b) の双方において、her apartment（単数）を役割［＝役割函数］と捉えている。そして、いずれの場合も意味は変わらないと述べている。これは、「the ＋ 単数形名詞」であっても、「複数形名詞」であっても、総称の意味を持てるのと似ていると言える。いずれにしても、Sweester（ibid.）は名詞句の単数・複数に関わらず、入れ替わり読みが可能だということを強調しており、名詞句が指示的であるか非指示的であるか、ということにこだわっておらず、本書の理論的立場もこの立場に近い。ここから分かることは西山（ibid.）の主張とは反対に、指示的か非指示的かという区分は意味論上、有効な概念として効いてこないということである。

　なお、(25b)は複数のアパートがより大きなものに入れ替わるという読みの他に、1 つのアパートがより大きなものに入れ替わるという読みも可能だ、ということであることに注意しよう。[15]ここで、西山（ibid.）の変項名詞句の命題函数では[x are apartments]ということになるが、命題函数の中身の名詞が複数形になっていることに注意しよう。(25b)の、1 つのアパートの入れ替わり読みが、この命題函数のもとでどのように実現されるかは興味深い問題であるが、ここでは立ち入らない。

▌ 3.4.　恒等命題函数の the と所有格の違い

　この章の最後に恒等命題函数（岩﨑 2015b）について確認しておこう。今までの議論において、英語定冠詞の the は A 層の本質的な意味は命題函数の語彙化したものである、ということであった。すなわち、命題函数に音が与えられたものが、the である、ということである。これは以下の(26)の例文をもとに、(27)のように図解することができる。

(26) The winner is John.
(27)

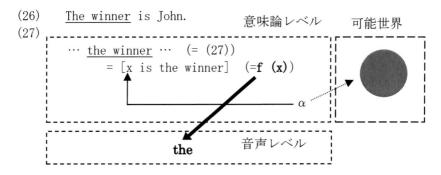

　上記はもっとも簡明な指定文における変項名詞句（A とする）と値（B とする）の関係であり、直感的にもそれほど分かりずらくはないだろう。すなわち、A=f(B) という関数が成り立っていると言える。関数のアウトプットである A とインプットである B が異なるのが特徴である。
　一方で、A=f(A) のような、関数のアウトプットが A で、かつ、インプットも A で、アウトプットとインプットが同じ場合は直感的には難しいと感じられるかもしれない。このような場合を岩﨑（2015b）は「恒等命題函数」と呼んでいる。下記を見てみよう。

(28) John Smith is well known for {?his / the} research that attempts to explain the relationship between gismos and gadgets. (ガリー 2010: 11-12)

この場合、ガリー（ibid.）が指摘するように、his は母語話者にとってやや不自然なようである。The のみが自然なものとして許容されることになる。ここでの the の意味は何だろうか。ここで恒等命題函数が活用できることになる。極めて限定された意味を持つ名詞句である research that attempts to explain the relationship between gismos and gadgets は世界の中でそれ自身以外に、その性質を満たすことはできない。他にも、例えば、世界の中で唯一の特注品の時計があったとしよう。大きさが 100 メールほどあって、全部、金で出来ているとしよう。その場合、そのような時計は世界にそれ自身 1 つしかないから、それ自身の性質を満たすものを世界の中から見つけ出し提出せよ、と言われた場合、その時計そのものを提出するしか方法はない。上記の極めて意味の限定された名詞句も同様である。research that attempts to explain the relationship between gismos and gadgets についてその性質は何かと問われた場合、

それそのものを挙げるしかない。（もちろん、全く同じ真理条件を維持しながら何らかの表現でパラフレイズはできる可能性はあるだろうが。）したがって、この状況を図解すれば以下のようになる。

(29) research that attempts to explain the relationship between gismos and gadgets

(30)
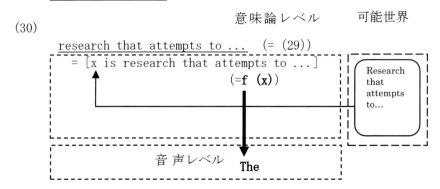

上記の図解でも示したように、当該の名詞句の意味を命題函数化して、その変項の値を指定するのは、それ自身ということになる。そして、その命題函数 f を語彙化したのが the ということになる。以上の議論を暫定的に集合で考えてみてもよい。research that attempts to explain the relationship between gismos and gadgets は research that attempts to explain the relationship between gismos and gadgets の全集合をなす。

　一方で、(28)の his を考えると、his に限らず、所有格の場合、当該の名詞の指示対象について部分集合（あるいは当該の名詞の指示対象が属するカテゴリーの一部）を取ることになることに注意しよう。例えば、dogs と言った場合、可能世界（あるいはメンタル・スペース）における犬すべてを示すことになる。一方で、his dogs と言った場合、可能世界における犬すべてのうち、彼が飼っている犬数匹ということになる。このように所有格を付けることで当該の名詞句の指示対象の部分集合を取ることになる。これを図示すれば以下のようになる。

(31)
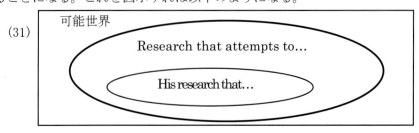

集合―あるいは厳格な集合の代わりにもっとゆるやかなカテゴリーを考えてもよい―の理論上は上記の図のようになる。しかし、実際には、research that attempts to explain the relationship between gismos and gadgets は世界に 1 つしかないとすると、その「彼のバージョン」なるものは取ることができない。したがって、(28)では his は許容されない、ということになる。纏めれば、それ自体で世界に 1 つしかないもの（あるいは抽象的な概念）は部分集合を取れないため、恒等命題函数によってそれ自体でそれ自体の正体を説明するよりなく、結果として、その恒等命題函数が the として語彙化する。簡潔に言い変えれば、それ自体が世界で固有のもの・概念であることを示すために the が付いており、結果的には Russell（1905）の唯一性説とも合致することになる。

3.5. まとめ

　本章では岩﨑（2015b）の中心的主張を概観し、英語定冠詞 the の非指示的な性質について日本語の「は」と比較しながら議論した。次に、「the + 複数形名詞」の非指示性についても議論し、さらに、the が義務的な場合についても人間の認知の問題との関わりの観点から議論した。最後に、the と所有格との違いについて集合の考え方を用いて議論した。

【付記】
本章の一部は 2015 年 11 月 22 日に東京大学駒場言葉研究会（於・東京大学駒場キャンパス）での研究発表に基づく。また、3.2. の一部は下記に基づく。
　岩﨑永一. 2017b.「英語の不定冠詞による総称表現の意味について―変項と統語位置を巡る新しい仮説の提案―」『外国語外国文化研究』（国士舘大学外国語外国文化研究）27: 1-22.

---

[1] Snape（ibid.）はこれを Ionin & Wexler（2003）に帰している。
[2] 変項名詞句と帰属的用法の違いについては Nishiyama（1997）を参照されたい。
[3] 同様の点は Iwasaki（2017: 28-30）でも指摘した。
[4] 他に、定冠詞の函数的性質については Löbner（1985）も参照されたい。さらに、値の個数が 1 つであるという洞察は「…のは…だ」という日本語の分裂文の分析おいて野田（1996: 67-69）において見られる。ただし、野田（ibid.）は「値」を「成分」と呼んでいる。また、変項の値の個数に関する指摘については今井・西山（2012: 194）、西山（2013: 258）等も参照されたい。
[5] 福井（1998: 177-178）は、この点に関して、Chomsky（1988, 1995）に言及している。
[6] なお、岩﨑（2015b: 9）でも指摘した通り、統語論的には(7b)のように「単数

形名詞（句）is 単数形名詞（句）and 単数形名詞（句）」という構造は許容されることに注意しよう。

7 下記の(i)のような例文はインターネット上でも実例が多数みられるが、(i)のthe は久米（ibid.）のような立場では決して説明できないだろう。

    (i)   **The winner** has not yet been {chosen / determined}.

上記の(i)では下線部は非指示的であり、[x is the winner]という命題関数の意味を有する。

8 ガリー（2015: 143）は冠詞の使用法を指導したが、「助詞「は」と「が」の選択で見られるような日本語固有の考察法が干渉するせいか、受講生はなかなか進歩しなかった」と述べている。

9 下記の例も表 3-1 により説明することができる。

    (ia)   Sam greeted me with a warmth that I have never mentioned to you.

    (ib)   ?*Sam greeted me with the warmth that I have never mentioned to you.

    (iia) ?*Sam greeted me with a warmth that I have frequently mentioned to you.

    (iib) Sam greeted me with the warmth that I have frequently mentioned to you.

    （以上(ia)-(iib)：Pope（1976: 9）[Rando & Napoli（1978: 305）で被引用]）

関係節中において never のような否定語を伴う場合、表 3-1 により、変項の値の個数はゼロ個となり、その先行詞における冠詞は定冠詞になれず、不定冠詞となる。一方で、関係節中において frequently のような、1 つの概念について積極的な肯定を表す語を伴う場合には表 3-1 により、変項の値の個数は 1 個となり、定冠詞の the なる。これは恒等命題関数の例である。（以上は that を関係詞とする関係節であるが、Wh-関係詞を持つ関係節については第 5 章を参照されたい。）

10 あるいは、変項 x には無数の値が入り得るが、それをすべて否定するという読みが、(13b)では統語環境の点から許容されない、という可能性もある。そうだとすれば、脚注 7 で挙げた例文の文法性との差異も、第 5 章の変項の値と統語位置の観点から説明され得る。この点は第 5 章を参照されたい。

11 以上、Chris Cummins 先生（私信）の指摘による。

12 Chris Cummins 先生（私信）の指摘による。

13 詳しくは岩﨑（2015b: 96, n.3）を参照されたい。

14 これをご指摘くださったのは西山佑司先生（私信）である。

15 この点をご指摘くださった Chirs Cummins 先生（私信）に感謝する。

第 4 章

認知と文化を反映する
総称表現の英語定冠詞

4.1. はじめに

　本章では英語の定冠詞について議論する。特に、「the + 単数形名詞」の意味について the の意味論的・語用論的意味の区別（cf. 西山 2003; 2013）を明確にして議論する。先行研究においては意味論レベルと語用論レベルを区分することなく論じられてきたために、the 本来の意味と語用論的に生じる意味の区分が曖昧であったと言える。言い換えれば、モジュールとしての言語能力に基づく「the + 単数形名詞」の意味とそこから語用論的に派生される、モジュールとしての言語能力の直接的な反映ではない意味の拡張の区分が曖昧であったために、「the + 単数形名詞」の総称の意味が正しく把握されてこなかった、と言える。この点を是正するために、本章では両者を分け、the 本来の意味を岩﨑（2015b）の主張等を踏まえながら分析する。最終的には「play + the + 楽器名」と「play + スポーツ名」についての説明を与えることが目的である。

　本章では、意味論レベルでは1つの文が複数の曖昧な解釈を許容し、語用論レベルで然るべき文脈や発話解釈の手がかりが得られた段階でそのような曖昧性が解消されるという立場（cf. 西山 2003; 2013）を一貫して取ることに注意されたい。

　さらに、モジュールとしての意味論レベルを仮定し、そのモジュール外に語用論レベルを設定し、その語用論レベルに世界に関する知識や認知を組み入れることは理論的に問題があるとは思われない（cf. Iwasaki 2017 ならびに本書第 1 章）。そして、本章ではその語用論レベルに認知言語学の理論を援用し、意味論レベルでは岩﨑（2015b 他）の定冠詞の意味の分析を維持するのである。したがって、もし認知言語学が言語能力の

モジュール性を想定しないのであれば、そのような立場と本章は異なることになるが、上記で述べたように、語用論レベルに限って認知言語学を援用する。そのような言語デザインを持つことが大きな問題を引き起こすとは思われない。いずれにせよ、文法理論の議論としては、意味論と語用論の区別（cf. 西山 2003; 2013）という点さえ確認されれば、さしあたっては問題ないだろう。

　一般に分かっている総称の意味についてまず確認する。第一に、「総称」とは全称量子化ではないことは明らかである。以下のような例は全称量子化では総称を捉えることができない（Cohen（2002），Lyons（1999: 179）他）。

(1)　(a) The Frenchman eats horsemeat.
　　　(b) Bulgarians are good weightlifters.
　　　　　　　　　　　　　　(Cohen ibid.：2)

Cohen（ibid.）が指摘するように、(1a, b)のような名詞句はそれぞれフランス人やブルガリア人全員に当てはまることではないため、総称を全称量子化で説明することは困難である。

　次に、総称の意味を表す4つのタイプについて確認しよう。

(2)　(a) The Italian drinks rather a lot, though I must say Luigi
　　　　　is very abstemious.
　　　(b) *An Italian drinks rather a lot, though I must say Luigi
　　　　　is very abstemious.
　　　(c) The Italians drink rather a lot, though I must say Luigi
　　　　　is very abstemious.
　　　(d) ?Italians drink rather a lot, though I must say Luigi
　　　　　is very abstemious.
　　　　　　　(Lyons 1999: 184)　［原典の太字を下線に変更］

4つのタイプとは、(2a)のように「the + 単数形名詞」の形、(2b)のように「{a/an} + 単数形名詞」の形、(2c)のように「the + 複数形名詞」の形、(2d)のように「複数形（無冠詞）」の形である。(2c)は国民を表すときにのみ、使うことができ、その他の場合には総称ではなく、特定の指示対象を念頭に置いた読みになる。[1]

　本章の構成は以下の通りである。まず 4.2. では岩﨑（2015b）の仮説と残された問題点を吟味する。4.3. では本章の提案を行う。4.4. では本章

の提案を支持する更なるデータを示す。4.5. では「The + 単数形名詞」が「指示」と「総称」とで曖昧である場合について確認する。4.6. では本章の仮説を「play + the + 楽器名」に応用し、その the が一体どのような属性を持っているのかについての説明を与える。さらに、「play + スポーツ名」においてなぜ無冠詞となるのかについても説明を与える。4.7. では結論と理論的含意を述べる。

4.2. 岩﨑（2015b）での残された問題

4.2.1. 「The + 複数形名詞」の分析

まず、「the + 複数形名詞」は一般には特定の指示対象すべてを表すと考えられている。例えば、藏藤（2012: 91）は「定冠詞は「最大性効果」を持つ（たとえば、10 人の少年がいる文脈では the boys というと 10 人の少年全員を指示する）」と述べている。しかし、これは必ずしも正しくない。岩﨑（2015b）が主張するように「the + 複数形名詞」は必ずしも全員を指すわけではない。例えば、既出の (2c) がその例である。イタリア人全員に当てはまるわけではないことは though... 以下を見れば明らかである。第 3 章で見たように、「the + 複数形名詞」が非指示的な変項名詞句（西山 2003 他）になり得ると想定し、それは命題函数[x がイタリア人（複数）だ]という意味を有し、その変項 x はイタリア人のうちの、例えば 8 割あるいは 7 割（この割合は任意の多数である）の人々によって指定される、ということに注意しよう。

4.2.2. 「The + 単数形」の分析は可能か

「定冠詞＋名詞句」が変項名詞句であるという岩﨑（2015b）の主張を「the + 単数形名詞」に当てはめるとすると、[x がイタリア人（単数）だ]の x の値を何割かのイタリア人によって指定することになるが、ここで命題函数の中の「イタリア人（単数）」に注意しよう。命題函数の中の述部が単数を表すため、変項 x も単数でなければならない。すると、変項 x を指定するのはイタリア人 1 人ということになり、このままでは総称の意味を持つことができず、問題である。これをどう解決するか、が本章の出発点である。

4.3. 本章が採択する提案

4.3.1. 本章が採択する提案

本章では、意味論レベル（と意味論と語用論のインタフェスのレベル）

で「the + 単数形名詞」は1つの指示対象を指し、次に、プロトタイプ的な心的表象としての「the + 名詞句」の指示対象の意味が、語用論レベルで、比喩的に拡張し、放射状カテゴリー（Lakoff 1987）を形成し、「種」や「国民」の意味を表すことで総称の意味を持つ、と主張する。樋口（2013: 44）は「中英語の冠詞用法の特徴」と題する章の中で、定冠詞の総称について以下のように主張している。

> 当該の名詞に関する典型例（プロトタイプ）を指すと解釈すれば、the の総称用法と同定可能性とは同一であることになる。プロトタイプはある語が喚起する、文化的に確立された連想である…　［原典でのイタリックを変更］

本章は上記の樋口（ibid.）の指摘に負いながら、認知言語学の観点から、上記の考察を深化させる。

　また、Quirk et al. (1985: 282) は "With singular heads, it is often formal or literary in tone, indicating THE CLASS AS REPRESENTED BY ITS TYPICAL SPECIMEN" ［大文字は原典による］と述べており、本書の主張はこれに近いが、本書の主張はむしろ、「the + 名詞句」が言語能力のモジュール自体（より厳密には、意味論レベルと意味論と語用論のインタフェス、モジュールと言語外の要因のインタフェス）では1つの個体を指し、種を表すのは言語能力のモジュール以外の認知能力による語用論レベルのことであると主張する。

4.3.2. 個体 vs 集合

　「the + 名詞句」が言語表現それ自体としては「個体」を指すという本書や樋口（ibid.）の主張は他の先行研究と比べても特異である。以下では、先行研究において、総称の「The + 名詞」は個体を指示しているのか、あるいは、集合を指示しているのか、という点に関してどのような取り扱いになっているのか、について確認する。

4.3.2.1. 伝統的文法書 (Quirk et al. (1985)；Huddleston & Pullum (2002))

　まず、既に見たように、Quirk et al. (1985: 282) は "With singular heads, it is often formal or literary in tone, indicating THE CLASS AS REPRESENTED BY ITS TYPICAL SPECIMEN" ［強調は原典による。］と主張しており、「the + 単数形名詞」の総称は種類を表す、という立場であ

る。Huddleston & Pullum（ibid.: 407）は "NPs determined by the definite article can denote the entire class denoted by the head noun, rather than individual members or subsets within that class" と述べ、以下の例文を挙げている。

(3)　The lion will soon be extinct in this part of Africa.
　　　　　　　　　　　　　　　　　(Huddleston & Pullum ibid.: 407)

彼らの含意は「the + 単数形名詞」の総称が種類全体を表すからこそ、種の絶滅についても言及することができる、ということである。すなわち、以下の例が示すように、種類（class）や種（species）のような属性述部の場合でも the は可能だが、a は許容されない（Quirk et al.ibid.: 281-282）。

(4)　{The / *A} tiger is becoming almost extinct.
　　　　　　　　　　　　　　　　　　　(Quirk et al.: 282)

Huddleston & Pullum（ibid.: 407）はこれに関して、"with predicates that can only be applied to a set, a singular indefinite generic ... is inadmissible"と述べている。したがって、Huddleston & Pullum（ibid.）のような伝統的な文法でも、「the + 単数形名詞」の総称は個体ではなく、何らかの集合を表しており、その主張において、意味論レベルと語用論レベルの特段の区別はない、と含意されている、ということが言えるだろう。

4.3.2.2. 池内（1985），久野・高見（2004），長谷部（2005），藏藤（2012）

　他に、以下で見る生成文法、機能文法、認知文法、真理条件的意味論の言語理論でも、「the + 単数形名詞」の総称が個体ではなく、集合であると主張されている。
　まず、池内（1985: 78）は次のように主張している。（原典に下線を付す。）

　　　the Nsg[単数形名詞]の場合は、種族全体を１つの類・タイプとして捉え、それについて叙述するというふうに解せられる。そして、通例、その存在が前提とされている。

下線部からも分かるように、池内（ibid.）は「the ＋ 単数形名詞」は集合を表すと主張している。

　次に、独自の機能文法の観点から、久野・高見（2004: 24）は総称のthe は当該のメンバーのうちの「ある典型的な例で表わされる種類」を指示し、その意味で「なかば抽象的」であると主張している。したがって、久野・高見（ibid.）も the が具体的な個体を指示する立場には立っていないのは明らかである。具体的な個体を指示する立場に立っていれば、指示対象が「なかば抽象的」にはならないからである。むしろ、「なかば抽象的」とは、抽象的な集合の立場であると解釈できる。その点で、久野・高見（ibid.）も、具体的な個体指示か、あるいは、集合を表す、のどちらの立場と言えば、後者の立場に立っている、と言えよう。

　次に、認知文法の観点から、長谷部（2005: 28）は以下のように主張している。原典に下線を付す。

> 名詞句が総称的意味を持つということは、その表現が、<u>外部世界に実在する特定の事物ではなく、あるクラス要素の全体（あるいは代表）に対する指示を行っている</u>ということである。

下線部から長谷部（ibid.）も「the ＋ 単数形名詞」の総称は個体ではなく、集合を表す、と捉えていると言える。引用部分の括弧内の「あるいは代表」が気になるが、下記の二つの引用箇所からも長谷部（ibid.）が「the ＋ 単数形名詞」の総称の意味が個体ではない、と考えていることは明らかである。

> tiger という語の表す要素が、個別的な詳細と実体を持ったそれぞれのトラ（あるいはその集合）としてではなく、均質的な一概念としてみなされ得る（長谷部 ibid.: 32）

> しばしばこのような概念［=上記引用箇所の「均質的な一概念」］は「プロトタイプ」（prototype）と呼ばれる。しかし、プロトタイプとは本来、「あるクラスの構成要素の中で、そのクラスを代表する典型的・中心的なもの」である。したがって、ここでそのように呼ぶことは、必ずしも正しくない。　　　　　　　　（長谷部 ibid: 34, n. 8）

長谷部（ibid.）の主張の妥当性については追って、再度、別の観点からも吟味する。

　次に、藏藤（2012）は真理条件的意味論の観点から総称について分析し、以下のように主張している。原典に下線を付す。

> 「定冠詞 ＋ 単数名詞」は「種」を直接指示することができる（たとえば、extinct の主語になれる）。また、「他種と対比できる」場合（あるいは、十分に確立された種である場合）、総称的に解釈される。（藏藤 ibid.：90）

上記の引用箇所からも明らかなように藏藤（ibid.）も「the ＋ 単数形名詞」の総称が種あるいは集合を表す、と考えていることが分かる。彼の議論においても、「「種」を直接指示」という表現からも分かるように、意味論レベルと語用論レベルの区別は行っていないことは明らかである[2]。

4.3.3.　「心的表象」を指示する証拠

4.3.3.1.　記述的内容と個体想起

　4.3.1. では「the ＋ 単数形名詞」の総称は心的表象としての個体を指示すると主張した。これは 4.3.2. で見たように、多くの先行研究とは異なる理論的立場である。この 4.3.3. では 4.3.1. の本章の主張を支持する言語事実について確認していく。

　まず、Cohen（2002: 20）は "the definite generic is often more acceptable when the descriptive content of the common noun is richer" と述べ、以下の例文を挙げている。

(5)　(a)　?The politician never misses a photo opportunity.
　　　(b)　The successful politician never misses a photo opportunity.

上記の容認性判断は Cohen（ibid.）が指摘する通り、総称と解釈した場合である。この場合、successful の付いた(5b)の方が記述的内容が豊かになり、その分、プロトタイプを想起しやすく、容認度が高い。

　同様に、Quirk et al.（ibid.：283）は "It is more appropriate when used to identify the typical characteristics of a class in terms of personality, appearance, etc." と述べ、下記の例文を挙げている。（イタリックは原典による。）

(6) He spoke with the consummate assurance and charm of *the successful Harley Street surgeon.* (Quirk et al: 283)

　上記の容認性は、性格や外見等の記述的内容が豊かであればあるほど、心的表象を想起しやすくなるためであり、これは 4.3.1. の本章の主張を支持することになる。「the ＋ 単数形名詞」が直接、抽象的な集合を表すのであれば、(5a)の容認度が下がることはないだろう。

　ここで、「性格や外見等の記述的内容が豊かであればあるほど、抽象的な集合を想起しやすくなる」ということはありえないことに注意する必要がある。「抽象的な集合」はいかなる場合であれ、「性格」や「外見」等の視覚的要素を持つことはないからである。もし、あるとすればそれは「集合」ではない。(言語学において「集合」は誤って理解されていることがあるようである。その点については西山 (2005) を参照されたい。)

　さらに、(6)は Quirk et al. (1985: ibid.) の「the ＋ 単数形名詞(句)」が "CLASS REPRESENTED BY ITS TYPICAL SPECIMEN" ［強調は原典による］を表すという主張も同様に支持するという反論が予想されるが、ここでの「種 (class)」を「集合」と想定すれば、上記の反駁が適用される。一方、「種」を「集合」ではなく、緩やかな意味で、当該の個体の集まりと想定したとしよう。すると、確かに "REPRESENTED BY ITS TYPICAL SPECIMEN" という Quirk et al. (ibid.) の主張は(6)によって支持されることになる。しかし、そのこととは独立に、Quirk et al. (ibid.) と本章は、「the ＋ 単数形名詞(句)」が意味するのが、意味論レベルにおいて、"CLASS" であるか、あるいは、1 つの個体であるかという点で主張が異なっており、後者の妥当性と前者の問題点はこれ以降の本章での議論で明らかになる。

4.3.3.2. 社会的知識に支えられた心的表象

　次に Krifka et al. (1995: 11) の "well-established kind" について確認してみたい。

(7) (a) The coke bottle has a narrow neck.
　　(b) ??The green bottle has a narrow neck.

(Barbara Partee p.c., in Carlson 1977[3]; Krifka et al. ibid.)

上記の例文の容認度の差異について、Krifka et al. (ibid.) は "it can

be traced back to the fact that there exists a well-established kind for Coke bottles, but there is no well-established kind for green bottles" と主張している。社会的に認知されたものが「the + 単数形名詞」の総称になり得るが、そうでなければ、(7b)のように容認性が下がるということである。これを本章流に言い換えれば、「the + 単数形名詞」において、総称の意味が成立するためには、理想化認知モデルが背景にあり、プロトタイプを心的表象として持てるか否かに拠る（cf. Lakoff 1987)、と言える。[4]

さらに、次の例を見てみよう。本章の 4.3.1. の主張では「the + 単数形名詞」は意味論レベルと、意味論レベルと語用論レベルのインタフェスでは単に１つの個体を表す、ということであり、それは語用論レベルの解釈次第で１個の個体を指示する場合もあり得るし、総称の意味を有する場合もあり得る、ということになる。

(8)　　(a) The castle is a prominent feature of Welsh scenery.
　　　　(b) The castle is a prominent feature of Edinburgh's
　　　　　　scenery.　　　　　　　　　　　　(Thrane 1980: 200)

上記の(8a, b)いずれの the castle も意味論レベルでは１つの個体あるいは総称の意味を有する可能性を持っている。しかし、実際には(8a)は総称の読みを持つ一方で、(8b)は総称の読みを持たず、非総称の読みのみ可能である（Thrane ibid.）。語用論レベルでは、ウェールズでは城が多数あるため、総称の解釈が可能であるが、エジンバラではエジンバラ城が際立っており、多くの聞き手・読み手の理想化認知モデルの中で、エジンバラの the castle と聞いた・読んだ瞬間にエジンバラ城が想起されてしまい、解釈はそこで終わり、個体指示のみで、総称の解釈は生じない、と言える。

なお、既に確認した Quirk et al. (1985: 282) の「the + 単数形名詞（句)」が "CLASS REPRESENTED BY ITS TYPICAL SPECIMEN" ［強調は原典による］を表すという主張が仮に正しいとすれば、「the + 単数形名詞（句)」は典型的な標本を介した種あるいは集合を直接的に意味するのであるから、(8a), (8b)のいずれでも、総称の読みが可能なはずである、という誤った帰結を導くことになる。すなわち、彼らの主張では、(8b)で典型的な標本をエジンバラ城だとしても、それによって示される（"represented"）種あるいは集合という読みが可能である、という誤った主張を導くことになる。本書のように、まず、１つの個体を指示し、そこから語用論的に意味が拡張することで総称の意味が生じ、そして、

その語用論的な意味の拡張が可能かどうかは1つの個体指示が、話者や聞き手の世界に関する知識の中で、鮮明かどうかに依拠する、と主張することで、初めて(8a)，(8b)の差異を説明できるのである。

池内（1985: 81-82）は以下のように妥当に論述している。

> ここで言う述部の総称的ではない特定的な解釈（または特定的ではない総称的な解釈）を決定する要因には、意味的、語用論的なものはもとより社会的、文化的その他の一般常識等、ありとあらゆる要素が含まれており、そして、それらが複雑に絡み合っているということである。

ここでも簡潔に言い変えれば、「the ＋ 単数形名詞」が個体指示の the の解釈を持つか、総称の解釈を持つかは、理想化認知モデルに拠っている、と言えるだろう。

以上の議論を纏めると以下の(9)および図 4-1 のようになる（cf. Lakoff 1987）。

(9)　＜本章の提案1＞
「The ＋ 名詞句」は心的表象の対象物を指示するが、それは話し手と聞き手の間で異なっても構わない。その心的表象の対象物は、当該の話し手または聞き手の関係する理想化認知モデルを背景に、プロトタイプとして構築される。そして、その構築されたプロトタイプとしての心的表象は放射状に他の表象物にも拡張され、その結果、総称の意味が生じる。

第4章　認知と文化を反映する総称表現の英語定冠詞　75

図 4-1

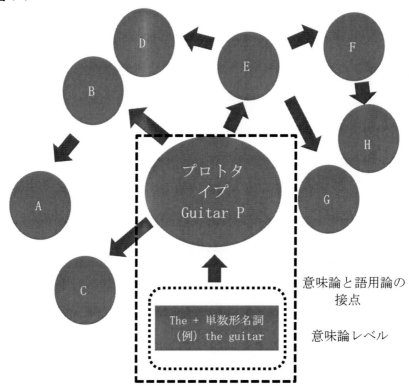

なお、本書では、「the + 単数形名詞（句）」が１つの個体を指示する、ということが意味論レベル（図１の細い点線で囲まれた領域）で行われる、と便宜上、述べる場合がある。しかし、厳密には、これは「意味論レベルと語用論レベルの接点」（図１の太い点線で囲まれた領域）が本書の正確な主張である。岩﨑（2015b）の主張は、「the + 名詞（句）」の意味の本質は「指示」ではなく、命題函数の変項とそれを指定する値がそれぞれ１つであり、変項を指定する値は文脈に即して語用論的に決定されるというものである。したがって、「the + 単数形名詞（句）」がプロトタイプを指示するのは、岩﨑（2015b）の枠組みでは、意味論レベルではなく、むしろ、意味論と語用論の接点というのが妥当であろう。ただし、この厳密な点は本章での議論に関する限りは大きな影響を及ぼさないため、これ以上立ち入らず、また、本章では「the + 単数形名詞（句）」による

プロタイプの指示は意味論レベルで行われると便宜上、述べる場合がある。

4.3.3.3. 個々の表象物は均質的か

次に、「the + 総称」で表される表象物は均質的か、という問題を考える。Quirk et al.（1985: 283）は "When the noun refers to a class of human beings, the typifying connotation of generic *the* can sound inappropriate." と述べ、下記の例を挙げている。（イタリックと容認性判断は原典による。）

(10) (a) ?*The Welshman* is a good singer.
    (b) ?*The doctor* is well paid.
    (c) ?As *the child* grows, it develops a wider range of vocabulary.

それに対して、長谷部（2005: 33）は以下のように主張している。

> これらの文 [(10a, b)：(10c)は言及されていない] が不自然に感じられるのは、「人々」という、本質的に多彩な性質を持つ対象を、均質的なひとまとまりの概念としてみなすことが非常に困難であるから

しかし、これは以下の長谷部（ibid.: 32）の主張と整合性を持たない。

> tiger という語の表す要素が、個別的な詳細と実体を持ったそれぞれのトラ（あるいはその集合）としてではなく、均質的な一概念としてみなされ得る

確かに、人間から見れば、人間の個体差ほど、トラの個体差は相対的に際立っていないとは言える。[5]その点で、長谷部（ibid.）の上記の論述の意図は一定程度、理解できる。一方で、トラも、大きなトラや小さなトラなどのように、人間が視覚的に差異を見いだせる場合もある。したがって、長谷部（ibid.）のように、トラは均質的であると言い切ることは議論の余地があると思われる。

本章では、放射状に意味が拡張することの結果として生じる様々な表象は非均質的であると主張する。（もちろん、共通の性質もあるだろうが、

差異もあるという意味で「非均質的」であると考える。）これは、本章で主張する、「the + 単数形名詞」がプロトタイプを指示し、そこから意味が放射状に拡張されるということを考えれば当然だと言える。

以上を纏めると、以下のようになる（cf. Lakoff 1987）。

(11) ＜本章の提案2＞
　　　放射状に意味が拡張することの結果としての心的表象物は相互に異なる部分を有し、均質的ではない。

なお、(10a-c)がなぜ不自然かは、追って論じる。

4.3.3.4. 心的表象物の個数は多いか

次に、「the + 単数形名詞」が指し示すプロトタイプ的な表象物から他の表象物に放射状に広がっていく際に、拡張された心的表象物の個数は多くなくてはいけないか、という問題について考える。

これに対して、本章では、プロトタイプ的な最初の表象物からどれくらい拡大するかは自由であり、少ない場合でも総称の意味が生じる、と主張する。例えば、(1a, b)のような例があり、(12a, b)として再掲する。

(12) (a) The Frenchman eats horsemeat.
　　　(b) Bulgarians are good weightlifters.
　　　　　　　　　　　　　　　　　　　　　(Cohen 2002: 2)

これについて、Cohen (2002: 8) は以下のように主張している。

　　　It is hardly the case that all normal Frenchmen eat
　　　horsemeat or that all normal Bulgarians are good
　　　weightlifters.

したがって、(12a)は少数のフランス人について当てはまると想定可能であり、(12b)についても、多くはないブルガリア人について当てはまる、と言えるだろう。[6]

以上を纏めると以下のようになる。

(13) ＜本章の提案3＞

放射状に意味が拡張することの結果生じる心的表象物は少数でも構わない。プロトタイプ的な心的表象 1 つから別の心的表象物へとどれくらい拡大するかは個々の文脈によって決まる。

4.4. 提案を支持する更なるデータ

次に、4.3.1. の仮説を支持する更なるデータを以下に示す。

4.4.1. 照応

まず、照応が挙げられる。

(14) The buffalo will be even harder to find in 50 years, since {*they / it} will be extinct. (Lawler 1973: 156)

単数の代名詞 it で受けることが可能で、複数形の代名詞 they で受けることができないということは、総称は「種」であるという説に対する反例となる。繰り返すと、仮に「the + 単数形名詞」が直接「種」を表すとすると、種の構成員をセットとして捉える場合と種の個々の構成員を強調する捉え方の 2 つの読みの可能性があるにも関わらず、they で受けることができないという言語事実が総称は「種」であるという仮定に対する反例となっているのである。さらに、文中における代名詞の照応がモジュールとしての言語知識によって行われているという仮定のもとでは、(14)は、意味論レベルでは「the + 単数形名詞」は個体（プロトタイプ的な心的な指示対象）を指示し、比喩的拡張による意味の拡大は語用論レベルで行われるという本章の主張と合致する。

4.4.2. プロトタイプ仮定の前提

次に「the + 単数形名詞」の総称が 1 個の心的表象を指示し、それを前提としていることに対する証拠を提示する。

4.4.2.1. プロトタイプが想起できない場合

下記の(15)の hobgoblin は、池内（1985: 87）が主張するように「現存しているとは考えられない」。

(15) ?The hobgoblin is a popular theme in literature
(Quirk et al. 1972: 148)

池内（ibid.）はさらに「the Nsg［the + 単数形名詞］は現存しているという含意があることを示す」と述べている。これは、言い換えれば、(15)の hobgoblin に対して読み手はプロトタイプ的な心的表象を持つことができないから、容認性が低い、ということであり、さらに言い変えれば、「the + 単数形名詞」の総称が1個の心的表象を指示できない場合、当該の文の容認性が低くなる、と言え、これは本章の 4.3.1. の仮説を支持していることになる。ここで、(15)は Quirk et al.（ibid.）の主張も支持しているとも言える。しかし、既に強調したように、Quirk et al.（ibid.）と本章は、「the + 単数形名詞（句）」が意味するものが、意味論レベルでは、"CLASS"であるか、あるいは、1つの個体であるかという点で主張が異なっている点に注意しよう。

4.4.2.2. 一般性が高すぎて具体的なプロトタイプ的心的表象を持てないことの困難

さらに次の例を見てみよう。（イタリックは原典による。）

(16)　*The object* is in space.
(Vendler (1967: 57) cited in 池内 (ibid.))

この例について池内（ibid.）は「あまりに一般的で、それが属するより高次の類概念が考えられないような名詞については the Nsg は総称的には用いられない。」と解説している。これは、本章の立場から言えば、一般性が高すぎて具体的な心的表象、プロトタイプを持てないために容認されない、と言え、これも本章の仮説を支持している、と言える。

4.4.2.3. 総称と比喩的拡張

最後に、今までとやや性質の異なる以下の例を見てみよう。なお、括弧と和訳は原典に拠る。（イタリックと括弧内は原典による。）

(17)　The brave do not fear *the grave* (=death).
　　　（勇者は死を恐れない）　　（池内 1985: 64）

この例では the grave から様々な墓のイメージに放射状に拡大はせず、the grave から「死」に比喩的拡張をした例と解釈できる。したがって、必ずしも非常に多方面に放射状に意味が拡張されるわけではなく、場合

によっては、(17)のように、たった1つの比喩的拡張が行われる場合がある、と言える。たった1つの比喩的拡張であっても、意味が拡張することには変わりない。したがって、(17)も、もともと「the + 単数形名詞」が1つのプロトタイプ的個体を指示しており、その後、比喩的に意味が拡張しているという 4.3.1. の仮説を支持するものである。(もっとも、「放射状」ではないという条件が付く。)今回の(17)は、the grave が放射状に多方面には拡張せずに、death という意味にのみ、拡張したというのがここでの本章の主張である。「the + 単数形名詞（句）」が直接、集合あるいは種を意味するという、既に見た一部の先行研究の仮説では、(17)の the grave がなぜ the death という意味を持つのかが説明できないだろう。なお、(17)の the grave は「「死」というもの」という意味であり、総称の意味であることに注意する必要がある。ここで、以下のような反論が予想される。こうである。(17)の the grave は「墓」の集合を表し、「墓というもの」という総称の意味をなし、そこから、さらに比喩的拡張により、「墓というもの」が「死というもの」という意味になる、というものである。もしそのような反論をする者は、起点領域が総称の意味で、ターゲット領域も総称の意味である場合が可能であるのか、そして、それはどのようなメカニズムで生じるかを説明する必要があるだろう。本章はそのような理論を想定しないため、当然、ここではそのような理論的立場は追及しない。

4.5. 「The + 単数形名詞」：「指示」と「総称」の曖昧性

4.5.1. 「指示」と「総称」の曖昧性を巡る本章の主張

　本章は、意味論レベルでは「The + 単数形名詞」は「指示」と「総称」の違いを持たず、語用論レベルで意味の比喩的拡張がなされ、放射状カテゴリーを形成し、「総称」の意味が生じる、と主張している。ここで、前者と後者で語用論的に曖昧な表現があれば、意味論レベルでは両者は同じであることの証拠になる。[7]すなわち、語用論レベルでは複数の解釈を許容するが、意味論レベルでは1つの意味を持つような総称表現があれば、それは、本章の主張である、「the + 単数形名詞」による総称の意味が、意味論レベルと語用論レベルの2つの段階からなっていることを示すことになる。さらに、そのような総称表現がどのようなものかと言えば、特定の文脈あるいは発話解釈の手がかりが得られない状況では複数の解釈を許容し曖昧であるような表現である。[8]

4.5.2. 意味論レベルで「指示」と「総称」が曖昧な例

　そのような総称表現が実際にあり、下記のような発話文脈における、the president である。（イタリックは原典による。）

(18)　Speaker B: Which president?
　　　Speaker A: No, I mean presidents in general.
　　　　　　　　　　　　　　　　　　　(Quirk et al. ibid.: 283)

Quirk et al. (ibid.) が "Ambiguity may occur over the generic/specific interpretation" と述べているように、最初の "the president" は Speaker A にとっては総称の意味を持ち、Speaker B にとっては特定の指示対象の解釈を持つ。すなわち、Speaker A と B の両者の間では、(18)は the president は総称の意味か指示的な意味かが曖昧であり、両者が異なる解釈をしていたということである。この曖昧性は、語用論レベルで然るべき手がかり（上記では Speaker A の発話）が得られることで、解消される。言い換えれば、意味論レベルでは the president は総称の読みと特定の指示対象の読みの2つを持っているということを示していることになる。

　次のような例も同様である。（イタリックは原典による。）

(19)　*The horse* works quite hard.（池内 1985: 79）

池内 (ibid.) が「特定の一頭の馬の属性を言う場合と、総称的な場合の二通りの意味」と指摘するように、(19)の下線部は総称の読みと指示的読みの2つの解釈を持っている。要点を再度繰り返せば、意味論レベルで2つの解釈を持つことができ、語用論レベルでそのうちのいずれかに決定される、というのが本章の主張である。

　さらに、3つ目の例として下記を見てみよう。（イタリックを原典に追加。）

(20)　*The price of gas* is soaring.
[出所 http://english.stackexchange.com/questions/198824/the-definite-article-implying-the-generic-idea-of-something]［下線追加］

これは、上記の出所でも述べられているように、個別的な解釈と総称の解釈の境界が曖昧な例である。ある比較的狭い地域内でのガスの価格か、あるいは、それよりも比較的広い世界の地域内のガスか、あるいは、世

界のガスの価格かによって個別的な解釈と総称の解釈かが決まってくるため、曖昧である。しかし、それらの曖昧性はいずれにせよ、語用論的レベルのことである。

ここで2つの観点から、その語用論的な曖昧性の派生について考えてみよう。1つは関連性理論の観点から、もう1つは本章で論じてきた意味の比喩的拡張による認知言語学的な観点からである。前者は言語能力のモジュール性を仮定し、後者は一般にはそのような仮定をしないと言われる。

まず、関連性理論の観点から考えると、(20)の意味は、意味論レベルでは「α という場所のガスの価格が上昇している」と考え、α はスロットであって、その決定は、関連性理論（Sperber & Wilson 1986 他）における表意（explicature）の決定に関与する「自由拡充（free enrichment）」と言える。（「…の価格」の「…」は既に「ガス」で満たされており、「飽和」という語用論操作は既に完了していると考えてよい。）すなわち、意味論レベルでは、［（α という場所の）ガスの価格が x である］という命題関数があり、その変項 x とそれを指定する値はそれぞれ1個のため、the が許容され（岩﨑 2015b）、その後、語用論レベルで「（α という場所の）ガスの」が決定され、表意が決定されるということになる。この段階で始めて(20)は真理条件を持つことになる。[9]

次に、本章で論じてきた比喩的拡張に依拠した分析を(20)の下線部に適用してみよう。下線部はまず、特定の、おそらくは話者にとって最も身近な、プロトタイプ的な性質を帯びた「ガスの価格」、たとえば、「近所のガソリンスタンドでのガスの価格」を指示する。[10]以上が意味論レベルであり、その後、語用論レベルでは、放射状に意味が拡張することにより、「近所のガソリンスタンドでのガスの価格」から様々なガスの価格に意味が拡張される。一方で、「近所のガソリンスタンドでのガスの価格」のプロトタイプ的読みから、比喩的拡張により放射状に意味が拡張しなければ、(20)の下線部は総称の読みではなく、特定の読みになる。このことが、(20)の下線部が特定の読みと（様々な場所のガソリンの価格の）総称の読みで曖昧であることをもたらしていると言える。言い換えれば、(20)の下線部は意味論レベルでは特定の読みと様々な総称の読みで曖昧であり、語用論のレベルでこそ、そのどれであるかが決定されることになる。

上記の2つのアプローチのいずれがより優勢かはここでは議論しない。肝心なことは、いずれのアプローチを取ったとしても、(20)の下線部は意味論レベルでは潜在的に複数の解釈を持ち曖昧な名詞句であるが、語用論レベルで当該の文脈に基づいて解釈が1つに決定されるプロセスがあ

るということである。

　以上のように、個別的・指示的な読みと総称の読みとで曖昧な表現があるということは、意味論レベル、すなわち、言語的モジュールでは、両者は同じであることを示している、と言えるだろう。さらに言えば、言語表現としては、「the ＋ 単数形名詞（句）」は指示的な読みと総称の読みの両方を潜在的に持っており、言語表現そのものの外にある発話文脈によってのみ、総称という意味が生じるということである。総称とは「the ＋ 単数形名詞（句）」という言語表現そのものの持っている意味ではなく、語用論に依拠した概念だということである。

4.6. 「Play ＋ the ＋ 楽器名」と「play ＋ スポーツ名」への応用分析

　一般に「play ＋ the ＋ 楽器名」と「play ＋ スポーツ名」という冠詞の有無の差異はよく知られている。音楽名の前では the を伴い、スポーツ名の前では無冠詞ということである。[11] この差異について本章の今までの主張をもとに説明を試みてみよう。

4.6.1. 久野・高見（2004）の主張とその問題点

4.6.1.1. 「play ＋ the ＋ 楽器名」に関する久野・高見（ibid.）の主張

　まず、本章の主張を述べる前に、久野・高見（2004）の説を確認しておきたい。下記は久野・高見　（2004: 19-20）からの引用である。（イタリックは原典による。原典での破線は取ってある。）

(21)　(a)　John bought a guitar and a banjo, but he gave *the guitar* to Mary.
　　　(b)　John plays *the guitar* well.

久野・高見（ibid.）の説によれば、(21a)は「同類集合での限定化」(p. 20)であり、(21b)は「異種集合での限定化」(ibid.)であり、「数ある楽器のうちで、（他の楽器ではなく）「ギター」であると限定しています」(ibid.)と主張している。ここで問題になっている総称としての the は(21b)の the であり、(21a)についてはここでは深入りしない。

4.6.1.2. 「play + スポーツ名」に関する久野・高見（ibid.）の主張

　さらに、「play + スポーツ名」において、「スポーツ名」の前に the がつかないことについて、久野・高見（ibid.：21）は、「対比的・限定的にとらえられて」いる場合には the が名詞に付くことができるが、スポーツの場合、各々のスポーツが「独立したもの」であり「対比的・限定的にとらえられて」いないため、the が付かない、と主張している。

4.6.1.3. 久野・高見（ibid.）の問題点

以下で、今見た久野・高見（ibid.）の主張の問題点を確認しよう。

4.6.1.3.1. 「play + the + 楽器名」に関する久野・高見（ibid.）の主張への反例

　もし、「play + the + 楽器名」に関する久野・高見（ibid.）の主張が正しければ、＜「数ある楽器のうちで（他の楽器ではなく）」（久野・高見 ibid.）1つの「［α］」「であると限定」＞ということになる。久野・高見（ibid.：19）は、「ある1つのメンバー［…］が他のメンバー［…］から限定されている」のが異種集合の限定である、と述べていることに注意しよう。

　すると、the は複数併用されないはずだが、実際には以下のように併用され、以下のような例は久野・高見（ibid.）への反例となる。

(22)　"Yes, I play the piano, the guitar and the violin."
　　　　[出所：http://forum.wordreference.com/threads/play-guitar-or-play-the-guitar-piano-violin-trombone-etc.424541/]

上記ではピアノもギターもバイオリンも演奏楽器として言及されており、1つの楽器が他の楽器から限定・対比されているのではないことに注意しよう。さらに、(22)と同様な文の構造を用いて、もっと多くの（非常に多くの）楽器に言及することもできるだろう。すると、久野・高見（ibid.）による限定・対比の説明では上手く行かないことは明らかである。

4.6.1.3.2. 「play + スポーツ名」に関する久野・高見（ibid.）の主張の問題点

　「play + スポーツ名」に関する久野・高見（ibid.）の主張では、なぜ、「個々のスポーツは、それぞれが独立したものと見なされ」るのかの根拠を挙げていない点が本質的に不十分である。スポーツと同様に、個々

第4章　認知と文化を反映する総称表現の英語定冠詞　85

の楽器（の種類）等もそれぞれ独立したものと見なすことは十分に可能であり、久野・高見（ibid.）の、スポーツ名と楽器名に関する議論には十分な説得力が欠けていると言わざるを得ない。

4.6.2. 本章の提案と言語事実の説明

4.6.2.1. 本章の提案

「play + the + 楽器名」に関する本章の主張は以下の通りである。

(23)　様々な guitar の中で、話者と聞き手がそれぞれ最もイメージしやすい guitar をそれぞれ心的に想起する。その場合に、プロトタイプを司る the が楽器名に付く。

上記については以下で追って、説明する。なお、樋口（2009: 158）も、楽器名に the が付く理由として、「演奏者は同種の楽器ならどれでも演奏する能力があるはずだから」と述べ、この the を総称の the であると解説している。本書の上記の主張はこの点と、既に引用した樋口（2013: 44）の、プロトタイプを指示するという指摘の 2 点において、樋口の主張に負っている。さらに、「play + スポーツ名」において、スポーツ名の前に the が付かない理由は、以下の通りである。

(24)　楽器と異なり、話し手・聞き手ごとの理想化認知モデルによる心的像に差異はない。baseball と言えば、baseball のルール体系は 1 つであり、baseball の下位区分は通常ない。（ルールが共通だからこそ、国際選手権も行われる。）

ここでのポイントは音楽の楽器、例えば、ギターにはサイズや形状等、いろいろなタイプのギターがある（すなわち、プロトタイプ効果が生じている）が、スポーツ、例えば、サッカーには様々なサッカーがあるわけではなく、一般には世界共通である（すなわち、プロトタイプ効果は生じていない）、ということである。これを簡潔に言い換えれば、音楽の個々の楽器は非均質的でプロトタイプ効果が生じており、個々のスポーツは均質的でそれがないと言える。久野・高見（ibid.）は、既に見たように、「play + the + 楽器名」の the について「異種集合での限定化」と主張しているが、実は「play + the + 楽器名」の the も「同種集合での限定化」を司っていると言える。例えば、ギターについて、多様なタイプのギターがあり、つまり、プロトタイプ効果を生じており、その中で

プロトタイプ的なギター1つを選び出しているのが the である。これを本書では「**プロトタイプを司る the**」と呼ぶことにし（cf. 樋口 (2013: 44)）、「play + the + 楽器名」の the はプロトタイプを司る the と言える。一方で、個々のスポーツはそれぞれ均質でプロトタイプ効果がない。「サッカー」なら「サッカー」のみであり、「A タイプのサッカー」とか「B タイプのサッカー」という下位区分が存在せず、言い換えれば、プロトタイプ効果が生じていない。プロトタイプ効果が生じていなければ、＜様々なサッカーの中でプロトタイプ的なサッカーを1つ選び出す＞ということの必要性もなく、また、そのようなことは不可能である。したがって、プロトタイプの the はスポーツ名にはつく必要もなく、また、付くことはできない、という帰結が導かれる。

4.6.2.2. 「play + 無冠詞 + 楽器名」について

「play + 無冠詞 + 楽器名」のように、定冠詞 the を伴わない場合がある。その場合について、久野・高見 (ibid.: 21) は「[…] the がつかない場合は、その楽器の弾き方を知っているとか、職業としてその楽器を演奏しているという意味になります」と解説している。これは良く知られた言語事実である。

この現象に対する本書の主張は、音楽家はどんなタイプのギターも弾くから、1つだけをプロトタイプ的な心的対象として挙げる必要はなく、そのため、(23)は適用されず、プロトタイプを司る the は不要である、ということである。

さらに同じような例として下記を見てみよう。[12]

(25) (a) I play guitar in a friend's band.
     (b) I play the guitar in a friend's band.

出所のサイト（脚注参照）で指摘されているように、(25a)の方が総称の意味で使用され、(25b)では特定のギターを指示する読みになる。

上記の(25a)については、バンドでは1つのタイプのギターを弾くわけではなく、多くのタイプのギターを弾くはずであり、バンドの演奏者は1つのギターだけをプロトタイプ的な心的表象として抱かないから、(23)は機能せず、プロトタイプを司る the は必要ない、ということになる。すなわち、(25a)に the をつけた場合、すなわち、(25b)の場合には、最も話者と聞き手がイメージしやすいギターの1タイプという意味での総称の the という解釈が生じない。その理由はプロトタイプを司る the の可能

第4章　認知と文化を反映する総称表現の英語定冠詞　87

性がバンドの文脈では予め排除されているためである。バンドではプロトタイプ的なギターだけを弾くわけではないことに注意しよう。残るもう1つの選択肢である「バンドの中で唯一のギター」という指示的な解釈のみが生じると言える。

4.7.　結論と理論的含意

4.7.1.　本章の提案まとめ

本章の主張は主に以下の［1］－［6］の通りである。

(26)　［1］「The ＋ 名詞句」はプロトタイプ的な心的表象の対象物を指示するが、それは話し手と聞き手の間で異なっても構わない。その心的表象の対象物は、当該の話し手または聞き手の関係する理想化認知モデルを背景に、プロトタイプとして構築される。そして、その構築されたプロトタイプとしての心的表象は比喩的な拡張により他の表象物にも放射状に拡張され、その結果、総称の意味が生じる。

　　　［2］放射状に意味が比喩的に拡張することの結果生じる心的表象物は、意味的に相互に異なる部分を有し、均質的ではない。

　　　［3］放射状に意味が比喩的な拡張をすることの結果生じる心的表象物は少数でも構わない。プロトタイプ的な心的表象 1つから別の心的表象物へと比喩的拡張がどれくらい拡大するかは個々の文脈によって決まる。

　　　［4］意味論レベルでは、「The ＋ 単数形名詞」は「指示」と「総称」の違いを持たず、語用論レベルで放射状に意味的な拡張をすることにより、「総称」の意味が生じる。

　　　［5］Play the guitar については、様々な guitar の中で理想化認知モデルにより、話者と聞き手がそれぞれ最もイメージしやすい guitar をそれぞれ心的に想起する。複数の同種のものの中で最もイメージしやすいものを示す the、すなわち、プロトタイプ効果を司る the が楽器名の前に現れている。

　　　［6］スポーツは各スポーツの中で変種が、通常はないため、そのような「最もイメージしやすい」という状況が必要なく、生じないため（すなわち、プロトタイプ効果がないため）、the がつかない。

以上のうち、[1] は既に先行研究でも述べられており、際立って斬新な主張ではない。[13] [5] については総称とプロトタイプに関しては樋口 (2009: 158, 2013: 44) の先行研究があるが、本章では理想化認知モデルと放射状カテゴリーによってモデルを構築した点が本章の貢献である。[6] は、[5] と密接に関係し、管見の限りでは本章のオリジナルな提案である。

4.7.2. 意味論と語用論の区別の重要性

先行研究では 「the + 単数形名詞」について「概念」であると主張する場合でも、意味論レベルの意味と語用論レベルの意味の区分が明確ではなかった。本章では意味論レベルでは「the + 単数形名詞」はプロトタイプ的な心的表象としての個体を指示し、語用論レベルで放射状に意味が比喩的に拡張することにより意味が拡大し、総称の意味が生じる、と主張した。言語のモジュールを前提としつつ、語用論レベルに、認知言語学を援用するという言語デザインについても若干、述べた。並行して、語用論的操作の部分に、言語モジュールを前提とする関連性理論を援用する可能性についても若干述べた。ここでも意味論と語用論の区別の重要性 (cf. 西山 (2003; 2013)，今井・西山 (2012)) ひいては言語モジュールとそうではない語用論的解釈を明確に分けて議論することの重要性が再確認された、と言える。

【付記】
本章は JACET 英語語彙研究会第 11 回研究大会 (2016 年 3 月 5 日、東京電機大学)にて発表した内容に基づく下記を修正したものである。
　岩﨑永一．2017.「総称表現における英語定冠詞と音楽楽器名の前の定冠詞：放射状カテゴリーによる分析」『國士舘大學教養論集』80：41-67.
相澤一美先生始め、英語語彙研究会参加者の皆様に感謝申し上げる。また、長谷部陽一郎先生、貝森有祐氏、松浦光氏、山梨正明先生からコメント・ご示唆等を頂戴し、本章の修正に資することになった。また、辻幸夫先生より本章で使用する術語に関するご教示を頂いた。上記の方々に記して感謝申し上げる。ただし、上記の方々が本章の趣旨に賛成しているという意味では必ずしもない。本章の責任は執筆者のみにある。

---

[1] 例えば、Huddleston & Pullum (2002: 407) は "With plurals, the class use is restricted to nouns that denote nations." と述べている。なお、藏藤 (2012: 93) は「英語では定冠詞 + 複数名詞は総称的に使えない」と指摘し、また、中島 (2006: 19) も「複数形に定冠詞を付けた場合には、特定の複数のメンバーだけに限定することになるので、総称を表すことにはなりません」と述べて

いる。しかし、実際には (2c) の The Italians のような例は総称であり、上記の藏藤（ibid.）や中島（ibid.）の断定は誤りであると言わざるを得ない。

[2] 今井・西山（2012: 8）は「「真理条件的意味論」を推奨する人々は意味論・語用論の区別にあまり注意を払っていない」と述べている。これに対して、反論も予想されるが、真理条件的意味論の理論的立場については、本章の本論とは直接的な関係がないため、ここではこれ以上の深い入りは避けたい。

[3] Krifka et al.（1995: 11）がこの出所情報を述べているため、記した。

[4] 本章で用いる「プロトタイプ」、「理想化認知モデル」、「放射状カテゴリー」といった認知言語学の術語については、例えば、辻（2003; 2013）やそこで引用されている文献を参照されたい。

[5] 『国士舘大学教養論集』の査読者の指摘による。

[6] 長谷部（2005: 33）は「総称的な意味を持つ the NP の指示対象は、名詞句のタイプ・スペース上の特定の要素を唯一的かつ最大限に捉えたものである。例えば、総称表現としての the tiger は、tiger という語によって表される種に属する要素の最大範囲を指示する。」と主張しているが、(12a) のような例があり、このような主張は成り立たない。

[7] Cohen（1999: 14）は "The surface form of generic sentences is very similar to that of specific ones, if not actually based on the latter." と主張している。本章の主張が正しければ、上記の Cohen（ibid.）の主張の "if not..." は "and indeed it is actually based on the latter" ということになる。

[8] なお、ここでは「曖昧な」は ambiguous であって、vague ではないことに注意されたい（cf. 今井・西山（2012））。

[9] 真理条件の決定や表意については、西山（2004）が精力的に論じており、大変参考になるだろう。

[10] ここでの「指示する」については西山（2003）と同じ理論的立場である。

[11] Quirk et al.（1985: 282）は、定冠詞の総称の節で "names of musical instruments and also dances usually take definite article: *play the violin* [but *play baseball*], *dancing the samba*" と述べている。（イタリックは原典による。）ダンスについても同じ種類のダンスであっても、100 人いれば、100 人が 1 mm単位で、全く同じ動作をするわけでなく、だいたい同じ動きをするのであり、プロトタイプ効果を生じていると言える。これも本章の主張と合致する。

[12] 出所は下記のサイトである。
http://forum.wordreference.com/threads/play-guitar-or-play-the-guitar-piano-violin-trombone-etc.424541/
さらに、同サイトでは、以下のような興味深い議論も見られる。
"I think it also depends on context […] I think people tend to say "I play guitar in a friend's band" more often than "I play the guitar in a friend's band." The second one sounds like there is only one guitar in the band."

[13] 例えば以下のような主張がある。（イタリックと太字強調は原典による。）

"The **Definite Generic** refers to the *Prototype* of a species, roughly the image we associate with *tiger*. *The tiger*, as a prototype, has all the properties of anything we would call a tiger, except that it doesn't exist in an individual physical sense, like all real tigers do. This is a very abstract concept, and its use signals that the speaker is theorizing."

[出 所 : http://www-personal.umich.edu/~jlawler/000001.html (John M. Lawler の個人サイト)]

第 5 章

総称表現における
英語の不定冠詞

5.1. はじめに

　久野・高見（2004）は、以下の例文（1a, b）を挙げ、（1a）の下線部と
（1b）の下線部が総称の読みを持ち得ず、それぞれ、ある特定の1つのリン
ゴ、ある特定の1冊の本という読みのみを持ち得ることを指摘している。

(1)　　(a) I like <u>an apple</u>.
　　　 (b) I read <u>a book</u>.

久野・高見（ibid.: 31）は、（1a）の下線部が総称の読みを持たない理由
を、あるリンゴ1個を好きなのではなく、毎回それぞれ異なるリンゴを想
起し、それら複数個のリンゴを好きであるため、複数形が用いられるべ
きで、（1a）のような単数形は不可である、と説明している。同様に、彼
らは、（1b）の下線部が総称の読みが無理である理由についても、「常識
的に」、「趣味として」の読書では、「1冊の本」を読み続けるのではな
く、複数冊の本を読むため、複数形が用いられ、（1b）のような単数形は
不可と主張している（久野・高見 ibid.: 29）。
　ここで、注意すべきは、久野・高見（ibid.）は（1a, b）が総称の読みを
持たない理由を、A層の言語知識・言語モジュールの中ではなく、それら
の外にあるC層の社会的知識やいわゆる「一般常識」に求めている、とい
うことである。
　しかし、上記のような記述はアドホックであり、以下の（2）のような例
までも総称の意味を持たない、と誤って予測してしまうことになり、問

題がある。下記はHuddleston & Pullum（2002: 407）からの引用であり、彼らも総称の解釈として提示している。

(2)　An Italian likes pasta.
　　　　　　［下線は原典による。原典のpastaの下線は削除］

　もし、久野・高見（ibid.）の記述が正しいならば、パスタを好きなのは「常識的に」たった1人のイタリア人ではなく、複数の（そして、おそらく多数の）イタリア人であるから、(2)の下線部は総称の解釈を持たない、と誤って予測してしまうことになる。実際には(2)の下線部は総称の読みを持つことから、久野・高見（ibid.）による社会的な「常識」に基づく、不定冠詞の非総称解釈の説明には問題があると言わざるを得ない。久野・高見（ibid.）の説明が正しいとすると、動詞の目的語の位置の名詞句だけでなく、その他の位置、例えば、(2)の下線部のような主語位置にある名詞句までも含めて、不定冠詞を伴う名詞句について、ほとんど（あるいはすべて）が、「「常識的に」に1人・1個のみに当てはまるのではなく、複数に当てはまるから、総称の読みにする場合には、複数形しか使えない」という誤った帰結が導かれてしまうのである。

　本章では久野・高見（ibid.）の、一般常識や社会的知識に基づく説明ではなく、不定冠詞が動詞の目的語に位置している場合でも、言語モジュールに基づく説明が可能であると主張する。特に、語用論から独立した意味論レベル（西山2003；岩﨑2015b）を設定し[1]、その意味論レベルのモジュールの言語知識により、(1a, b)の下線部がなぜ総称の読みを持たないかを説明する。なお、本章は非指示的な名詞句（西山ibid.；岩﨑ibid.）を重要な理論的装置とするため、それとは異なる、（可能）世界における実体指示に基づく真理条件的意味論（形式意味論）の理論的装置は採択しない。

　本章の構成は以下の通りである。第2節では英語の総称表現について概観する。第3節では理論的枠組みについて説明する。特に、変項の（値の）個数によって統語位置が決定されているという仮説（岩﨑ibid.）を若干修正して提示する。その際に各節において、一般の主節内の助動詞倒置を伴うWh-移動や関係節内の移動等について、この仮説に基づいて説明を試みる。第4節ではそれに基づいて(1a, b)の下線部について、なぜ、総称の読みが許容されないかについて説明する。第5節では結論と纏めを述べる。

5.2. 総称を表す様々な表現と不定冠詞による総称表現

まず、総称の意味を表す表現は、第4章で見た通り、主に以下の4つのタイプがある。

(3) (a) <u>The Italian</u> drinks rather a lot, though I must say Luigi is very abstemious.
   (b) *<u>An Italian</u> drinks rather a lot, though I must say Luigi is very abstemious.
   (c) <u>The Italians</u> drink rather a lot, though I must say Luigi is very abstemious.
   (d) ?<u>Italians</u> drink rather a lot, though I must say Luigi is very abstemious.
                    (Lyons 1999: 184)［原典の太字強調を下線に変更］

第一に、(3a)のような「the + 単数形名詞」の形、第二に、(3b)のような「{a/an} + 単数形名詞」の形、第三に、(3c)のような「the + 複数形名詞」の形、第四に、(3d)のように「複数形（無冠詞）」の形である。第3番目の(2c)は国民を表す場合に限って、総称の意味になり、その他の場合には、特定の指示対象を指示する名詞句である。
　同様に、Pelletier (2009: 8)は下記の(4a, b)を示し、両者の真理値が異なると解説している。

(4) (a) <u>A Frenchman</u> eats horsemeat.
   (b) <u>Frenchmen</u> eat horsemeat.
                    ［下線を原典に追加］

これは、複数形名詞による総称表現が、例外を認めるのに対して、不定冠詞を伴う名詞句は総称表現として例外を認めないことを示している (cf. Cohen 1999)。
　ここで以下の下線部の曖昧性について考えてみよう。

(5) **An Indian** smokes a pipe every night. (Lyons 1999: 186)
                    ［太字強調は原典による］

Lyons（ibid.）は、Burton-Roberts（1989）に帰して、(5)の下線部が特定の読み、不特定の読み、総称の読みで曖昧であり、特に、an Indian が every のスコープ内にある読みである「ある不特定の（異なる）パイプ喫煙者が毎晩パイプをふかす。」という不特定の読みと「インド人ならば毎晩、パイプをふかす。」という総称の読みは異なる、と論じている。（Lyons（ibid.）は上記の例文(5)も Burton-Roberts（ibid.）に帰している。）さらに、Lyons（ibid.）は、不特定の読みの場合に、別の読みとして、every が an Indian のスコープ内にある読みがあることを指摘し、それは「ある不特定の 1 人のインド人が毎晩パイプをふかす」という解釈であり、これが総称の読みと等しい、と主張している。

　上記の an Indian が every のスコープ内にある場合の読みでは、(5)の下線部は[x がインド人だ]という意味を有し、その変項 x を指定するのは、例えば、a, b, c, d, e, ... というように複数の異なる人物（を指示する名詞句）である。[2]

　一方で、every が an Indian のスコープ内にある読みに関して、西山（2003: 特に p. 100）の考え方を採択すると、an Indian はたとえ不特定であっても、1 人の人を指示するために指示的名詞句になる。一方で、第2 章の枠組みでは、Donnellan（1966）の確定記述の帰属的用法を非指示的な変項名詞句として捉えており[3]、(5)の下線部は[x がインド人だ]という意味を有し、その変項 x を指定する値が、例えば、α であれば、α は不特定なインド人を示し、その人が毎晩パイプをふかす、という解釈になる。α は例であり、Lyons（ibid.）が指摘するように、特定のインド人は念頭にないのであるから、変項 x を指定する値は α 以外にも β, γ, …など任意の値となるが、1 人残らず、すなわち、例外なく、すべてのインド人が変項を指定する点が不定冠詞を伴う総称表現の特徴である。仮にインド人の総人口が n 人だとすれば、これは以下のように表記される。

(6)　不定冠詞を伴う総称の名詞句は、[x が…だ]という命題函数の意味を有し、その変項 x は α_i（ただし i は 1, 2, 3, …, のいずれか）によって指定される。（可能性としては、i は 1 から n までのいずれにもなりうる。その可能性は常に担保されていることに注意しよう。）ただし、総称の対象となっている構成員の総人口が n 人（あるいは、総称の対象となっている構成物すべてが n 個）の場合である。

この場合でも変項を指定する値の可能性は「2 個以上〜多数」になっていることに注意する必要がある。

5.3. 変項の（値の）個数による統語位置

5.3.1. 英語における Wh-疑問文の Wh-移動を引き起こす意味論レベルの要因

　岩﨑（2015b）では変項の個数と変項を指定する値の個数により名詞句の統語位置が決定されるという仮説を提案した。[4] その証拠となる、seem to be の主語位置への A 移動等の経験的・理論的な議論は省略する。関心のある読者は岩﨑（ibid.： 第 2 章）を参照されたい。ここではその帰結のみ、その概略を、下記に樹形図と表と共に、若干の修正を加えて、示す。帰結のみの提示であるが、作業仮説として捉えれば問題ない。

(7)
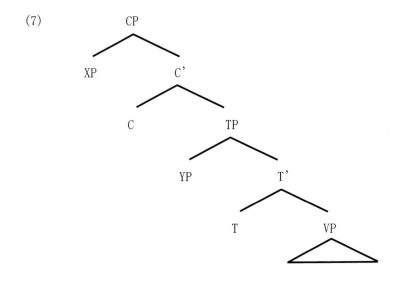

表 5-1

	XP（CP 指定部）	YP（TP 指定部）	VP 内部の名詞句
変項の個数	1 個、2 個以上	1 個（またはゼロ個）	1 個（またはゼロ個）
可能性として取り得る変項の値の個数	**2 個以上～多数**	(i)ゼロ個、1 個 (ii)2 個以上～多数	ゼロ個、1 個
最終的な変項の値の個数	1 個以上	1 個のみ	ゼロ個、1 個

上記は各位置に留まれる場合の、変項の個数と変項の値の可能性として取り得る個数に関する必要条件をそれぞれ列挙してある。上記での変項の個数がゼロ個とは、変項がないということであり、それは当該の名詞句が指示的名詞句である場合を示す。変項の値の個数がゼロ個というのは変項そのものがなければ、それを指定する値もゼロ個であるということを示す。上記の樹形図と表 5-1 が示していることは、名詞句の変項が 1個、そして、その変項を指定する値（が可能性として取り得る個数）がそれぞれ 1 個の場合には VP の内部（あるいは TP の内部）に留まることができるが、**変項を指定する値の取り得る可能性が 2 つ以上〜多数になった場合には、もはや VP 内部に留まることはできず、CP 指定部に移動する**というものである。表 5-1 には書かなかったが、XP の位置において、変項が 2 つ以上あれば、その値はそれぞれ 1 つずつでも XP は CP 指定部に位置しなければいけない。（詳しくは岩﨑（ibid.）を参照されたい。）

なお、上記の表 5-1 での「可能性として取り得る」との表現は、岩﨑（ibid.）では明示的に記されていなかったため、追加した。したがって、岩﨑（ibid.）では、変項の値そのものの個数が当該の名詞句の統語位置を決めると主張されていたが、本書では、変項の値そのものの個数ではなく、可能性として取り得る変項の値の個数が当該の名詞句の統語位置を決めると主張する。[5/6]

では、以上の仮説に基づいて、以下の例を検討しよう。

(8)　　What$_i$ did you buy t_i?

上記の (8) の場合の発話は [あなたは x を買った] という命題函数の変項 x の値が何であるかを問う疑問文である。ここでは、変項 x の取り得る範囲について制約（cf. 変域あるいは西山（2013）の「領域限定辞」）は付さない。この場合、what が変項 x を語彙化した要素に相当し、その変項 x は可能性として様々な名詞句で指定され得るということになる。したがって、ここでは変項 x の値は可能性としては「1 個」または「2 個以上〜多数」ということになる。（第 9 章を参照されたい。）この場合、表 5-1 に従い、変項 x を語彙化した要素（what）は CP 指定部または TP 指定部に移動を義務付けられることになる。さらに、TP 指定部は you で既に占められているため、結局、変項 x を語彙化した要素（what）は CP 指定部に移動することになる。これが本書の主張する、英語の Wh-移動を引き起こす要因である。生成文法では一般に主要部と指定部に移動する要素の素性の照合により Wh-移動、あるいは、より一般的には A-bar 移動を引き起こ

すとされてきたが、本書の変項の値に基づく説明の方が、数機能という、言語機能に密接に関係していると思われる機能（福井 1998）に基づいた移動になっていると言え、さらに、議論の余地はあるとは思われるが、後付的な性質の説明ではない、すなわち、より原理的であるという点で、より説明的であると言えるだろう。

　ここでの変項の個数と変項の値の個数は岩﨑（2015b）の枠組みにおいて語用論から独立した意味論レベルでの概念であることに注意する必要がある。（ここでは深入りしないが、西山（2003）ともその独立の仕方について異なるので注意しよう。）この独立した意味論レベルの概念が統語構造に影響を与えているという点で岩﨑（ibid.）ならびに本書の主張では、語用論から独立した意味論レベルの性質が統語論の性質を規定する、と言える。

　なお、岩﨑（ibid.：112-113）が主張するように、焦点化や話題化はそれらを行わずに、移動する句が痕跡位置に留まることも可能であるという意味で、話し手・書き手の選択的な移動と言える。（一方で、in situ が可能な場合を除いて Wh-移動は義務的である。したがって、この点からも、岩﨑（ibid.）が指摘しているように、Wh-移動と焦点化・話題化を素性照合により、同じように説明するのは疑問がある。）本書は岩﨑（ibid.）の理論的立場を採択し、焦点化や話題化は語用論的要因によって誘引され、そのような語用論的理由による移動には変項の（値の）個数による意味論的移動は関与していない、という立場を取る。

5.3.2.　英語における Wh-関係節の Wh-移動を引き起こす意味論レベルの要因

　以上の移動の説明は、一見すると、Wh-関係節を首尾よく説明できないように見えるかもしれない。以下の四角括弧で囲まれた関係節は［彼が x を書いた］という命題函数を持ち、その変項 x は先行詞 the textbook というたった 1 個の名詞句によって指定されるため、変項とその値がともに 1 個となり、表 5-1 により、変項 x を語彙化した要素の which は VP 内部に留まり、制限関係節内の節頭（制限関係節が CP であるとすれば、CP 指定部）に移動する必要がないことになってしまう、と誤って予想される（以下の(9b)）。

(9)　(a) The textbook [<u>which</u> he wrote] has become popular.
　　　(b) *The textbook [he wrote <u>which</u>] has become popular.

しかし、このような推論は妥当ではないことを以下、関係節の統語構造・意味と通時的な証拠から確認する。

5.3.3. 関係節の統語構造

関係節の統語構造については Kayne (1994), Borsley (1997), Bianchi (2000) 等の諸説があるが、まず、以下では、Kayne (ibid.), Bianchi (ibid.) の提案する Wh-節を含む関係節の構造（の核心）について確認する。[7]

(10) Kayne (ibid.)

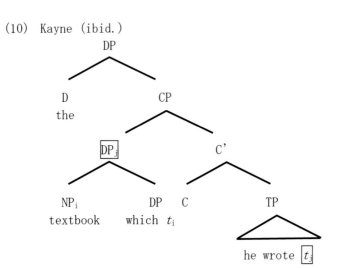

上記の統語構造・派生のポイントは TP の内部から which textbook 全体がまず CP 指定部に移動し、その後、which textbook の中から、textbook が DP 指定部に移動している点である。Bianchi (ibid.) の仮説は、統語構造・派生全体は Kayne (ibid.) よりも複雑になっているが、その点は変わっていない。以上の派生の詳細は本書にとっての関心外であり、ここでは which textbook がまず移動し、その後、textbook が移動するという点のみが眼目である。

5.3.2.1. 通時的観点からの関係節

森澤 (2012: 165) は通時的な議論の中で「英語の which, who はいずれも疑問詞及び不定関係代名詞にその源を探ることができる。」と主張し

ている。不定関係代名詞とは先行詞を持たない what のようなものである。英語の関係代名詞 which, who が疑問詞との間に通時的な起源を持つということは、意味の面でも、関係代名詞はもともとは疑問詞の意味と共通点があったと考えることができる。

5.3.2.2. 統語構造・派生と通時的な考察から得られる意味論的帰結

5.3.2.2.1. 変項を有する命題函数としての関係節 (Chomsky & Lasnik 1995)

したがって、以上の統語構造・派生に関する考察、すなわち、下記の(11)のような構造が関係節の統語的な派生過程の中のいずれかにあること、さらに、通時的な考察、すなわち、定関係代名詞は疑問詞あるいは不定関係代名詞を起源としていることから、(12a)は(12b)のような意味を持つと考えることは見当違いではないだろう。

(11)　[which textbook] he wrote

(12)　(a)　The textbook which he wrote.
　　　(b)　命題函数[彼が書いた教科書がどの教科書かと言えば、それは x だ][8]の変項 x を指定する値は先行詞 (the) textbook である。

ここで指定文と倒置指定文の関係を思い出そう。どちらが指定文で、どちらが倒置指定文であるかの議論はここでは立ち入らずに、下記の(13a),(13b)は片方がもう片方と統語的に密接な関係を持っており、同じ意味を有することを思い出そう (cf. 西山 2003)。

(13)　(a)　The winner is John.　（優勝者は誰かと言えば、ジョンだ）
　　　(b)　JOHN is the winner.[9]　（ジョンが優勝者だ。）

西山 (ibid.) 流の分析を借りれば、(13a, b) の the winner はそれぞれ[優勝者は x だ]、[x が優勝者だ]という命題函数を有する。（ただし、指定文とは無関係の叙述文としての解釈等を除く。）これをもとに(12a, b)を再度考えると、(12b)は以下と同じ意味を持つことになる。

(14)　[x が彼が書いた教科書だ]の変項 x を指定する値は先行詞 (the) textbook である。

このように考えれば、(12b)の解釈もそれほど奇異ではないことが分かるだろう。特に、(the) textbook が上記の変項 x を指定することで、(暫定的に the の意味を捨象して考えれば)「教科書」という意味が「彼が書いた教科書」という意味に狭められているのである (cf. 河野 2012)[10]。

さらに、(14)は "the relative clause is an open sentence functioning as a predicate" (Chomsky & Lasnik 1995[11]: 70)の含意と同じである。(ただし、"as a predicate" を除く。ここでは predicate の属性については立ち入らない。)[12] (14)の命題函数は open sentence の意味を表現しており、そして、命題函数の変項 x を先行詞が指定する。変項の指定可能性については文字通り "open" であり、その変項が先行詞1個によって指定される前には、変項を指定する値については複数の可能性があるのである。[13]

以上の洞察をもとに、(9a)の四角括弧内の制限関係節を考えると、当該の関係節は[彼が書いた教科書がどの教科書かと言えば、それは x だ]または[x が彼が書いた教科書だ]という命題函数の変項 x を、いずれの教科書が指定するか、を問う意味を有する。(変項名詞句の質問の意味については西山 (2003) を参照。)言い換えれば、変項 x は可能性としては、いかなる値(教科書)でも候補になり得るが、「彼が書いた」ものが実際にはどれであるかを探す、ということである。[14]すると、変項 x の取り得る値について、「どの教科書か」という問いを発しているのだから、(質問者の側からは)その答えの可能性として1個だけではなく、複数の可能性があることになる。

以上の議論から、(14)の変項 x を指定する可能性のある値は複数個となり、表 5-1 により、he wrote which の which は TP 指定部または CP 指定部に移動することになるが、TP 指定部は既に he によって埋められているため、which は CP 指定部に移動する。

さらに、不定関係代名詞を通時的な起源とする定関係代名詞がある(森澤 ibid.)としても、不定関係代名詞は先行詞を持たないため、「先行詞があるために、当該の命題函数の変項の値は1個だ」という表 5-1 への反論は成り立たないため、その点で、本書の主張を損なうものではない。

5.3.2.2.2. 変項の値が1個のみで Wh-移動が阻止される場合

さらに、Wh-関係代名詞が一般には許容されない下記のような場合も検討してみよう (cf. Huddleston & Pullum 2002: 1053-1054)。[15]

第5章　総称表現における英語の不定冠詞　101

(15) (a) the {same / only / very / first} textbook that he
　　　wrote.
　　(b) {every / any / no} textbook that he wrote.

上記のような要素が先行詞の前に付く場合には、一般に、wh-関係代名詞は許容されず、that が使われるということは周知の事実である。ここで注意すべきことは、the only textbook の場合には、当該の関係節は[彼は x を書いた]という命題函数の変項 x について、いずれの教科書であるかを問う意味を有し、その x を the only textbook（「世界に唯1つしかない教科書」）で指定するの<u>ではない</u>ということである。むしろ、ここでは当該の関係節は、変項 x は1個のみ（the only）だという条件のもとで、[彼は x を書いた]という命題函数の意味を有する、と考えた方がよいだろう。¹⁶ 句全体では、「彼が唯一書いた教科書」という意味になる。この場合、[彼は x を書いた]という命題函数の変項 x を指定する見込みの値は（その候補の可能性を含めても）1個のみであるから、表 5-1 に従い、which textbook は TP/CP 指定部に移動することができず、結果として、he wrote which textbook という途中の派生段階より先に派生が進まず、派生は失敗する。

　言い変えれば、命題函数に対して、the only によって、変項の値が1個になるという条件が付与されているということは、変項を指定する値の候補の特質を考慮する以前に、変項の値の個数は1個であることが義務付けられる、ということである。¹⁷変項の値は代入されなくとも、命題函数に付与される条件によって、変項の個数が1個であると事前に決まっているのである。すると、表 5-1 に従い、which textbook は CP 指定部に移動することができず、he wrote which textbook より先には派生が進まず、派生は失敗する。

　したがって、先行詞に the only が付いている場合、Wh-関係代名詞は許容されず、代わりに、移動を伴わずに C 主要部に基底生成する that が用いられる。¹⁸ The {same / very / first } についても、同様の論理が成り立つ。{every / any}についても後続する名詞は単数名詞1個のみで済むため、同様の論理が成り立つ。no についても、当該の関係節は、変項 x を指定する値の個数はゼロ個（no）だという付帯条件のもと、[彼は x を書いた]という命題函数の意味を有し、the only textbook の場合と似たような論理が成り立つ。変項を指定する値がゼロ個の場合でも、表 5-1 により、wh-関係詞は TP/CP 指定部に移動できないということは同じである。河野（2012: 197）は「no や few は形式上は NP 内に生起しているが、

意味的には NP の主要部と結びついているのではなく、文全体が表す命題的内容を否定しているのである」と述べており、本書も no およびそれ以外の既出の only 等の表現についてもそのように想定した。

　以上の本章第3節における通時的・意味論的議論により、関係代名詞も表 5-1 に従っていることが確認され、表 5-1 の妥当性はより強固になったと言えよう。

5.4.　動詞句内部の不定冠詞を伴う名詞句が総称解釈を持てない理由

　前節までで表 5-1 の妥当性が確認されたため、それをもとに不定冠詞による総称表現の分析に戻る。Quirk et al. (1985: 281) は、下記の (16) のように、主語ではない位置の場合、不定冠詞では総称の読みができず、主語ではない位置でも the の場合には、総称の読みが可能であると解説している。これは既に引用した久野・高見 (2004) と基本的に同じ主張である。（主語位置の問題は追って議論する。）

(16)　Nora has been studying {the / a} medieval mystery play.
　　　　　　　　　　　　　　　　　　　　(Quirk et al. 1985: 281)

まず、(16) において、a medieval mystery play がなぜ総称の読みを持たないのか考えてみよう。なお、the medieval mystery play については、ここでは詳細に立ち入らないが、本書第4章では「the + 単数形名詞」の総称表現においては、意味論レベルと語用論レベルのインタフェスで1つの個体を指示するということだけを意味し、それが語用論レベルで意味が拡張され総称の意味を持つ、と主張した。それに対して、「不定冠詞 + 単数形名詞」の場合、変項を伴う読みが関わっている、というのが本章の主張であった。それに従い、(16) の a medieval mystery play は [x が中世神秘劇だ] という命題函数の意味を有し、その変項 x は意味的にそれを満たすことのできる任意の個数の名詞句によって指定される、と想定できる。表5-1によれば、当該の名詞句の命題函数の変項が、可能性として複数の名詞句によって指定され得る場合には、そのような名詞句はTP/CP 指定部に位置しなければならない。動詞の目的語に位置する名詞句は、（動詞句の倒置等を伴わない限りは）TP/CP 指定部に位置していない[19]。TP/CP 指定部に位置していない場合、変項の値が可能性として複数の値によって指定される読みは許容されず、変項が1個の値によってのみ指定される読み、すなわち、「特定の1つの中世神秘劇」という読みのみ許容さ

れることになる。したがって、「不定冠詞 + 単数形名詞」の総称読みも許容されない、ということになる。久野・高見（ibid.）の挙げている例文についても同様の議論が成り立つ。すなわち、表5-1により、動詞句内の不定冠詞を伴う名詞句では変項の値は可能性として1個のみであり、そのため総称の読みは生じないのである。このように、久野・高見（ibid.）のような社会的「常識」や社会的知識に基づく記述ではなく、本章では言語のモジュールや数のモジュールを措定し、それによって原理的な説明を試みているのである。

　次に、なぜ主語の位置では、不定冠詞を伴う名詞句も総称の解釈が可能かを検討する。(5)を以下では(17)として再掲する。

(17)　<u>An Indian</u> smokes a pipe every night.
　　　　　　　　　　　　(Lyons 1999: 186)　［原典に下線追加］

Lyons（ibid.）が指摘していたように、総称の読みの場合、(17)は「不特定のあるインド人が毎晩パイプをふかす」という解釈になる。この解釈の場合、既に議論したように、(6)が適用され、変項の個数は1つ、そして、その変項は α_i（ただしiは1, 2, 3, …, nのいずれか1つ）によって指定される。したがって、変項は1つ、かつ、変項を指定し得る値の個数の可能性は多数（「2個以上〜多数」）であり、表5-1により、当該の名詞句 an Indian は CP 指定部あるいは TP 指定部に位置することになる。ここでは今までの例とは異なり、主語位置（TP 指定部）になり得るのは an Indian 以外にないため、an Indian は CP 指定部だけでなく、TP 指定部にも移動できることになる。Chomsky（2008）の、vP 指定部から CP 指定部と TP 指定部への同時牽引（同時移動）とも対応していると言える[20]。

　なお、助動詞倒置の下記の場合には、an Indian は TP 指定部に位置していると考えることができる。（表5-1から、an Indian は CP 指定部<u>また</u>は TP 指定部に位置できることに注意しよう。）

(18)　Does <u>an Indian</u> smoke a pipe every night?

5.5.　不定冠詞による総称とドネランの帰属的用法とメンタル・スペース理論

　本章の(6)と第2章の(6)、すなわち、ドネランの確定記述の帰属的用法の本書流の形式化は似ていると言えよう。以下に、両者を再掲する。

(19) 不定冠詞を伴う総称の名詞句は、[x が…だ]という命題函数の
意味を有し、その変項 x は α_i（ただし i は 1，2，3，…，のいず
れか）によって指定される。（可能性としては、i は 1 から n ま
でのいずれにもなりうる。その可能性は常に担保されていること
に注意しよう。）ただし、総称の対象となっている構成員の総人
口が n 人（あるいは、総称の対象となっている構成物すべてが n
個）の場合である。

(20) ［第 2 章の］(1)の下線部が背後に命題函数[x がこの子の将来の
奥さんである]を有するということが、(1)の下線部の意味が命題
函数[x がこの子の将来の奥さんである]であるということを意味
しない。(1)の下線部の意味は上記の命題函数の変項 x の値を埋
める値 α（α がいかなる個人であれ）である。

上記の 2 つは、所与の環境下で、それぞれの変項をいかなる自然数の値も
が指定する可能性を担保している、という点で実質的に同じことを主張
していると言えよう。
　この点について、下記の例文を用いて、ドネランの確定記述の指示的
用法も加えて、再確認しておこう。

(21) Jean thinks she wants to marry a Norwegian.
　　　　　　(Lee 2001；宮浦訳 2006: 135)　［原典に下線追加］

この場合、Lee（ibid.）がメンタル・スペース理論（Fauconnier 1985,
1994）を用いて指摘するように、以下の 3 つの解釈がある。1 つはジーン
はある特定の人物と結婚したがっており、それがノルウェー人である、
というものである。2 つ目の読みは、ジーンは誰であるかは決まっていな
いがとにかくノルウェー人の人と結婚したい、という読みである。次に、
3 つ目の読みは、ジーンはノルウェー人と結婚したいと思っているが、実
際には、その人はノルウェー人ではない、という読みである。
　以上が Lee（ibid.）の指摘する 3 つの読みであるが、本書流の観点か
ら述べ直せば、1 つ目の場合、下線部は指示的名詞句である。2 つ目の場
合、下線部はドネランの確定記述の帰属的用法の読みに対応する。3 つ目
の場合、ドネランの確定記述の指示的用法の読みに対応する。[21]2 つ目の
読みはまさに、本章で扱った不定冠詞を伴う総称の読みである。すなわ
ち、2 つ目の読みは、ジーンはノルウェー人 1 人（それが誰であれ、ノル
ウェー人であれば）と結婚したがっているということである。

ここで(17)（＝(5)）について再度考えてみよう。Lyons（ibid.）が Burton-Roberts（1989）に帰して、(i)「ある不特定の（異なる）パイプ喫煙者が毎晩パイプをふかす。」という不特定の読みと(ii)「インド人ならば毎晩、パイプをふかす。」という総称の読みは異なる、と論じていたこと、さらに、(iii)「ある不特定の1人のインド人が毎晩パイプをふかす」という解釈が総称の読みと等しい、と主張していたことを思い出そう。上記の(i)の読みは西山（2003他）の変化文読みに対応し、この場合、(17)の下線部は変項名詞句ということになる。

5.6. まとめ

　本章では第1節で不定冠詞を伴う総称がなぜ動詞句内で許容されないかを久野・高見（ibid.）の例を出発点として示し、久野・高見（ibid.）のような言語外の知識に還元する議論の問題点を指摘し、代替となる本書の理論的立場を示した。第2節では英語の総称表現について先行研究をもとに概観した。第3節では変項とその値の候補の個数によって統語位置が決定される、すなわち、語用論の介在を受けない意味論的要因が統語位置の決定に関与する、とする岩﨑（2015b）の主張の一部修正案を示した。さらに、この主張に基づいて、疑問文のWh-移動や関係節の関係詞の移動について説明を試みた。第4節ではこれらを踏まえて、なぜ(1a, b)の下線部は総称の読みが許容されないかについて説明した。さらに、主語位置にある「不定冠詞 ＋ 名詞」がなぜ総称の解釈を持ち得るのかについても意味論的・統語論的に説明を与えた。第5節では不定冠詞による総称とドネランの確定記述の帰属的用法の意味の違いについて確認した。

　以上のような、変項とその値、それぞれの個数によって当該の名詞句の統語位置が決まり、移動が生じるという仮説はあくまでも英語に関してのみ成り立つと本章は主張しているのであり、他の言語についての精査は本章の範囲を超える。本章の背後にある含意は、英語では数機能（cf. 福井 1998）が言語機能と密接な働きをしており、その数機能が変項の個数とその値の個数として具現化し、それらが移動を生じさせているということである。日本語ではこの数機能が英語ほどには役割を果たしておらず、義務的な移動が生じず、自由なかき混ぜ（scrambling）が生じると推測される。ただし、この点の精緻化は別稿で論じたい。

　最後に、表5-1で提示した仮説の有効性についてもう1つ具体的な言語事実を挙げて確認したい。下記の例文はHaider（2010 :8, fn.9）からである。ただし、原典のフォントは変えてある。（他に、Haegeman（2012: 43）とそこで引用されている文献等も参照されたい。）

(22) (a) With no job, he would be happy.
     (b) With no job, would he be happy.

(22a)は仕事がないならば、（例えば、自由に時間を使えるから）ジョン
は幸せだ、という意味である。一方、(22b)は、どんな仕事を与えられて
も、彼は幸せにはならないだろう、すなわち、どんな仕事が与えられて
も彼は満足せず、不平不満ばかり言っているだろう、という意味である。
ここで表5-1の仮説をもとにこれらの文を考えてみよう。まず、下側の
(22b)から先に検討すると、(22b)は、＜[xの仕事を与えられれば、彼は
幸せだろう]という命題函数の変項xを指定できるのは、可能性としては、
無限の個数の値であるが、結局のところ、現実には、xを満たす値のすべ
てが否定される＞という読みである。[22]そして、上記の＜…＞の中の「x
を満たす値がすべて否定される」がno として語彙化しているのである。
すると、可能性として変項xが無限の個数の値で指定されうることから、
表5-1により、with no job はCP指定部に移動し、それに伴って、助動
詞倒置も生じることになる。一方で、(22a)では、no は彼の仕事がないこ
とを示し、ここでは命題函数を考える必要はないだろう。要するに、
(22b)は変項とそれを可能性として指定し得る無数の値を持ちつつ、その
取り得る値すべてが否定される読み、そして、(22a)は変項を持たない、
単純な後続の名詞句の否定である。（もちろん、(22a)も＜[x is his
job]のx が空である＞という命題函数を設定することはできる。しかし、
この場合、「x が空である」ため、x に入れる値は可能性としてもゼロ個
であることに注意しよう。）

5.7. ［ディスカッション］本章の Sluicing に対する理論的含意：Kimura（2011）の非移動分析の支持

　今まで議論してきた表5-1の提案はSluicing（Merchant 2001他多数）
と呼ばれる、以下のような現象の分析について有用である。

(23) He is writing something, but you can't imagine what.
(Ross 1969: 252)

ここでwhat に着目すると、後で見る第9章の議論から、what は変項であ
る。そして、その変項をxとすると、変項xを指定する値の個数はすでに
he is writing something と述べていることから、1個であることが分か

る。すなわち、可能性としても、ここでの変項 x を指定する可能性のある値の個数は 1 個のみである。要するに、何であるかは分からないが、something であることは分かっており、例えば、someone は既に除外されていることが分かる。Something を what に置換したのと、what を変項として設定したのでは異なることに注意しよう。（詳しくは第 6 章（特に 6.8.3.）も参照されたい。）前者は、something という個体 1 個が当該文脈における存在を前提として、その属性 α について what で問うているのである。一方、後者は something, someone 等あらゆる可能性を含めて、その存在自体を問うているのである。以上の議論をもとにすると、表 5-1 により、(1)の what は VP 内に留まることになる。また、Merchant (2001) が指摘するような、Sluicing は情報構造上の先行節（上記では he is writing something）を必要とするという事実は、変項の値の個数が 1 つであることが先行節により決まっていることが Sluicing の成立には必要であることを示す。逆に言えば、先行節がなければ、当該の変項の値の個数は 1 つに予め決まることはできず、可能性として複数の値をとりうることから、表 5-1 により what は CP 指定部に移動する。仮に Sluicing の what が VP 指定部内に留まる分析（Kimura 2011）が正しいとすれば、what が CP 指定部に移動すれば Sluicing は形成されないことになる。

　今、言及したように、what が VP 内に留まるという分析は Kimura (2011) によって提案されている。[23] Kimura (ibid.)は、Agbayani (2000, 2006) および Agbayani & Ochi (2006)に従い、移動は素性移動と範疇移動から成ると仮定し、さらに、前者は素性照合によるものであり、後者は音声形式の集中によるものであると主張している。さらに、Kimura (ibid.)は、Den Dikken, Meinunger, & Wilder (2000)に基づき、削除は構成素以外にも当てはまると仮定し、「削除は焦点句を除いて回復可能な要素のうち、最大のものに当てはまる」と、仮定している（Kimura ibid.: 89）。以上の緻密な前提をもとに Kimura (ibid.)は(23)のような sluicing について (24)の派生を提案している。（以下、イタリック等は原典による。）

(24)　(a)　[$_{IP}$ he is writing what]
　　　　　　　　　↓素性移動（原典では "Move-F" と表記）
　　　(b)　[$_{CP}$ *wh* [$_{C'}$　$C_{[Q]}$[$_{IP}$ he is writing what]]]
　　　　　　　　　↓削除（Sluing）
　　　(c)　[$_{CP}$ *wh* [$_{C'}$　$C_{[Q]}$[$_{IP}$ ~~he is writing~~ what]]]
　　　　　　　　　　　　　　　　　　　　（以上、Kimura 2011: 90）

Kimura (ibid.)の主張は、Wh-素性は CP 指定部に移動するが、what 自体

は範疇移動を行わず、IP 内に留まるというものである。[24]そして、音声上の削除は Wh-素性と what が PF で近接していなければならない、という音声上の制約によるものであること、さらに、既に音声上の条件は満たされているため、経済性により、さらに what が移動する必要はないことを Kimura（ibid.）は主張している。このように Kimura（ibid.）の理論は極めて堅実な論理に基づき理路整然としており、かつ、経済性原理に従うなど、論理性と一般性の高い説得力ある理論である。

　以上の Kimura（ibid.）の、what が IP 内、VP 内に留まるという主張は、既に見た本書の主張と合致する。（むしろ、本書の主張が先行研究である Kimura（ibid.）の主張に合致すると言った方が適切かもしれない。）Kimura（ibid.）の主張は極小主義による緻密な統語論の分析であり、本書の上の議論は変項とその値の個数に着目した、統語論と意味論の接点による分析である。両者が最も根本的な主張で一致するということは両分析の妥当性を高めるものである。

　さらに、Kimura（ibid.）の分析の洞察に追いながらも、本書流の述べ方にパラフレイズすれば、(i)what は統語論・意味論のインタフェスのレベルでは表5-1により、VP 内に留まらなければならない。しかし、一方で、(ii)what は Wh-語であり、その語彙的特性から接頭に PF 上は位置しなければならない。この二つの矛盾（(i)と(ii)の矛盾）を解消するために、当該の削除が行われると考えることができる。[25]

　なお、一般の wh-in-situ について、Radford（2009: 183-184）は、echo questions で用いられることが大半であると指摘している。下記も Radford（ibid.）からの引用である。（Speaker A, B を付し、原典のフォントを変更した。）

(25)　Speaker A: She was dating Lord Lancelot Humpalotte
　　　Speaker B: She was dating **who**?

Radford（ibid.）は "In English, wh-in-situ questions are used primarily as echo questions, to echo and question something previously said by someone else"［原典のフォント修正］と解説している。これを本書流の述べ方にすれば、彼女が誰かとデートをした、ということは既に聞こえており、誰とデートしたのかについて再度、確認をしているのだから、［彼女が x とデートをしていた］の変項 x を指定する値は1個であることは既に確定している。言い換えれば、この場合の who を変項 x とすると、変項 x の値は1つであることを前提として、その値の属性あるいは正体について尋ねているのが Speaker B の発話である。そのた

め、表 5-1 により VP 内部に留まることができる。加えて、echo question
では Wh-句が文頭に位置しなければならない、という制約から自由であり、
表 5-1 と音声上の制約のどちらを考えても、who は元位置に留まることが
できる。これが wh-in-situ が許容される理由である。ここでも表 5-1 が
強力な説明力を持っていることが分かる。[26]
　一方で、以下のような Sluicing の場合、接続詞の前後は同一発話者に
よる文であるため、echo-question は適切でないため、上記のような
echo-question の機能が生じないため、下記は非文法的となる。

(26)　*He is writing something, but you can't imagine he is
　　　writing what.(Kimura ibid.: 91)

すると、既述の(i)と(ii)を両立させるためには、当該の削除を行うしか
ない、ということになる。
　さらに、Merchant (1999, 2001, 2002)に帰して、Radford & Iwasaki
(2015: 704)は、以下のような前置詞と Wh-語の順序が逆転する Swiping と
呼ばれる構造について、当該の前置詞が同一文内の先行する節に先行詞
（同じ前置詞と something）を持つと非文法的になることを挙げている。
（原典のフォントは変更してある。）

(27)　She was complaining (*about something), but I don't remember
　　　what about. (Radford & Iwasaki ibid.: 704)

このような Swiping の構造について、Kimura (2011)は、Sluicing と異な
り、Swiping では Wh-語が Wh-移動を経る、という分析を提案している。
以下が Kimura (ibid.)の分析である。（以下では、例文のみ変え、その
他の分析と表示はすべて Kimura (ibid.: 156-157)に負っている。）

(28)　(a)　[IP she was complaining [PP about [DPwh what]]]
　　　　　　　　↓素性移動（原典では "Move-F" と表記）
　　　(b)　[CP *wh* [C' C[Q] [IP she was complaining [PP about [DPwh
　　　　　what]]]]]
　　　　　　↓範疇移動[原典では "Pied-Pipe with Preposition Stranding" と表記]
　　　(c)　[CP what$_i$ [CP *wh* [C' C[Q] [IP she was complaining [PP about
　　　　　t$_i$]]]]]　　　　　　　　　　　↓削除（Sluicing）
　　　(d)　[CP what$_i$ [CP *wh* [C' C[Q] [IP ~~she was complaining~~ [PP about
　　　　　t$_i$]]]]]

上記の Kimura (ibid.) の分析では素性移動は、彼女の Sluicing 分析と同じである。さらに、前置詞は先行節にはないため、削除されず、また、Wh-語は焦点化されているので削除されない (Kimura ibid.：156)。さらに、Kimura (ibid.) が強調するように、Wh-素性と what は隣接していなければならないが、前置詞がそれを阻止している (Sluicing との差異である。)。これを満たすために、what が PP 内から CP 指定部に移動する (Kimura ibid.)。[27]

　上記の Kimura (ibid.) の分析は本書流の観点から支持することができる。先行節が she was complaining の場合、what を変項 x の語彙化したものであると捉えた場合に、その変項 x を指定する値は可能性として多数あり、表 5-1 に従い、(28b) から (28c) への Wh-移動が生じる。ここで、先行詞が she was complaining about something の場合、Swiping の当該文は非文法的となることに注意しよう。この場合、本書流の分析では、what を変項 x の語彙化したものであると捉えた場合に、その変項 x を指定する値は 1 個のみ (すなわち、something) であるため、表 5-1 に従い、what は VP 内部または TP 指定部に位置しなくてはならないが、それに違反して CP 指定部に移動すると、(Sluicing を施しても) 非文法的となる (cf. *She was complaining about something, but I don't remember what about. (Radford & Iwasaki ibid.))。

　以上の議論から、Kimura (ibid.) の Swiping 分析における Wh-移動は本書の変項に基づく分析からも支持されること、さらに、先行節に同じ前置詞とその目的語があるかないかという点による、Swiping の文法性の非対称性は、本書の表 5-1 の妥当性をより強固にする経験的事実であると言える。

【付記】
本章は下記に基づく。(第 3 章の一部も同様。)
　岩﨑永一. 2017b.「英語の不定冠詞による総称表現の意味について―変項と統語位置を巡る新しい仮説の提案―」『外国語外国文化研究』(国士舘大学外国語外国文化研究会) 27: 1-22.
また、Iwasaki (2017: Appendix) では、上記引用に基づいて若干の議論を展開したが、本章も上記に基づいているため、本章の議論は Iwasaki (ibid.) と若干、重なる部分もある。

---

[1] ただし、両者は理論的立場が異なる部分もある。
[2] この点は、Lee (2001) [宮浦訳 (2006: 138)] の「「変項的」読み」も特に参照

されたい。さらに、Fauconnier（1985/1994）, Sweetser（1996, 1997）も参照されたい。

[3] 本章では西山（2003）の「変項名詞句」には深くは立ち入らないが、西山（ibid.）においては、基本的には質問の意味を伴うことになる。ここではそのような意味は採択せず、Donnellan（1966）の確定記述の帰属的用法とそれを定式化した本書第 2 章に従うことにする。

[4] それとは異なるが、変項名詞句の解釈により、統語位置が CP 指定部と TP 指定部で異なると主張したのが Heggie & Iwasaki（2013）である。

[5] 例えば、Which で始まる疑問文で 2 つのものを選択する場合でも、両方を選択したり、両方とも拒否したりする可能性も含まれており、決して 2 つの選択肢だけではないことに注意しよう。この場合、「2 個以上〜多数」を満たすのである。

[6] このような例として、Den Dikken（2006: 152-160)が議論している以下のような例文がある。

　(i) An excellent doctor is Brian.

これについて、岩﨑[2015b: 56]は 「an excellent doctor は[x is an excellent doctor]の意味を有し、その変項の値の個数は 1 つではなく、多数である。それは、世界には優れた医師は多数おり、その数の分に応じて、変項 x を満たす値名詞の数もあるから」と主張している。（原典の表記を変更。）岩﨑(ibid.)は明示的に書いていなかったが、変項の取り得る値の個数が、<u>可能性として</u>、多数ということである。

[7] この点は Borsley（2001）の明示的な纏めに負っている。ただし、Borsley（2001: 2）ではこの構造を示す際に CP が繰り返されているが、彼の示す下層の CP は C' であろう。本書ではそれを前提に樹形図を書いている。関係節分析については、Radford（2016)でも深く議論されているので参照されたい。（また、Radford（ibid.）で引用されている Donati & Cecchetto（2011）も参照されたい。）Radford（ibid.）は、関係節には Wh-移動のみを伴うタイプとそれに加えて、先行詞上昇を伴うタイプがあることを述べている。本章では Kayne（1994）らの分析に基づき、後者に依拠しているが、Wh-移動のみを伴うタイプの場合でも、Wh-移動が生じる派生の段階で、当該の関係節の命題函数の変項の値が決まっているわけではなく、関係詞は変項として機能しており、本章の主張を損なうものではない。

[8] この点は下記のサイトにその着想を負っている。

　http://plaza.rakuten.co.jp/samito07/diary/201105300000/

[9] この例文自体については Mikkelsen（2005a: 160）を参照されたい。しかし、Mikkelsen（ibid.)はこれを叙述文と扱っている。一方、熊本（2014: 5）はこれを指定文として扱っている。

[10] 実際のところは、(10)の樹形図でも textbook は the と構成素をなしておらず、Kayne（1994)の関係節分析でも先行詞は、正確には textbook であろう。既述の箇所では分かり易さのため、便宜上、定冠詞を先行詞に含めた。

[11] 同書表紙の著者名は Noam Chomsky であるが、同書の第 1 章（本書での被引用箇所含む）は "with Howard Lasnik" と同書目次に記載されているため、このよ

うに記載することにした。

12 さらに、Chomsky (ibid.) を引用し議論を展開している河野 (2012) も参考になるだろう。しかし、本章の目的は関係節について深く議論することではないため、ここでは河野 (ibid.) の分析には立ち入らない。

13 本章は Chomsky & Lasnik (1995: 56) の "every variable must have its range fixed by a restricted quantifier, or have its values determined by an antecedent" という "strong binding" の仮説は採択しない。"Strong binding" が成立しない例については西山 (2003; 2013) を参照されたい。例えば、西山 (ibid.) の「絶対存在文」は、例えば、ある命題函数の変項「x の値が空ではない」(西山 2003: 404) ことを述べている。この場合、変項 x の値は数量詞に束縛されていないし、先行詞によって指定されているわけでもない。他に、西山 (ibid.) の潜伏疑問文に関する主張もそうであろう。

14 ここでの「探す」の意味は、通時的証拠から補強される。変項を含むものがすべてそうであるとは限らない。この点は本書第 2 章を採択する本章の立場と西山 (2003) の立場の差異である。

15 他に下記 URL も参照。
http://www.ss.scphys.kyoto-u.ac.jp/butsurinoeigo/pdffiles/Chap09-151209.pdf

16 河野 (ibid.: 234-236) は、only は「「どの範囲」で唯一であるのかが明確でなければ意味をなさない」と述べ、さらに、「「唯一」という概念はそれが適用される範囲が定まってはじめて意味をなす概念」と述べている。本書では、むしろ、only が変項の性質を限定している (すなわち、変項の値の個数を決定している) と考える。

17 ここでは the same textbook that he wrote のような統語構造には立ち入らない。

18 河野 (ibid.: 236) は the only や最上級、序数、every が前に現れる関係節 (河野 (ibid.) が「範囲指定の関係節」と呼ぶ関係節) について Wh-関係詞が使われない理由について、別の主張を行っている。さらに、only 等を quantifier とする可能性に言及しつつ、棄却している (p. 265)。

19 なお、潜伏疑問文の場合には、埋め込み文の中で Wh-句が CP 指定部にあることに注意しよう。TP が削除されている場合 (Merchant 2004) も同様である。

20 CP 指定部のみに直接移動する場合には、派生の過程で既に EPP (Chomsky 1982 他) は満たされていることに注意しよう。「Who + 動詞 + 目的語?」と全く同じ構造であり、それについては Radford (2009) を参照されたい。

21 ドネランの確定記述の指示的用法については Donnellan (1966) の他、服部 (2003: 36-41) を参照されたい。メンタル・スペース理論とドネランの帰属的用法の対応関係については Fauconnier (1985, 1994: 5.2) でも議論されている。

22 これは西山 (2003; 2013) の絶対存在文の読みに近い。(「絶対存在文」については、本書第 7 章で詳しく論じる。) なお、表意を<…>で表記するのは西山 (2013) に従う。

23 Kimura (2011: 144, n.1) は、同博士論文の第 3 章は Kimura (2010) の改訂版

であると注記している。

²⁴ Kimura (2011: 141-142)は、Pesetsky (1987), Lasnik & Saito (1992), Huang & Ochi (2004)の、"the hell"は in-situ の Wh-疑問詞には付加できない、という指摘を引用している。さらに、López (2000), Merchant (2001), Sprouse (2005)による、Sluicing の Wh-句には"the hell"が付加できないという指摘を Kimura (ibid.)は引用している。それにより、Kimura (ibid.)は Sluicing の Wh-句が in-situ であることを経験的に示している。他にも、Kimura (ibid.)は Wh-移動阻止の項と付加詞の違いも上げて、言語事実に即した明晰な議論を展開している。

²⁵ 最も、これはすでに見た Kimura(ibid.)のオリジナルな提案の洞察に負っているのであって、本書のオリジナルな提案ではなく、Kimura (ibid.)の洞察を本書流にパラグレイズしたに過ぎないことは留意されたい。

²⁶ さらに、whatever you buy,... のような-ever の付く網羅的条件節 (exhaustive conditional clauses, Huddleston & Pullum 2002) が wh-in-situ を許容しないのは、例えば、上記に対応する命題函数[あなたが x を買う]の変項の値が 1 つではなく、必ず（可能性として）多数であるからである。

²⁷ ただし、Kimura (ibid.)も引用している下記のようなタイプの文をどのように派生するか、という点は残る。

(i)　　Ben was talking, but I don't know to WHO. (Merchant 2002: 305)
義務的な移動を生じさせる素性に基づく分析で who to と to who の両方を選択的に可能にする分析が可能かどうかという論点も残るかもしれない。

第 6 章

「ウナギ文」における
英語定冠詞と日本語の「は」

6.1. はじめに

　本章では、日本語学で伝統的に議論されてきた「ウナギ文」について、特に、英語におけるその対応構文を分析する。「ウナギ文」とはレストラン等における注文時の以下のような文である（e.g., 西山2003）。

　　(1)　　僕はウナギだ。

これは先行研究でも議論されているように、「僕」がウナギという属性を持つという非現実的な読み（叙述文読み）と僕の注文料理はウナギだ、という2つの読みを持つ。この構文の理論的な論点は、この2つの解釈が意味論レベルで生じているのか、あるいは、語用論レベルで生じているのか、ということである。(cf. 西山2003, 今井・西山2012)。本章では、この2つの読みは語用論レベルで生じている、ということを主張する。そして、究極的には、本書第1章で確認したコピュラ文の叙述文読みと指定文読みは西山（ibid.）のように意味論レベルの差異であるとするのは正しくなく、両者は語用論レベルで区別されるべきであり、意味論レベルでは同じ性質を持つことを解き明かす。
　この構文に対しては多くの先行研究があるが、とりわけ、奥津（1978）、北原（1981）、池上（1981）等の先行研究の網羅的検討については西山（2003）を参照されたい。また、ウナギ文をメトニミーによって分析しようとする立場（Fauconnier 1985, 1994）の問題点の詳細についても西山（ibid.）を参照されたい。さらに、メトニミーによるウナギ文の分析

への批判は岩﨑（2016）も参照されたい。

　本章では Fauconnier（1985, 1994）の役割（函数）を用いた坂原（2001）の分析と変項名詞句を用いた西山（2003）の分析を批判的に検討し、それらの分析の長所を採択しつつ、問題点を克服するための修正仮説を提案する。その後、英語のウナギ文を分析し、特に、そこにおける（定）冠詞の容認可能性について議論する。さらに、英語のウナギ文に関わる文脈制約を確認する。その上で、日英語のウナギ文の言語的属性を比較し、英語の定冠詞と日本語の「は」の観点から、それら両言語のウナギ文の属性を説明する。さらには非飽和名詞や「動詞 + 変項」のような構造、さらに、ディスカッションでは、日本語の倒置コピュラ文の統語構造や同定文の解釈にも踏み込む。このあたりの議論は流動的側面もあるが、興味をそそられるテーマである。

6.2. Fauconnier（1985, 1994）の役割函数を用いた坂原（2001）の分析

　Fauconnier（ibid.）の役割函数については、第 2 章で確認したため、ここではその詳細は繰り返さない。ここでは、坂原（ibid.: 328-329）は下記の(2b)をウナギ文であると解説し、(2a)における「役割」である下線部が省略してできた文がウナギ文（=(2b)）である、と主張している、という点を確認しよう。（原典に下線を追加。原典の「です」、「だ」を後者に統一。）

(2)　　(a)　源氏物語は、<u>作者は、</u>紫式部だ。
　　　　(b)　源氏物語は、紫式部だ。

上記では、坂原（ibid.: 328）によれば、「源氏物語」が「パラメータ」、「紫式部」が「値」であり、特に、「源氏物語の作者」のように、「パラメータ」と「役割」を「の」を介在して結びつけることも可能である。上記の(2a)の下線部、すなわち、「役割」を削除して出来上がったのが、ウナギ文であるから、「ウナギ文は、パラメータと値とが役割を介さずに直接結びつけられた省略的同定文である」（坂原 ibid.: 330）ということになる。

6.3. 西山 (2003; 2013), 今井・西山 (2012) の変項名詞句による分析

　西山 (2003: 322-350, 2013: 104-109)、今井・西山 (2012: 242-247) における西山の主張 [ここでは、これらを纏めて、西山と表記する] では(1)の叙述文読みとウナギ文の読みが意味論レベルで規定される、と主張している。さらに、ウナギ文の読みは文全体としては叙述文の読みを持つが、叙述文の属性名詞句の位置に指定文 (特に倒置指定文) が内臓されている文である、と西山は主張する。そして、(1)の「ウナギ」は以下の命題函数の変項xを指定する値である、と西山は主張する。(以下は特に今井・西山 (ibid.: 243) をもとに、原典の同一指標の記号を取り除いたものである。)

　　(3)　　[αの注文料理はx]　　(αは「僕」に束縛された束縛変項)

　さらに、西山は「注文料理」は最小命題の構築に必要な語用論的な飽和 (saturation) という操作の結果、決まるものである (西山 2003: 特に338, 349, n.14) と主張し、そのような飽和の結果として決まる要素をφと表記している。そして、今井・西山 (2012: 243-245) は「注文料理」を非飽和名詞、そしてαをパラメータであると主張している。(非飽和名詞については6.8で追って議論する。)

　以上の西山の主張に留意し、今井・西山 (ibid.: 245, (38)) の図解を若干、書き直せば、以下のようになる。

(4)
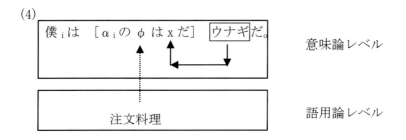

　西山の主張で肝要な点は上記のように意味論レベルで既にウナギ文読みが規定されており、そこに φ に関する語用論的操作によって文の表意 (explicature) が決まる、ということである。さらに、(1)、(4)の「ウ

ナギ」は値を表しており（例えば西山 2003: 339）、上記の(4)の命題函数
は文脈から復元される、という点である。

　言い変えれば、西山の主張は「A は B だ」という形のウナギ文があると
き、A は叙述文の主語を表し、B は文脈から復元（構築）される命題函数
の変項を指定する値である、ということになる。命題函数やその意味を
持つ変項名詞句は明示的になっておらず、値のみが明示的になっている、
というのが彼の主張である。この点で、西山の主張は「ウナギ文は、パ
ラメータと値とが役割を介さずに直接結びつけられた省略的同定文であ
る」（※）という坂原（ibid.: 330）の主張と本質的に同じである、と言
えよう。すなわち、坂原（ibid.）の主張では、役割函数が明示されてい
ない場合でも値（とパラメータ）は明示されている、という点がポイン
トであり、この点で表現形式（採択する理論的装置）こそ違えども、本
質的には西山のウナギ文分析は坂原の※を受け継いでいる、と言える。
実際、西山自身、西山（2003: 339）も、「同様の直感」という言葉を用い
て、この点を認めている。

　西山の主張の問題点は、意味論レベルで(1)が一般の叙述文であるか、
ウナギ文読みであるかが規定されている、という主張にある。(1)が一般
の叙述文読みを持つかウナギ文読みを持つかは、当該のコンテキストに
応じて決定されることであり、したがって、意味論レベルで仮に両読み
は異なる構造を持つとしても―本書ではそのように考えないが―そのよ
うな異なる意味構造をもたらしているのは語用論的要因ということなる。
言い換えれば、こうである。西山は(1)の 2 つの読みが語用論とは独立し
た意味論レベルで規定されると考えているが、実際には、そのような意
味論レベルでの 2 つの異なる意味構造は語用論的要因に起因しており、結
局、語用論から完全に独立に意味論レベルでのみ規定されているのでは
ない、ということである。今井・西山（ibid.: 247）は以下のように主張
している。

　　　認知語用論［＝関連性理論］がその力を十分に発揮するため
　　　には、文の意味表示をきちんと与えておく作業が不可欠だと
　　　いうことを意味する。つまり、意味論の方でしっかりとした
　　　お膳立てをしておかなければ、語用論が働かないのである。

しかし、実際には意味論でのお膳立ては語用論での要因に動機づけられ
ている、と言えるだろう。

　さらに、西山のウナギ文に関する主張は、叙述文読みと指定文読みが
意味レベルで異なる意味構造を持つ、ということを前提にしている（本

書第1章を確認されたい)。西山(2003: 340)は「[叙述文読み]を基礎にどんな語用論的拡充(enrichment)を試みたところで、ウナギ文を得ることはできない…」と主張しているが、そもそも西山の叙述文の意味構造の規定に問題があるのである。この点は追って論じる。

6.4. 本書の分析

6.4.1. 日本語の「ウナギ文」の分析

本書では坂原(ibid.)、西山(ibid.)の洞察、特に坂原の※を採択し、以下の分析を提案する。

(5)　「AはBだ」(例えば、「僕はウナギだ」)がウナギ文の語用論的解釈を持つとき、「は」は以下の命題函数が語彙化したものであり、その変項xはBによって指定される。
　　　　(i)　[xがAの α だ。]
　　　(ただし、α はAとBを手掛かりに文脈によって決定される。)
　　　上記の命題函数(i)は語用論的に α が決定されれば、自動的に決まる。

上記の提案のうち、命題函数が明示されておらず、Bが値を表すのは坂原(ibid.)(そして、西山(ibid.))に負っており、α がAと同一指標である点、α が文脈によって決定される点は西山(ibid.)に負っている。すなわち、西山の分析をほぼ全面的に採択しつつ、「は」が命題函数の語彙化した要素である点、言語構造の冗長性を避け、西山の二重コピュラ文分析を採択してない点が特徴である。

上記の本書の主張(5)を分かり易く図解すれば、以下のようになる。

第6章 「ウナギ文」における英語定冠詞と日本語の「は」 119

(6)
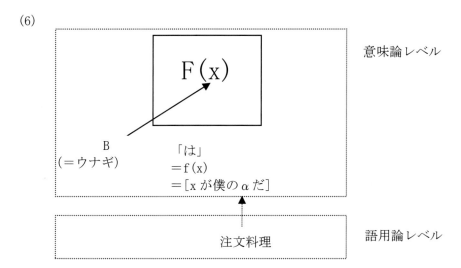

上記でも分かる通り、ウナギ文における「は」は命題函数が語彙化したものであるから、当然、「は」は命題函数の意味を含んでおり、そのため、「僕は僕の注文料理はウナギだ」とは通常は言わない。「は」と下線部が大きく重複するため、命題函数[xが僕のα（＝注文料理）だ]に含まれていない「ウナギ」のみが、「は」の直後に語彙化するのである。(4)のような西山の分析（今井・西山 2012）では、なぜ、「僕は僕の注文料理はウナギだ」と通常言わないかについて十分な説明を与えることができないように思われる。

6.4.2. 英語の「ウナギ文」の分析

次に英語のウナギ文を下記の例文を通して分析する。

(7) I am the hamburger. （久野・高見 2004: 141）

ここで問題となるのは、日本語の命題函数の語彙化要素である「は」に相当するのは何であるか、ということである。そこで、第1章で確認した岩﨑 (2015b) の主張を思い出そう。英語の定冠詞は命題函数の語彙化したものである、というのが岩﨑 (ibid.) の主張であった。そのため、(7)においても、the は命題函数が語彙化したものである、という見通しを持つことにする。[1]

この仮説を支持する言語事実を確認しよう。まず、英語のウナギ文では、定冠詞を伴う(7)は容認可能であるが、不定冠詞 a, an を伴う(8a)は容認

不可（久野・高見 2004: 141）であり、さらに、指示詞 this, that を伴う(8b)もやや不自然という母語話者の判断がある。[2]

 (8) (a) *I'm a hamburger.
    (b) ?I'm {that / this} hamburger.

まず、(8a)が容認不可であることから、英語のウナギ文は一般の I'm a student のような叙述文読みとは異なることが分かる。次に the の代わりに that, this が容認不可であることから、英語ウナギ文の the は何かを指示しているのではないことが分かる。この二つの点は、英語ウナギ文には命題函数が関わっており、特に、定冠詞 the に命題函数の意味が含まれている、という見通しを支持する。

 さらに、その命題函数とは、(7)に関しては、[x が僕の α だ]となり、α は当該のコンテクストより補完される。ここでは α は「注文したもの」（あるいはそれと同じ内容を表すもの）となる。そして、上記の変項 x は "hamburger" によって指定される。[3] これを平易に図解すれば以下のようになる。

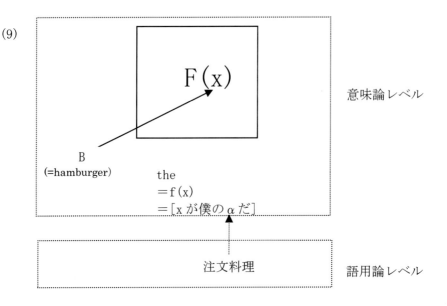

(9)

上記の分析でも坂原（ibid.）の、値（とパラメータ）のみが音声化しているという主張に負っており、さらに、西山の分析にも多々負っているのは間違いないが、定冠詞の the が命題関数の意味を持っており、それが英語ウナギ文でも顕在化しているというのは本書の独自の提案である。

　この分析の利点はまず、英語ウナギ文における the の意味を説明していることであり、これは坂原（ibid.）や西山（ibid.）では行われていなかったことである。さらに、西山のように、「α の注文料理」のような非飽和名詞や束縛変項の表記を使わずに、文脈から直接、「私の注文料理」を復元しており、理論的凡長性・複雑性を避けている点も利点だと言える。さらに、追って確認するが、叙述文と指定文に関する統一的な理論に発展することも利点であろう。

6.4.3.　英語の定冠詞と日本語の「は」の意味の差異による日英語のウナギ文の差異

　次に、日英語ウナギ文の差異を検討する。日本語の「僕はウナギだ」が注文時に使用可能であるのに対して、(7)は注文するときには使えず、「複数の注文客に複数の注文品が配られるとき」のみ使用できる（以上、久野・高見 ibid.）。本章では今まで、日英語のウナギ文は文の表面には明示されない命題関数を含んでおり、その命題関数は日本語では「は」として、英語では the として語彙化される、と主張した。そこで、日本語の「は」と英語の the の意味的性質について第 3 章の議論を思い出そう。第 3 章でも引用した岩﨑（2015b）の表を以下に再掲する。

表 6-1　岩﨑（2015b: 18）[一部、表記変更]

変項の値の個数	ゼロ個	1 個	2 個以上
英語の the	N/A	Yes	N/A
日本語の「は」	Yes	Yes	Yes

上記の表 6-1 が示す通り、日本語の「は」は変項の個数がゼロ個でも、1個でも複数でも、どの場合でも使用することができる。既に見たように、日本語のウナギ文の「は」は[x が僕の注文料理だ]という命題関数が語彙化したものであり、その変項 x は表 6-1 により、ゼロ個のものでも、1 個のものでも、複数のものでも指定することができる。x を指定する見込みのものがゼロ個の場合でも「は」を使用することができるということは、

料理を注文する前でも「は」を使用することができる、ということになる。

　一方で、英語の the は上記の表 6-1 が示すように、命題函数の変項の値が 1 個のみの場合にのみ使用可能であり、変項の値が 1 個あるいは複数の場合には the の使用は許容されない。英語のウナギ文では[x が僕の注文料理だ]という命題函数が語彙化したものが the である。ここで、変項が多数の候補のうちから最終的に 1 つを選ぶというのは、表 6-1 で、変項の個数が 1 つの場合である。変項の個数がゼロ個の場合とは、料理を注文をする前、あるいは、注文すべき料理がない場合であるが、後者はここでは関係がないため、前者を考えれば、表 6-1 により、変項の個数がゼロ個の場合には、定冠詞 the の使用が許容されないため、英語ウナギ文は許容されないことになる。ここで、定冠詞 the の使用が許容されなければ、英語ウナギ文の意味を支えている命題函数も構築されないことに留意しよう。当該の命題函数の意味は the に含まれているのである。以上の主張を纏めれば、英語の定冠詞にかかる意味論的制約（表 6-1）により、英語では注文時に(7)のようなウナギ文を使用できない、ということになる。

　ここで注意すべきは、注文時の料理名が変項を指定するため、その意味では、最終的な変項の個数は 1 個となるが、料理名を述べる直前には、the が現れる条件として、料理名が 1 個（あるいは 1 セット）であることが見込まれる必要がある。（すなわち、I'm the の発話途中で、the の命題函数の変項に関する制約が満たされている必要がある。）しかし、注文時には変項の値が 1 個に見込まれず、ゼロ個の可能性もあり、また、2 個以上の可能性もあり、変項の値の個数が 1 個である、という必要条件は必ずしも保証されず、the は容認されないことにいなり、注文時に(7)は使用できないことになる。

　実際、定冠詞を伴わない、ウナギ文であると久野・高見（2004: 142）が主張している文は、注文料理を決めるときと同じように選択肢が与えられて、それを選ぶ、という文脈において使用が可能である。

(10)　I'm London.　（久野・高見 ibid.）

久野・高見（ibid.）は(10)が使用される文脈として「バス運転手が乗客に順次、どこまで行くかを尋ねる」と解説している。ここで、(10)に定冠詞が含まれないということは、表 6-1 の意味論的制約が働かない。ここでは(10)が本当にウナギ文であるのか、そして、(10)がどのような意味構造を持っているのか、には詳細には立ち入らないことにするが、仮に the が音声化されていなくとも、[x が A（＝私）の α（＝到着地）だ]と

いう命題函数が(10)の背後にある場合、その変項 x の値を London が埋めることになる。[4]そして、A が I を手掛かりに、また、α が「私」と「ロンドン」を手掛かりに、決定されていると仮定することも、今まで見た通常のウナギ文と同じである、ということになる。違いは the の顕在化である。The がないために、the に関わる変項の個数と変項の値の個数の条件は効いてこない。その結果、どこに行くのか尋ねられた際にも、(10)は使用できることになる。

　なお、本書とは別に、なぜ、注文時に(7)が使えないか、を久野・高見（ibid.：143-144）は社会的状況からの説明を試みているが、久野・高見（ibid.）自身が「定かではありません」と認めるように、彼らの主張は十分な説得力を持つものではない。たとえば、彼らは(7)は注文料理を注文した人に渡すコンテキストに起源を持つ表現であると推測しているが、そのように主張する場合、通時的な調査が必要だろう。さらに、数人の仲間で食事に行き、同じテーブルで次々と注文料理を述べる際にも(7)のような文［久野・高見（ibid.）は"I am the sirloin steak"を挙げている］が許容されない理由として、久野・高見（ibid.：144）は、この種の発話が許容されるのは「次々と迅速に情報を与える必要があるような状況に限られている」が、今回のような場合、それに該当しないため、という趣旨の主張している。しかし、他の誰かが注文したのに続いて(7)を発話した場合、当該の 2 人による連続した注文という点に関しては、「迅速に情報を与え」た、と言えるものと思われるため、上記の主張は妥当とは言えない。

　結局、ここでの現象はA層に着目してこそ、十分な説明が可能であり、B 層や C 層の説明では上手く行かないものと思われる。ここで必要とされる文脈は、情報伝達の迅速性を必要とする文脈ではなく、注文料理それぞれと注文客それぞれに 1 対 1 の対応関係がある文脈である。[5]図解すれば、以下のような例になる。

(11)

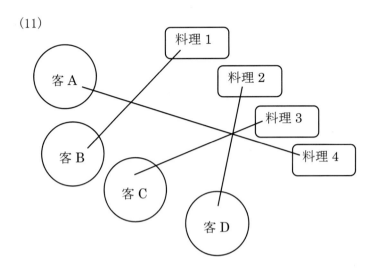

注文客と注文料理が1対1に対応するということは、[x が僕の注文料理だ]の変項 x は1個であるということになり、表 6-1 の制約に従うことになり、英語定冠詞の the が許容されることになる。

6.5. 叙述文と指定文の統一的意味構造と語用論的曖昧性

　ウナギ文を巡っては西山（2003; 2013 他）が精力的に議論しているように、意味論レベルで（文全体で）叙述文であるのか、指定文であるのかという点が 1 つの論点であった。第 1 章で確認したように、西山（ibid.）では下記の文が叙述文読みと指定文読みを持ち、それらはそれぞれ意味論レベルで異なる意味構造を持つ、と規定されている。

　(12)　優勝者は太郎だ。

西山（ibid.）の主張は意味論レベルで異なる意味構造を持つから、(12) は異なる解釈を持ち得る、というものである。たとえば、西山（2003: 347）は意味論と語用論の区別の重要性を強調し、その上で「ウナギ文は意味論的には、倒置指定文ではなく、むしろ措定文［＝叙述文］の一種である」と述べている。ということは、西山（ibid.）は倒置指定文と措定文の違いを意味論レベルでの違いであると考えていることになる。（他

に、西山 (2003: 340-341)，今井・西山 (2012: 246-247) 等も参照。)
　しかし、2つの解釈がなぜ生まれるのか、というその動機を考えれば、それぞれの異なる語用論的な文脈があるためである。したがって、西山 (ibid.) は意味レベルでの2つの意味構造が語用論レベルの2つの解釈を決めている、と主張しているが、実際には、前者の理論的措定は後者に関する言語直感に動機づけられており、ここに循環的な議論が内在していると言わざるを得ない。
　一方、本書では、(12)のような文は意味論レベルでは同じ意味構造を持ち、語用論レベルでは異なる解釈を持つ、と考える。
　以上の議論を平易に図解すれば以下のようになる。

(13)　(a)　西山 (2003他、[今井・西山2012の西山執筆箇所含む]) の理論的立場

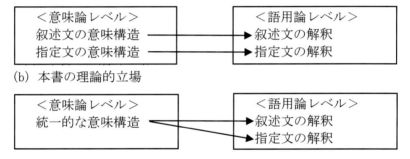

(b)　本書の理論的立場

　すると、本書の立場で明らかにすべきは語用論レベルで叙述文と指定文の2つの解釈を許容するような、意味論レベルでの統一的な意味構造である。これを考えるため、(7)を再度検討する。(7)では、the が [x が僕の α (=注文料理) だ] という命題関数の意味を持ち、その変項 x が hamburger で指定される。仮に、(7) を、西山 (ibid.)、今井・西山 (2012) が主張するように、文全体としては叙述文であり、その中に倒置指定文が埋め込まれている (※)、ととりあえずは仮定しよう。(最終的には本章はこの仮定を棄却することになる。) すると、倒置指定文を内蔵する叙述文は下記のように形式化できる。下記の(14)は全体としては叙述文読みで、the が命題関数の意味を持ち、これが (倒置) 指定文読みを生み出している。(上記の※は西山の主張であるが、ウナギ文の the が命題関数を意味を持つのは本書の主張である。)

(14) I'm the hamburger.
   [x が僕の α だ]

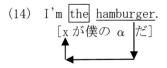

これをさらに一般化をすれば、以下が得られる。

(15) A is the B.
   [x が A の α だ]

これを用いて、下記の平易な英文を分析してみよう。

(16) The winner is John.

上記の文は第1章で確認したように少なくとも叙述文読みと指定文読みの2つを持つ。まず、叙述文読みの場合、特定の優勝者を指示し、その優勝者の属性を述べている文ということになる。これは(15)を用いれば、以下のようになる。定冠詞がAの方についていることに注意しよう。

(17) The winner is John.
   [x が winner の α だ]

さらに、文脈から特定の優勝者の属性を述べるということが分かる場合、α は「属性」ということになる。すると、(16)の叙述文読みとして(18)が得られる。

(18) The winner is John.
   [x が winner の属性だ]

一方で、指定文読みの場合には、α は「選択結果」ということになり、これは以下のように形式化される。α を「選択結果」とするのは、「(倒置)指定文は、「A はどれ（どのひと[原典ママ]）か」という問いにたいする答えを提供する」という西山(2003: 168)の主張を採択したものである。α を「正体」とすれば、(倒置)同定文(西山 ibid.)の解釈となるであろう。「「A はいったい何者か」という問いにたいする答えを提供」(西山 ibid.)するのが(倒置)同定文だからである。ここで、西山(ibid.)と異なり、(倒置)同定文も意味論上の概念ではなく、語用論上の概念である、と本書は主張することに注意されたい。

(19) The winner is John.
　　［x が winner の選択結果だ］

すると、叙述文読みの場合でも、指定文読みの場合でも、（あるいは、同定文読みでも）(16)は以下の意味構造を持つことになる。

(20) The winner is John.
　　［x が winner の α だ］（α は文脈によって決定される。）

西山（ibid.）では(16)のような文の場合、主語が指示的名詞句であるか非指示的名詞句（変項名詞句）であるか、が重要であったが、岩﨑（2015b）の理論的立場に立てば、名詞句の指示性・非指示性は意味論レベルの概念ではなく（本書第 1 章参照）、意味論レベルでは重要な概念ではない、ということになる。さらに、岩﨑（ibid.）では the winner は叙述文読みの中でも、指定文読みの中でも、その他の場合でも、常に、意味論レベルでは＜［…x…］（変項は 1 つ、かつ、変項の値も 1 つ）＞という条件を伴うのであり、叙述文読みであっても、定冠詞 the はそれが持つ命題函数の中に変項 x を持ち、さらにそれを指定する値を持つということは変わらない。

　以上の議論を纏めれば、the A is B のような一般的なコピュラ文は下記のような意味構造を持ち、その結果、異なる語用論上の解釈を許容する、と言える。[6]

(21)
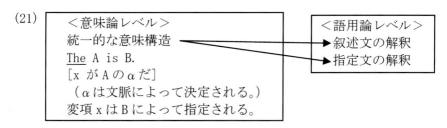

これは、B is the A のような構造でも基本的には同じである。ただし、B is the A のような指定文読みは英語では然るべき文脈が必要であることに注意しよう。さらに、上記は定冠詞を伴う名詞句が登場するコピュラ文に関する形式化であって、定冠詞を伴わない名詞句や固有名詞等を含むコピュラ文については、将来的な研究課題として残っていることに注意されたい。さらに、一連の議論の最初に、(7)を、西山（ibid.）、今

井・西山(2012)の主張に従い、暫定的に、文全体としては叙述文であり、その中に倒置指定文が埋め込まれていると、とりあえずは、仮定したことを思い出そう。そのような仮定にも関わらず、(21)のような帰結が導かれたのである。要するに、帰結として出された統一的な構造は西山のような主張も包含するものであり、西山の主張よりも一般性の高い意味構造なのである。そして、(21)の場合、叙述文に倒置指定文が埋め込まれていると仮定する必要はもはや必要なくなったのである。

さらに、日本語の「AはBだ」についても全く同様に、下記の形式化が成立する。

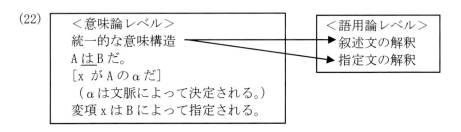

上記では the の代わりに「は」が命題函数の意味を持っている。[7/8]「は」は変項の値の個数について the よりも自由度が高いということは既に確認した通りである。

論理的な議論としては、複数の語用論的な解釈があり得る場合、そのいずれをも許容するような一般性の高い意味構造が意味論レベルで存在することが必要である。西山(ibid.)のように語用論レベルでの言語直感に応じて、意味論レベルでの意味構造を措定するという立場では、結局、それらの意味構造の区分が語用論的要因・文脈に動機づけられていることを回避できず、循環論的議論が生じしてしまう。もちろん、すべてをB層やC層の要因に丸投げして、A層の意味構造が存在しない、と私は主張しているのではない。そうではなく、複数の語用論的解釈を許容するようなA層での一般性の高い意味構造についての仮説を提案することが重要であると主張しているのである。(22)はそのような一般性の高い意味構造の仮説になっていると考える。ただし、名詞句「…の…」については西山(2003)が論じているように、多くの解釈を許容することになる。[9]

6.6. 「BがAだ」の注文文

　西山（2003: 336-337）は(1)が<u>倒置指定文ではない根拠</u>として、(1)が倒置された文である下記の(23)がウナギ文読みを通常持ちえないことを挙げている。すなわち、料理を注文する際には(23)は使用されない、ということである。

　(23)　ウナギが僕だ。

しかし、西山（ibid.）自身が指摘しているように、下記のような、複数の注文品の中から客の注文品を選ぶ出す際には可能である。（他に、久野・高見（ibid.: 140）を参照されたい。）

　(24)　ウェイター：えーと、お客さんはどれでしたっけ？
　　　　客：ウナギがぼくだ。そして、天丼がこの方だ。
　　　　　　　　　　　　　　　　　　　　　（西山 ibid.: 336）

西山（ibid.）の論理は、(1)の倒置形である(23)が極めて限定されたコンテクストでのみ使用可能であるため、(1)を倒置指定文として解釈できない、というものである。
　しかし、この西山（ibid.）の論理は成立しない。英語の指定文とその倒置形を以下で確認する。なお、ここでは、どちらが、標準タイプで、どちらが倒置タイプ・変形されたタイプか、という議論には立ち入らない。双方がもう片方の変形されたタイプである、と捉えておけば十分である。

　(25)　(a) The winner is John.
　　　　(b) JOHN is the winner.

上記の(25a)は文脈の制限をあまり受けずに使用できるが、(25b)は非常に限定された文脈でのみ、使用可能である。[10]だからといって、(25b)が指定文の読みを持ちえない、という論理は成り立たない。したがって、既出の西山（ibid.）の(23)に対する論理も成り立たない。
　以上、見てきたように、(23)にかかる強いコンテクスト制限を根拠にして、(1)のような文が（倒置）指定文の読みを持たない、という西山（ibid.）の主張は妥当ではない。また、本章の議論が正しければ、そもそも指定文と叙述文は意味論レベルで同じ意味構造を持つため、＜ウナ

ギ文は指定文か、叙述文か＞という議論が意味論レベルの議論としては
有意義ではない、ということになる。

6.7.「第二タイプの指定文」（西山 2000）

西山（2000）は通常の指定文とは異なる下記のような、彼が「第二タ
イプの指定文」と呼ぶ指定文を議論している。西山（ibid.）と異なり、
本書は下記のような文をウナギ文と同じ構造・解釈を持つ文として分析
する。まず、西山（ibid.）をもとに 2 つの指定文の解釈を確認しよう[11]。

(26) 洋子の夫は、左から 3 番目の男だ。

これに対して、通常の指定文の読みでは、「洋子がどの人と結婚している
のかまったく知らないひとが、[(27a)]を発話し、[(27b)]はそれに答え
たものである」と西山（ibid.：37）は解説している。

(27) A: どいつが洋子の夫か。
B: 左から 3 番目の男が洋子の夫だ。

(西山 ibid.)

上記の(27B)のような解釈を持つとき、(26)は通常の指定文の解釈を持つ
ことになる。一方で、(26)にはもう一つの指定文の解釈があり、西山は
以下のように解説している。

洋子の父は、女婿である山田太郎をよく知っていたとしよ
う。事実、洋子の父は、先ほどまで、洋子および山田太郎と
一緒に食事をしていたとしよう。ところが、突然、山田太郎
は「お父さん、わたくしは、これから町の行事の仮装行列に
参加することになっていますので…」と言って、その場を離
れたとする。しばらくして、当の仮装行列を見物している洋
子の父は、山田太郎があまりにもうまく仮装しているため、
自分の女婿をどうしても確認できない、としよう（西山
2000：38）

この状況での発話が(26)であるとすると、「「洋子の夫」によって山田太
郎という個物［原典ママ］は指示されている。」と西山（ibid.）は解説
している。さらに、西山（ibid.）は、(26)を以下のようにしても「言わ

れている中身、すなわち、表意(explicature)は変わらないであろう」と述べている。

(28)　A:　山田太郎はどいつだ？
　　　B:　彼は、左から3番目の男だ。

この場合、(26)における「洋子の夫」は指示的である。それにも関わらず、(26)の「発話の背後には「洋子の夫であるようなものを探す」という関心」(西山 ibid.)があると述べており、[x が洋子の夫という性質を満たしたひとである][命題函数の中身は西山(ibid.)からの直接引用]という命題函数を持ち、その変項の値が「左から3番目の男」という値名詞句によって指定される変項名詞句である(西山 ibid.)。[12]これについて、西山(ibid.：42)は以下のように主張している。

　　　[…]名詞句 A でもってある対象を指示しながら、同時に「A
　　　はどれであるか」を探すという、馬鹿げたことをしているこ
　　　とになるであろう。複数のメンタルスペースが関与している
　　　からこそ、ひとつのメンタルスペース R において A の指示対
　　　象を定め、もうひとつのメンタルスペース M において A の対
　　　応物(counterpart)を探すことができるのである。

すなわち、洋子の父親のメンタル・スペースでは「洋子の夫」(＝山田太郎)は指示されており、一方で、仮装行列のメンタル・スペースでは洋子の夫は非指示的であるのである。
　以上の西山(ibid.)の仮説において、西山(ibid.)は(26)の「洋子の夫」があくまでも(仮装行列のメンタル・スペースにおいて)変項名詞句であると主張している点に注意しよう。
　それに対して、本書では、「洋子の夫」は変項名詞句ではなく、指示的名詞句であり、文全体では指定文内蔵型の叙述文(今井・西山 2009；西山 2013)である、と主張する。今井・西山(ibid.)や西山(ibid.)では、ウナギ文を指定文内蔵型の叙述文として分析していたことを思い出そう。本書では、(26)のようなタイプの文を今井・西山(ibid.)や西山(ibid.)の分析による、ウナギ文と同じような、指定文内蔵型の叙述文であると主張しているのである。「洋子の夫」は指示的名詞句であり、叙述文の主語として機能し、「A は B である」の B の位置には＜洋子の夫の目前の仮装行列内での役割・配置は B である＞という指定文が内蔵されており、下線部が音声形式上は顕在化しない変項名詞句であるということ

なる。[13]

　さらに、本章(22)で提案した「統一的な意味構造」を思い出そう。「A は B だ。」という文があるとき、[x が A の α だ]という命題関数があり、その「α は文脈によって決定され」、「変項 x は B によって指定される」ということを提案した。ここでは A は「洋子の夫」、α は「仮装行列内での役割・配置」であり、B は「左から 3 番目の男」ということになる。このように考えれば、叙述文に（倒置）指定文が内蔵されていると考える必要はなくなる。

　さらに、西山(ibid.: 43)は(26)のようなタイプの文について「A は B だ」に対する第二指定文の背後にある探し文はあくまで「A はどれであるか」という「＜可能な選択肢のなかから選びだす＞という意味での探し文であることに注意すべきである。」（西山 ibid.）と正しく指摘している。これはウナギ文でも成り立つ。注文料理が複数運ばれてきて、それを複数の客の中の 1 人が「これがそうだ」という意味で述べるときの発話がウナギ文であるから、西山（ibid.）の言う「可能な選択肢の中から選び出す」という点はウナギ文でも維持されている。さらに、西山（ibid.）は「A は B だ」において「B は名前ではなく、つねに、「あいつ」、[途中略]といった直示的な指示表現である。」とも述べている。この点も料理を直接指して、ウナギ文を発話するという点で、ウナギ文でも維持されている。言い換えれば、これらの事実は(26)のようなタイプの文とウナギ文が同じ構造と解釈を持つ文であることを支持することになる。

6.8. 非飽和名詞と「動詞 + 変項」の比較

6.8.1. 非飽和名詞の決定[14]

　この節では西山のウナギ文分析に登場した非飽和名詞（今井・西山 2012: 243-245）について議論する。まず、小屋(2013: 221, 228)の挙げる以下の例文を考察する。

(29)　(a) Nakata is the Beckham of Japan.
　　　(b) *Nakata is the Beckham.

小屋（ibid.）が指摘するように、(29a)の Japan は非飽和名詞のパラメータ位置を占めている名詞である。ここで、Beckman は固有名詞であり、通常は飽和名詞であるが、(29a, b)においては非飽和名詞である。さらに、このことが明確に示しているのは、飽和名詞か非飽和名詞かは西山（2003）他が主張するように個々の語彙レベル、レキシコン（辞書）の

中で決まっている（西山 2003: 38）のではなく、文の中である名詞が飽和名詞か非飽和名詞かが決まるということである。ここが本書と西山の主張の明確な差異である。

　いかなる語用論的要因が働いても(29a, b)のそれぞれの文法性・非文法性は逆転しえない。したがって、語用論的要因によるものではないことは明らかであり、また、語彙的な要因でもないことは上記の通りである。Beckham がもともとレキシコンで飽和名詞か非飽和名詞かが決まっているわけでなく、文レベル、言い換えれば、統語論レベルかつ意味論レベルでようやく決まるのである。実際、小屋（ibid: 238）も「これらの固有名は非飽和の普通名詞として統語的に異なる扱いを受ける」と認めており、(29a, b)の違いに統語レベルの要因が働いていることを示唆している。

　飽和名詞か非飽和名詞かは文レベルで（自由に）決定されるという本書の主張に対して、「飽和名詞が非飽和名詞になることはあってもその逆はない」という反論が予想される。[15] しかし、この反論自体、飽和名詞と非飽和名詞の区分が文レベルではなく語彙そのもののレベルで決まっている、ということを前提にしていると言える。本書の主張では、文レベルの以前に、名詞それ自体が飽和名詞か非飽和名詞かは決まっていないのであるから、理論的には、そもそも上記のような反論は意味をなさないと言えよう。

　さらに、言語事実の観点からも、author は、職業を表す場合には著述業という意味であり、飽和名詞である。一方で、通常の「著者」という場合には「X の著者」という意味であり、非飽和名詞になる。これは通常は（頻度的には）非飽和名詞として用いられることの多い語が飽和名詞としても用いられることもある例である。（ただし、レキシコンで author が非飽和名詞と決まっており、それが、例外的に飽和名詞として用いられる、という立場に本書はコミットしていないことに注意されたい。）いずれかになるかは、その名詞が配置される文で決定され、その文の表意がどのような意味解釈を持つか、ということに影響を受けるのである。

6.8.2. 音声形式の顕在化の有無と飽和と最小命題

　次に、音声形式における顕在化が実は音声形式のみならず、飽和やその結果生じる最小命題に影響を与える、すなわち、音声形式上の有無が意味論レベルに影響を与える下記のような例を確認しよう。この問題が、実は、ある名詞が非飽和名詞か飽和名詞か、そして、前者のパラメータはどこで指定されるか、という問題に関わってくるためである。

(30) She was complaining (*about something), but I don't

remember what about. (Radford & Iwasaki 2015: 704)[16]

What を変項と見立てた場合の、その変項の値の個数を"about something"が決定している（第5章、特に5.7.参照）ことから、"about something"の有無は意味論レベルに影響を及ぼすと考えることができる。＜不平不満を述べる＞場合、＜何かについて述べる＞必要があり、この点から「何か」を補う必要が生じ、"about something"を意味的に補うことは、飽和である、と言える（cf. 今井・西山 (2012: 65)）。最小命題を決定するのは飽和（saturation）である（Recanati 1989, 西山 2004）ことから、"about something"を補うことで、最小命題が構築されていると言える。

　しかし、音声形式で"about something"が現れない場合には、パラメータ x を有し、以下のような意味を持つことになる。

(31) She was complaining about x, but I don't remember what about.

既に述べたように「不満を述べていた（"was complaining"）」ということは何か（上記では変項 x）についての不満を述べることを必然的に意味するからである。

　しかし、"about something"が音声形式上顕在化する場合とそうでない場合とでは、what を変項と見立てた場合の、その変項の可能性として取り得る値の個数が異なり、文の容認性も異なる。すなわち、"about something"が音声形式上顕在化せず、目に見えない意味論レベルで"about x"を持つことと、"about something"が音声形式上顕在化することでは最小命題のレベルでの文の意味が決定的に異なるということになる。

6.8.3. 「動詞 + 変項」と「動詞 + something」の違い[17]

　以上の議論を念頭に置くと、同様に、「動詞 + x」と「動詞 + something」は最小命題のレベルでの意味が異なると予想される。この点でも、Stanley (2005)のように「eat + x」の意味を持つ eat と eat something を同一視することは問題があると思われる。（ただし、下記の例(32)を、Stanley (ibid.)は、Luisa Marti の草稿に本質的に負っていると記している。）

(32) Speaker A: Whenever John's father cooks mushrooms, John eats.

第6章 「ウナギ文」における英語定冠詞と日本語の「は」 135

> Speaker B: #No he doesn't--he eats broccoli when his father
> cooks mushrooms.
> (Stanley ibid.)

Stanley（ibid.）は上記の例をもとに、Speaker A の発話において eats の目的語はジョンの父親が料理したキノコに限られず、その他のものも可能である、と主張し、Speaker A の発話文の真理条件は「ジョンの父がキノコを料理するときはいつも、ジョンは何か（something）を食べる」というものであると主張している。

　この Stanley（ibid.）の主張は eats の目的語が「ジョンの父が料理したキノコ」という表面的な言語直感からくる語用論的意味から、一歩、別の解釈を見出した点では大きな貢献である。しかし、本書では Stanley（ibid.）と異なり、eats の後ろに隠れているのは something ではなく、変項 x であると主張する。例えば、eats x を eats something と見なすことは eats nothing や eats apples やさらには eats apples and oranges の可能性を無視していることも問題として挙げることができる。信頼できる複数の母語話者はここでの eats nothing の解釈を否定したが、少なくとも統語的には十分に可能である。

　Stanley（ibid.）の含意を考えてみよう。（32A）において、eats の目的語として the mushrooms that his father cooks が隠れていると仮定すると、（32）の抽象的な構造は以下のようになる。

(33)　Speaker A: Whenever John's father cooks mushrooms, John
　　　　　　　　 eats *the mushrooms that his father cooks*.
　　　 Speaker B: #No he doesn't eat *the mushrooms that his father*
　　　　　　　　 cooks--he eats broccoli when his father cooks
　　　　　　　　 mushrooms.

Speaker B の発話が不自然であるということは、そもそも Speaker A の発話の eats の後ろに *the mushrooms that his father cooks* を仮定したことが原因である。もし、本当に eats の後ろに *the mushrooms that his father cooks* が隠れているのであれば、Speaker B の発話は自然であるはずである、と。以上が Stanley（ibid.）が言わんとしていることであろう。

　しかし、全く同じ論証方法が彼自身が主張している eats something についても当てはまることに注意しよう。仮に、eat の後ろに something が省略されているのであれば、（32）の抽象的な構造は以下のようになる。

(34)　Speaker A: Whenever John's father cooks mushrooms, John eats
　　　　　　　　　*something*ᵢ.
　　　　Speaker B: #No he doesn't *eat **something**ᵢ*--he eats broccoli
　　　　　　　　　when his father cooks mushrooms.

仮に eats の後ろに something が省略されているのであれば、something と broccoli との対比で Speaker B の発話は自然になるはずだが、そうなっていない。ということは、Speaker A の eats の後ろに something が隠れていると仮定することに問題があるということになる。(Stanley (ibid.) のこの誤謬を S＊と呼ぶことにしよう。)
　　ここで当該の something が指示的なのか非指示的なのかを Stanley (ibid.) は明示的に述べていない。もし、something が指示的であれば、上記の議論が成り立つ。もし、something が非指示的であれば、(32) の抽象的な構造は以下のようになるであろう。[18]

(35)　Speaker A: Whenever John's father cooks mushrooms, John
　　　　　　　　　eats *something*.
　　　　Speaker B: #No he doesn't *eat **anything***--he eats broccoli
　　　　　　　　　when his father cooks mushrooms.

これは以下の (36) の the winner が指示的であれば、その否定形は (37a) になり、(36) の the winner が非指示的であれば、その否定形は (37b) になる (cf. 岩﨑 2015b) ことと並行的である。

(36)　We will choose the winner.
(37)　(a) We will not choose the winner.
　　　　(b) We will not choose any winner.

Stanley (ibid.) が当該の something が指示的なのか非指示的なのかを明らかにしていない以上、前者の可能性が依然として残り、そのために、S＊は依然として残るのである。
　　当該の eats の後ろに something を抽象的な構造のレベルで仮定することが問題であることが分かったため、残る代替案は 2 つである。1 つは eat を自動詞と捉えることである。すると (32) の抽象的な構造は以下のようになる。

(38)　Speaker A: Whenever John's father cooks mushrooms, John eats.

Speaker B: #No he doesn't *eat **anything*** he eats broccoli when his father cooks mushrooms.

すると、Speaker B における he doesn't eat anything と he eats (broccoli)は矛盾することになる。

もう1つの代替案は、eats の目的語に変項 x を設定することである。結局、最終的には既に見た1つ目の代替案もこの2つ目の変項を用いた仮説に収斂されることになると思われる。なぜならば、Speaker A 中の eat を自動詞と仮定したところで、eat の目的語が指示する指示対象がなければ、彼は食べることができないからである。変項説を採択した場合の (32)の抽象的な構造は以下のようになる。

(39) Speaker A: Whenever John's father cooks mushrooms, John eats *x*.
Speaker B: #No he doesn't *eat **x*** he eats broccoli when his father cooks mushrooms.

変項 x があらゆる可能性に開かれている、すなわち、いかなる値も可能性としては採り得る場合、上記における doesn't eat x は実質的には does not eat anything と同じである。[19]そして、このことを念頭に置くと、he doesn't eat x(=he doesn't eat anything)は he eats broccoli と矛盾することなる。[20]そして、これこそが（すでに見たような、抽象的な構造における対比による説明が上手くいかないことを踏まえれば）(32B)の不自然さの原因であると思われる。さらに、eat something (something が指示的な場合) や eat the mushrooms that his father cooks の想定のもとでは、その否定形は he doesn't eat x(=he doesn't eat anything)ではなく、それぞれ、he doesn't eat something, he doesn't eat the mushrooms that his father cooks であることに注意しよう。すると、それらの場合には、he doesn't eat x(=he doesn't eat anything)と he eats broccoli の間に見られたような矛盾は生じていないことになる。すると、eat something (something が指示的な場合) や eat the mushrooms that his father cooks を動詞の直後に想定する過程のもとでは、(32B)の不自然性を上記のような不自然性に帰することはできず、別の理由を探さなければならないという問題が生じる。

本書の eats x の説が、Stanley (ibid.)の eats something の説に比べて優れている点を3つ確認しよう。1つ目は trivial なものである。変項

x は、既に述べた通り、複数形名詞や複数の値を扱うことができる、ということである。2 つ目は、これも既述の通り、(32B)の不自然さを同一発話中の矛盾に帰すことで説明できる、ということである。3 つ目は本書の仮説では、(32A)が以下の解釈を持つことも、可能性としては、排除しないということである。

(40) Whenever his father cooks mushrooms, John indeed eats them
(=the mushrooms that his father cooks).

その一方で、本書の仮説は eats apples や eats an apple and an orange の解釈も排除しないのである。Stanley (ibid.) の eats something の解釈では(40)の解釈は排除されてしまうのである。数の一致が起きないことから同一指標になれないのは明らかなためである。

このように指示的名詞の可能性を潜在的に持ち得る something を動詞の非顕在的な目的語として扱うよりも、その位置に変項を仮定することの方がメリットは大きいのである。ここでも非指示的な要素を仮定する意味論の強みが示されたと言えよう。

さらに以上の議論から、最小命題のレベルでは (32A) の eats の目的語には変項 x があること、そしてその変項 x を指定する値は語用論的に、多分に、自由補強によって決定されると言えるだろう。

6.8.4. 「前置詞 + 変項」と自由拡充

動詞と同様に名詞を補部に取る前置詞を含む表現を考えてみよう。下記は本書著者が Stanley (ibid.) の(32)を参考に、作成したものである。

(41) [John が a student of mathematics であると仮定した場合]
Speaker A: John is a student.
Speaker B: #No, he isn't--he is a student of medicine.

ここで、仮に Speaker A の発話の student の後ろに (飽和による最小命題のレベルで) of mathematics が隠れていたとすれば、上記の Speaker B の発話は自然なはずであるが、実際には自然ではない。すると、Speaker A の発話の student の後ろには of mathematics は隠れていない、ということになる。ここで、「最小命題は確固とした真理条件を有してはいる」(西山 2004: 46) ため、B の Yes, No の答えの決定には A の最小命題が問われている、といえる。すると、Speaker A の発話の student の後ろには (飽和による) 最小命題のレベルで of mathematics は隠れていない、と

言い換えることができる。すなわち、最小命題を作る飽和において、John is a student of x の x は mathematics で埋められておらず、最小命題のレベルでは x は様々な可能性に対して開かれており、x が埋められるのは自由拡充によって表意が決定されるレベルでということになる。これは既に見た「動詞 + 変項」と同じである。

6.8.5. 非飽和名詞のパラメータの決定と自由拡充

　以上の議論から非飽和名詞のパラメータは飽和ではなく、表意を決定する自由拡充によって指定されることが分かった。ここで author のような語は多くの場合は「author of x（パラメータ）」として非飽和名詞として使われることが多いが、場合によっては飽和名詞としても用いられることを思い出そう。後者は、例えば、職業としての著述業という意味で、である。その場合、パラメータは要求されない。そして、ある名詞が非飽和名詞か飽和名詞かが決定されるのは、表意の段階であると言える。非飽和名詞のパラメータが何によって指定されるかが決定されるのが自由拡充を経た表意のレベルであるとすれば、ある名詞が非飽和名詞か飽和名詞かが決定されるのは、表意の段階であると考えるのは自然である。また、次の文は少なくとも最低限の真理条件は等しい。

(42)　(a) John is a student.
　　　(b) John is a student of x.

要するにある名詞句が、上記の(42b)のような、パラメータ値が決定していない非飽和名詞であるか、上記の(42a)のように、変項 x をもたないかは真理条件的には実質的な差異はなく、両者は同じ最小命題を有すると言ってよい。[21]
　仮に、西山（2003）が主張するように、ある名詞が非飽和名詞であるか、飽和名詞であるかはレキシコンで決まっているとすると、author は常に author of x という意味であることがレキシコンのレベルで決まっている、ということになる。（実際、「作者」を非飽和名詞として西山（ibid.：33）は扱っている。）すると、author が「著述業」という意味での飽和名詞として使用することもできる、という可能性が除去されてしまうことになり、問題である。ということは、ある名詞について非飽和名詞か飽和名詞かをレキシコンで規定するという西山（ibid.）の理論的立場には問題があるということになる。
　さらに、仮に、非飽和名詞のパラメータが自由拡充ではなく、飽和によって指定されるとしよう。すると、author に関する文法形式、すなわ

ち、「author of x」がパラメータ x を指定するように義務づけるわけであり、このことは author が非飽和名詞であることを暗黙のうちに想定していることを意味する。これは author が飽和名詞である場合があることを扱えず問題である。

さらに非飽和名詞の存在を裏付けるものとして、one が挙げられる。下記の例を見てみよう。（容認性も原典による。フォント等は修正。）

(43) (a) The student with short hair was taller than the one with long hair.
      (b) *The student of chemistry was taller than {the one / that} of physics.
      (c) ??The chemistry student was taller than the physics one.

(田中・本田・畠山 2014: 5)

田中・本田・畠山（ibid.）が解説しているように one は of α を付けることができない。これは、one が「of ＋ パラメータ」を意味的に内包し、飽和名詞と同一指標となることを示している。統語的には以下の構造を持つことなる（田中・本田・畠山（ibid.: 4-5）は引用していないが、この統語構造については Radford（1988）を参照されたい。）

(44) (a) [[student (of α)] with ...]
      (b) [[α student] with ...]

上記の(43c)においても、パラメータを the one の間に physics（すなわち、パラメータ）を挟むことはできず、これも、one が of ＋ パラメータを意味的に内包することを示している。One がパラメータの意味を内包するからこそ、別のパラメータ（physics）を伴うことができないのである。（ただし、並列の場合は除く。）さらに、α が自由拡充で決定されるということは(43)のような統語的現象と考えられていた現象は表意のレベルの現象である可能性があるが、この点は将来的研究に委ねる。

さらに、(45)のように音声上は言えなくはない点も興味深い。

(45) John is a student of nothing.

しかし、この場合、ジョンは学生ではない。[22]すなわち、(45)では、ジョンは非飽和名詞としての student の属性を有していないのである。非飽和名詞のパラメータ α は必ず実質的な属性を持つものによって指定され

なければならないのである。αを指定するのは自由拡充であるから、最小命題をより豊かにする内容が付け加えられる必要がある。(32A) の eat も目的語には nothing は来られない、というのが信頼できる複数の母語話者の判断であった。この点でも、非飽和名詞と「動詞 + 変項」の構造は英語においては平行的である。日本語では、「食べる」と行ったときに、いかなる目的語を持とうとも「食べない」という意味にはならないのは、英語で eat nothing と統語的には可能であることと対照的である。一方で、日本語でも非飽和名詞については以下のような例が可能である。

(46) Speaker A: あなたは部活の部員ですか。
Speaker B: (笑いながら) はい、部員です。
Speaker A: どこの部の部員ですか。
Speaker B: 帰宅部部員です。

上記の会話において、実質的には Speaker B はどこの部にも属しておらず、意味的には「αの部員」のパラメータαは有意義な内容で指定されているとは言い難い。それにも関わらず、音声上は「帰宅部部員」という言い方が可能である点は興味深いことである。「無任所の部長」のような言い方も同様であるが、この場合はこの肩書を持つ人物は実質的に部長格であり、帰宅部部員の生徒のように実質がないのとは異なる。これらの点は今後の研究課題とする。

▌ 6.9. まとめ

　本章では日本語学で盛んに議論されてきたウナギ文についてまず坂原（ibid.）と西山（ibid.）の先行研究を確認した後、上記の2つの先行研究の中心的主張を取り入れながら、本書の仮説を提案した。特に、英語定冠詞と日本語の「は」が命題函数の意味を有し、その語彙化した要素である、と主張した点がオリジナルな点である。本章の英語ウナギ文の仮説をさらに一般のコピュラ文の分析にも敷衍し、コピュラ文は意味論レベルでは叙述文と指定文ともに同じ意味構造を持ち、さらに、英語ウナギ文も同じ意味構造を持ち、個々のコンテクストに応じて、叙述文の読み、指定文の読み、さらにウナギ文の読みが生じると主張した。日本語のウナギ文でも同様のことが言えるということも主張した。さらに、非飽和名詞と「動詞 + 変項」の比較も行い、前者のパラメータと後者の変項は、両者ともに、最小命題を豊かにするレベルで決定される、すなわち、両者ともに、そのパラメータおよび変項の指定は、自由拡充によ

って語用論的に行われる、ということも確認した。

【付記】
以上の本章の一部（ウナギ文の分析箇所）は日英言語文化学会第 13 回年次大会
（2016 年 6 月 10 日、於・明治大学）での研究発表「「ウナギ文」における英語定
冠詞と日本語の「は」―英語定冠詞の意味と英語教育におけるイメージ図の活用
可能性―」に基づいている。

［ディスカッション 1］倒置指定コピュラ文の統語構造

　西山（1985）は「A は B だ」という形の倒置指定文（倒置コピュラ文）
の統語構造について「A が B だ」という指定文が「C は」の部分に埋め込
まれた文、すなわち、「「A が B だ」のは…だ」を規定構造として、そこか
ら、「A が」を「…だ」の「…」に移動させる派生を提案している。一方、
西山（ibid.）が引用する上林（1984）では「A が B だ」の「B だ」を文頭
に移動させ「B なのは」とし、さらに、残った「A がだ」の「が」を義務
的に消去する、という派生を提案している。Hasegawa（1996）は A と B は
小節内で基底生成し、そこから、それぞれ話題句指定文と IP 指定部（主
語位置）に移動すると主張している。この Hasegawa（1996）の分析は
Heggie（1988a, 1988b）を参考にしたものである。さらに、岸本（2012）は
倒置指定文の派生を分裂文の派生と並行的であると想定し、空演算子の
移動を仮定し、それと同一指標（原典では「同一指示」）が与えられるの
が「A は B だ」の B である、と彼は主張する。（岸本（ibid.）の空演算子
を用いた統語的に複雑な統語分析に関しては、Den Dikken（2006）の（英
語の）倒置指定文の統語分析も参照されたい。）岸本（ibid.）の分析で
は、B の統語位置は明示されていない。一方、西垣内（2016）では倒置指
定文「A は B だ」は A, B ともに、左辺領域（cf. Rizzi 1997）に位置し、
A は話題句指定部、B は焦点句指定部に位置する。）
　以上の先行研究の中で、岸本（ibid.）は B の統語位置を精密に明示し
ていないためここでの議論から当面、除外し、西垣内（ibid.）は A を話
題句指定部に移動させていることから、「は」は話題を表すということを
受け入れていると見なすことができる。その点では Hasegawa（ibid.）の
分析と同じである。さらに、上林（ibid.）は B がもともとガを伴う主語
位置に置かれており、それよりも統語的に高い位置に A を移動させている
点、すなわち、現在の分析で置き換えれば、A を CP 指定部（それが話題
句であれ、焦点句であれ、何であれ）に移動させている点では、西垣内

（ibid.）と Hasegawa（ibid.）の分析と同じである。

西山（ibid.）の分析は、上林（ibid.）、Hasegawa（ibid.）、西垣内（ibid.）とは異なり、B を CP 左辺領域に移動させていない点が特徴的である。しかし、B が「ガ格」を持つものであるという点では上林（ibid.）、Hasegawa（ibid.）と同じである。

以上のように、大きな論点は二つある。まず、「は」を話題を表すと考え、「A は」を統語的に高い位置、すなわち、話題句指定部に位置させるという分析が妥当かどうか、という点である。この点については既に西山（2003）が精力的に論じ、「は」の意味は「主題」とは切り離して「二分・結合」であると捉えられるべきであると主張している。私も基本的にはこの立場に賛成であり、岸本（ibid.）や西垣内（ibid.）の倒置指定文の派生も多かれ少なかれ、情報構造の影響から逃れていないのに対して、西山は既に西山（1985）の時点から、「旧情報」、「新情報」という情報構造の観点から「は」と「が」の分析を行うのは「原理的に限界があること」（p. 135）を指摘しており、私も「は」については、その立場を取りたい。すなわち、B 層からではなく A 層からの分析を試みるのである。ただし、私は「は」は「二分・結合」というよりも、命題函数が語彙化したものである、という立場を取る。函数がインプットとアウトプットを仲介するものであると考えれば、西山（ibid.）の「二分・結合」と直感的にはそれほど矛盾するものではない。

第二の論点は B が「が」を抽象的なレベルで伴い、音声レベルで「が」が削除され、「B（が）」は主語位置に位置するという分析がどれだけ妥当かということである。例えば、西山（1985: 152）は以下を示している。

(47) 責任者は私ガだ。[23]

上記の「ガ」の義務的消去については、西山（ibid.）は三上（1953）と上林（ibid.）に帰しているが、「ガ」の義務的消去の理由は示していない。西山（2003: 137-138）でも同様である。肝心の「ガ」の義務的消去の理由が明示されていない以上、そのような義務的消去は規定に過ぎない。

本書では表 5-1 を参照し、もし、そこでの規則が英語だけでなく、日本語に適用されるのであれば—そのことのさらなる検証は今後の研究に委ねることになるが—倒置指定文「A は B だ」の A は [x が A だ] という命題函数の意味を有し、その変項 x は B のみに指定されるため、変項 x の値の個数の可能性も 1 個のみとなり、表 5-1 に従い、「A は」は TP 指定部に位置することになる。[24]（これは岸本（ibid.）と結果的には同じである。）

さらに、「B だ」は統語的にそれより低い位置に位置することになるが、ここでは Heggie (1988a, b), Den Dikken (2006) の英語の倒置指定文の分析や Hasegawa (1996) の日本語の倒置指定文の分析に従い、小節内で基底生成すると仮定する。特に、Heggie & Iwasaki (2013) で主張したように、Den Dikken (2006) の Relator Phrase を用いて小節を分析し、「だ」を Relator 主要部が語彙化したものであると仮定すると、倒置指定文の派生・統語構造は概略以下のようになる。

(48) $[_{TP}$ A_i は $[_{RP}$ t_i B $[_R$ だ$]]]$

以上の構造では、B は小節内に留まっており、主語位置にはなく、「B が」というガ格付与は、「A は B だ」の構造においては、いかなる抽象的なレベルでも音声のレベルでもなされないのである。
　一方で、もし B が TP 指定部に移動した場合には「が」を伴い、以下のように「B が A だ」の構造が生じる。野田 (1996:15) は「B が」(原典の例文では「八木が」) について「ほかの者ではないという意味が強く出ている」と述べており、これも「B が」が焦点句であること (cf.西垣内 2016: 146) を支持する。

(49) $[_{FocP}$ B_j が $[_{TP}$ A_i $[_{RP}$ t_i t_j $[_R$ だ$]]]]$

まず、A が変項名詞句であり、変項の値は B で指定されるため、変項の値の個数は 1 個となり、表 5-1 (が仮に日本語にも当てはまるのであれば) により、TP 指定部に移動しなければならない。次に、B が焦点句指定部に移動する。これは以下のような会話を考えても自然である。

(50) 花子: 優勝者は誰？
　　 太郎: 次郎が優勝者だよ。

上記では次郎が新情報を与え、焦点句指定部に位置している。(似たような分析として Mikkelsen (2005a) も参照されたい。)「は」の分析では一切、情報構造を考えず、命題関数の語彙化したものとして「は」を捉えたが、ここでは、「が」については情報構造に依拠している。それは、(50) のような会話が自然であることからも支持されるものであろう。また、倒置指定文「A は B だ」から「B が A だ」への変形が義務的ではなく、話し手の意図に基づく、任意の操作であることからも、B の移動は表 5-1 に基づく、変項に基づく移動 (すなわち、言語と数のモジュールによる移動)

ではなく、言語モジュール外の、情報構造、すなわちB層に基づく移動であるとわかるだろう。

　一方で、以下のように、天野（1995a, 1995b）が主張するような「…のが…」の構造の場合、事情は異なる。

　（51）特におすすめなのがこのメニューです。（天野 1995a）

上記の構造は天野（ibid.）では倒置指定文の一種として扱われており、「このメニュー」は西山（2003 他）の術語でいえば、値名詞句である。一方、本書（次の［ディスカッション 2］を参照）の分析では(51)は倒置同定文である。この場合、「特におすすめなの」は焦点化されておらず、主語位置に移動する。そのため、(51)の統語構造は概略、以下のようになる。

　（52）［$_{TP}$［特におすすめなの］$_i$ が［$_{RP}$ t_i このメニュー［$_R$ だ]]]

ただし、上記は「特におすすめなの」が(i)小節内に基底生成されること、(ii)その後、TP 指定部（主語位置）に移動することの 2 点のみをスケッチしたものであり、さらなる詳細は今後の研究課題としたい。

　上での最初の倒置指定文と指定文の分析に戻ると、倒置指定文こそ指定文の基底文（すなわち、指定文が倒置指定文の変形した形）になっているのである。[25]したがって、「倒置指定文」と「指定文」という術語の使用（あるいは、その他の「倒置…文」というコピュラ文）はあくまでも主要な先行研究の一つである西山（2003）の術語に合わせ、議論を分かりやすくするため、という便宜上の理由によるものに過ぎないことに注意されたい。これは本書全体に当てはまる。さらに、岸本（ibid.）や西垣内（2017）では、変項名詞句（に相当するもの）の構造について統語論レベルで複雑な分析を行っているが、私は甚だ懐疑的である。変項名詞句はあくまでも独立した意味論レベルの概念であって、それに対応する統語構造が存在するかどうかは不確かであるからである。もっとも、Chomsky のように、自然言語が統語論と語用論からなり、意味論の部門を設定しない場合、このように変項名詞句について統語的に複雑な分析を行うことを余儀なくされるのであろう。[26]

　また、(48)のような分析は、「は」を話題（topic）と暗黙のうちに関連付けて、「A は」が CP 指定部に移動する（Hasegawa 1996, 畠山 2004: 166）のような立場では決して実現しない分析である。「は」について情報構造を取り払い（cf. 西山 2003）、すなわち、言語モジュール外の情報

構造を一切取り払い、命題函数の語彙化として見ることで可能となる。

［ディスカッション 2］（倒置）指定文に内蔵する（倒置）同定文

　西山（2003）は（倒置）同定文を「A は B だ」、「B が A だ」（いずれも A が指示的名詞句の場合）として議論しているが、実は「A が B だ」の（倒置）同定文も可能である。以下は西山（ibid.：168）で引用されている熊本（1989, 1995）による「A は B だ」の倒置同定文の例である。

(53)　(a)　あの男は、社長の片腕として信任の厚いひとだ。
　　　(b)　これは、出涸らしになったコーヒー豆を乾燥させて固めたものです。
　　　(c)　こいつは山田村長の次男だ。

しかし、上記の「は」はいずれも「が」で置き換えることができる。

(54)　(a)　あの男が、社長の片腕として信任の厚いひとだ。
　　　(b)　これが、出涸らしになったコーヒー豆を乾燥させて固めたものです。
　　　(c)　こいつが山田村長の次男だ。

ここから「A が B だ」というタイプの倒置同定文が可能である場合があることが分かる。（もちろん、すべての「A は B だ」型の倒置同定文が「A が B だ」に書き換え可能なわけではない。）
　この点に留意すれば、以下の天野（1995a）の文は「A が B だ」の倒置同定文と見なすべきである。（天野（ibid.）自身は倒置指定文である、と主張している。なお、天野（1995b）も参照されたい。）

(55)　特におすすめなのがこのメニューです。

上記を倒置同定文と見なすということは以下のようなことになる。「特におすすめなの」で指示対象（あるいは、話し手のメンタル・スペース内の心的表象[27]）を指示し、そして、その「特徴記述」（西山 ibid.）をしているのが、「このメニュー」であり、まさに、特におすすめなものが「このメニュー」に「ほかならない」（西山 ibid.）と認定しているため、(55)は西山（ibid.）の言う倒置同定文の意味的な条件も満たしていると

いえよう。

　「…の」で話し手のメンタル・スペース内の心的表象を指示することについてさらに補足しよう。天野（1995a, b）の挙げている「…のが…だ」というタイプの実例や彼女の例文は「…の」の部分で話し手のメンタル・スペースにおける心的表象を指示していると私は考える。言い換えれば、話し手のメンタル・スペースの中では既に心的表象が定まっており、それに対応する対象物を話し手の目の前の現実世界の中で探すと「…」（「だ」の前の「…」）だ、とうことになると私は考える。[28]実際、下記の「は」と「が」の違いを考えるとそれはより一層鮮明になる。

(56)　A:　この中で特におすすめの商品を教えて頂けませんか。
　　　　B:　この中で<u>特におすすめなの</u> {は/?が}、うーん、…あ、分かった、これです。

上記では「は」は自然なのに対して、「が」はかなり容認度が下がる。この事実も下線部（「が」を伴う場合）は話者のメンタル・スペース内の心的表象を指示していることを支持している。なぜならば、その後に、「うーん、…」と考えることは、そのような心的表象の指示と矛盾することになるから「が」が不自然であると考えれば、(56B)の不自然性を上手く説明できるからである。一方、「は」を伴う場合は下線部は非指示的な変項名詞句になり（西山 ibid.）、「うーん、…」と考えることと何ら矛盾しない。以上の議論から、話し手のメンタル・スペース内の心的表象を指示していると考えれば、(55)のタイプの文も倒置同定文であると言えよう。さらに、天野（1995b: 9）は(55)のタイプの文の「…の」の部分によって「指定されるものを選びだす際の母体となる候補群や範囲が示される」と述べている。「指定されるものを選びだす」を「同定されるものを決める」と置き換えれば、本書の趣旨と合致する。メンタル・スペースの中の心的対象を指示するため、メンタル・スペースにより天野（ibid.）の言う「候補群や範囲」が限定されるのである。また、天野（ibid.: 13）は同構文の「…のが」の「…」の部分の名詞句について、「個々の文脈に即した、細かな意味の表しわけを含んだ創造的表現が用いられる傾向がある」と述べ、また、天野（ibid.: 14）は「発話者間の共通知識に依存するもの」は当該の「…のが」の「…」の部分には現れない、とも述べている。これも本書の理論的立場を指示する事実である。「…のが」の部分が心的表象を指示するため、具体的な文脈に即した詳細な意味を有する表現になるのは当然だからである。さらには、天野（ibid.）は同構文の「…のが」の部分について「その特性のはなはだしいこと、特に特立

的であることを表すものが多く現れる」と述べている。この事実も、天野（ibid.）の倒置指定文分析よりも、本書の倒置同定文分析をより強く支持していると思われる。話者の心的表象の中の指示対象であると考えれば、その指示対象の特性が際立っているのは当然だからである。むしろ、天野（2015a，b）が主張するように、「…のが」が変項を含むとすると、上記の事実は上手く説明できないだろう。さらに、(55)のようなタイプの文について、野田（1996：237）は「聞き手や読み手の注意を引きつける効果が強いので、事実を淡々と述べるような文体ではほとんど使われない。」と述べている。話し手・書き手の心的表象の中の指示対象を指示し、それについて述べる文であるという本書の主張は、この野田（ibid.）の主張とも合致する。なぜならば、心的表象の中の指示対象を指示する名詞句を敢えてガ格で表示し、それが「…だ」の…の部分が指示する、目の前の対象と同じであることを述べているため、話し手・書き手の心理や気持ちを表す文であるため、そうではない客観的な事実の記述には向かないためである。

　西山（2003：178）は熊本（2000：85）に帰して、下記の差異を示している。（容認性も原典による。）

(57) ?特におすすめなもの、それがこのメニューです。
(58) 特におすすめなもの、それはこのメニューです。

しかし、(57)は私の言語直感では十分に容認可能である。[29]
　次に西山（ibid.）は熊本（ibid.）に帰して、下記を示している。

(59) *特におすすめなものがいったいどれだ。

これも、倒置指定文ではなく、（倒置）同定文であると考えれば、容認不可能なのは当然である。以下の例がそれを示している。

(60) (a) *このチョコレートはどれだ。
　　 (b) *このチョコレートがどれだ

既にAで指示対象を（世界あるいはメンタル・スペース内で）定めているのだから、それについて「どれ」と問うのはナンセンスである。[30]
　次に西山（ibid.）は熊本（ibid.）に帰して、下記を示している。

(61) ?特におすすめなのがこのメニューではありません。

私の言語直感では上記は容認不可とまでは言えない。仮に、やや不自然さがあるとしても、それは他の「A が B だ」の倒置同定文の否定と同じである。

(62) (a) あの本が、今話題の英文法書です。
     (b) ?あの本が、今話題の英文法書ではありません。

上記の (62a) は倒置同定文であり、(62b) がその否定形である。(61) と (62b) は同程度に不自然であり、そのことは(55)が「A が B だ」型の倒置同定文であることをより強固にするものである。

　岩﨑 (2015b) では the winner is John は「優勝者はジョンだ」よりも、天野(1995a)の、(55)と同じような「優勝者なのがジョンだ」に意味的に近いと指摘している。倒置指定文の読みでは「優勝者は誰かと言えば、それはジョンだ」という意味になるが、「優勝者なのがジョンだ」の読みでは「もともと未知、不特定であった優勝者αはジョンに他ならない」という読みになる。英語の定冠詞が必ず変項を1つ要求するということからも、優勝者αはもともと未知・不特定であっても、必ず存在する、ということと合致する。さらに、上記のコピュラ文では取り立てて特定の時間も存在しない。(3.2. を参照。) 要するに、ここでの the は不特定ではあるが、定ではある、ということである。αは性や数を持たないため、代名詞で受けるときには it となる。ここで西山 (ibid.) の言う倒置同定文とは異なり、the winner は指示的名詞句ではないことに注意しよう。ここでの the winner は[x is the winner]という命題函数の意味を持つ変項名詞句である。そして、その変項 x はαによって指定される (以上、倒置指定文の読み)。そして、そのαはジョンに他ならない (以上、倒置同定文の読み)、ということである。したがって、the winner is John は倒置指定文の読みと倒置同定文の読みの両方を持っていると言える。以上が、the winner is John の精密な意味構造であるが、叙述文読みとの差異を分かりやすくし、また、対応する日本語のコピュラ文との比較を行いやすくするため、本書では the winner is John のタイプのコピュラ文は便宜上、倒置指定文として議論してきたし、この後もそのように行う。

　本書では一貫して the と「は」が命題函数が語彙化したものであると主張する。そのため、「は」を伴わない(55)のタイプの文は命題函数を持ちえないため、倒置指定文にはならず、倒置同定文である、と本書は主張する。一方、英語の the winner is John のタイプの文は the を伴うため、命題函数を持ち得るため、結果として倒置指定文と倒置同定文の意味の

両方を持ち合わせたものとなる。したがって、天野（ibid.）の主張である、(55)のタイプの文が倒置指定文であるとすると、西山（ibid.：177）による「コピュラ文のタクソノミーは大幅に変更しなければならなくなる」との懸念は不要である。同様に、西山（ibid.）の「変項名詞句を受けるのに「が」を用いることができるというのは、筆者の立場からすれば少なからぬ問題が残る」という指摘を本書は支持することになる。なぜならば、本書の理論的立場では、既述の通り、「は」は命題函数が語彙化したものであるが、「が」はそうではないため、後者は変項名詞句を受けることはできないからである。より正確にはコピュラ文に関する限りは「は」が付くからこそ、その直前の名詞句に関して命題函数を構築し、変項名詞句として解釈することが可能になるのである。

　以上の議論を念頭において、英語の指定的疑似分裂文を考えてみよう。以下の例文は、Den Dikken, Meinunger, & Wilder (2000) 他が議論している。

(63) <u>What John is</u> is important for himself.

以上のような文は、叙述文と指定文でまず読みが分かれるが、さらに指定文読みにおいて、下線部を質問と捉える読みと自由関係節と捉える読みに分かれる (Den Dikken, Meinunger, & Wilder ibid.)。他に、細部は異なるが、西山 (2010) も同様な分類を行っている。下線部の意味を[John is x]という命題函数と捉えたとき、西山（ibid.）が主張するように、x を指定するのがコピュラ直後の要素の場合とそうでない場合がある。分かりやすくするために、コピュラ直後が名詞句である例を考えてみよう。

(64) <u>What I don't eat</u> is food for the dog. (Declerck 1988: 69)

ここで、下線部は[I don't eat x]という命題函数の意味を持つ。そのときに food for the dog という名詞句が直接 x を指定する読みについては西山(ibid.)や Den Dikken et al. (ibid.)らが議論を行っており、本書の立場も彼らとそれほど大きな差異はない。しかし、[I don't eat x]の変項 x を直接指定しない読み、特に下線部を自由関係節と見なす（西山(ibid.), Den Dikken et al. (ibid.)）読みは、本書は彼らとは理論的立場が異なる。この場合、変項 x を指定する値 α があり、その値 α は food for the dog であるという「特徴記述」を施されており、それに「ほかならない」と文全体で述べていることになる。「特徴記述」と「ほかならない」という論述は西山 (2003) による、（倒置）同定文についての論述で

ある。文全体では＜私が食べないものハ何かという問いを満たすものガ
犬用の餌という特徴を持つものに他ならない＞という意味になる。ここ
で、下線部の意味が[I don't eat x]になっていても、αの「特徴記述」
が food for the dog であると考えると、food for the dog は直接、x を
指定しているわけではない。変項 x を指定しているのはあくまでもαであ
り、そのαが food the dog という特徴を持ち、それに他ならない、とい
う解釈である。これは倒置同定文の解釈を一部取り込んでいるが、通常
の倒置同定文「A is B」の A が指示的であるのと異なり、コピュラ前の下
線部は what で導かれる自由関係節であり、非指示的である。そして、命
題函数[I don't eat x]の変項 x を指定する値αが定（しかし不特定）で
ある。(what が移動するときは、what を変項と考えれば、それを指定する
可能性のある値は無数であると言ってよいが、what の移動後に変項 x を
指定する値はαのみとなる。) 同様に、(63)においても、見かけ上は what
A is is B の形となり、what A is は非指示的、A は指示的である点が特
異である。変項を持ちそれを指定するという点で倒置指定文の性質を持
ち、その指定する値αについての解釈は倒置同定文的であると言っても
よい。いわば、倒置指定文と倒置同定文の両方の性質を埋め込んだ倒置
指定同定文と呼ぶべきものである。これは英語のコピュラ文 the winner
is John が倒置指定文の性質と倒置同定文の解釈の両方を併せ持つことと
パラレルである。

　西山(2009)は(64)について、疑似分裂文（原典では「擬似分裂文」）と
倒置指定文の解釈を分け、後者は疑似分裂文ではない、と主張している。
これは多くの先行研究とは異なる立場である。例えば、Den Dikken et al.
(ibid.)は西山（2009, 2010）の倒置指定文読み、すなわち、自由関係節
読みを疑似分裂文の中の一タイプであると主張しており、このように
(64)をどのように読むにせよ、疑似分裂文であることには変わりない、
というのが多くの先行研究の前提である。西山（ibid.）ではこの前提と
異なり、疑似分裂文と倒置指定文を区分し、前者は後者の要素を持たな
いと主張している点が特異である。さらに、西山（ibid.）が特異である
のは、疑似分裂文をどうやら正真正銘の分裂文のように読んでいる点で
ある。西山（2009: 85）は、(64)を疑似分裂文として読んだときには eat
の目的語は food for the dog であり、倒置指定文として読んだ場合には、
eat の目的語は「自由関係節 what I don't eat の内部に含まれている先
行詞である」と主張している。さらに、西山（2010: 79）は疑似分裂文と
して読んだときのみ、(64)を I don't eat food for the dog と言い換え
ることができると主張している。

　しかし、表 5-1 で示したように、what を変項と見立てた場合、what は

変項に入り得る値の個数が多数である場合のみに CP 指定部に移動することができる。すると、what の Wh-移動直前の段階では (64) の下線部は[I don't eat x]の意味を有し、その変項を指定する値は理論上、多数ある、ということになる。これが下線部単独の意味であるが、文全体では food for the dog が x を指定するのである。言い換えれば、西山（ibid.）の言う疑似分裂文の読みで読んだ場合でも、eat の目的語は変項 x である。そして、その変項 x の値を food for the dog（本書の理論的立場では α）が指定しているのである。What を変項と見立て、その変項 x が直接 food for the dog のみによって指定されると考えると変項の数は 1 つになり、表 5-1 により、what は接頭に移動できず、元位置に留まり、*I don't eat what という構造が誤って予測されてしまう。何より、西山（ibid.）のように eat の目的語を food for the dog であると捉えるということは what が何であるのか、そして、どのような原理で Wh-移動を経ているのかという問題を残すことになる。結局、西山（ibid.）の言う疑似分裂文と解釈する場合であっても、eat の直接的な目的語は変項 x、すなわち、それが語彙化した what であって、eat の直接的な目的語は food for the dog ではないのである。そして、西山（ibid.）の言う疑似分裂文の読みの場合には、その変項 x が food for the dog によって直接指定されるのに対して、西山（ibid.）の言う倒置指定文読みの場合を、本書流の言い方で言い直せば、変項 x が α によって指定され、その α に対して倒置同定文の読み（西山 2003）が適用され、その α の「特徴記述」が food for the dog によってなされるのである。したがって、西山（ibid.）の言う倒置指定文の読みの場合には、(64)は下線部が変項を含む命題函数の意味を有し、その変項 x が α によって指定されるという点で倒置指定文の読み、そして、その α に「特徴記述」による同定の読みが施されるという点で倒置同定文の読みが施され、(64)は倒置指定文に倒置同定文が内蔵された読みを持つといえよう。結局、(64)の指定文読みの下位区分（Den Dikken et al. 2000, 西山 2009, 2010）は意味論的レベルで変項 x を直接、コピュラ直後の要素が指定するか、あるいは、一度 α が指定し、その α に対して倒置同定文読みが施されるかという違いに帰されるのであり、西山（ibid.）が主張するような eat の目的語がコピュラ直後の要素か「自由関係節 what I don't eat の内部に含まれている先行詞」（西山 2009: 85）かによって区分されるものではないのである。（さらに、西山（ibid.）が eat の目的語という議論をする際に、それが意味論レベルでの議論か統語論レベルの議論かも鮮明ではない点も問題である。なお、本書は意味論レベルにおける eat の直接的な目的語はあくまでも変項 x であると主張し、コピュラ直後の要素であるとは主張していない点に注意されたい。）さらに、α

を介在させず、西山（2010: 80）が主張するような[x is [NP the thing that John is pointing at]][西山(ibid.)の原典の構造を直接引用。]という構造でも同じ議論が可能であるという反論も予想される。しかし、(64)の下線部とは異なり、what John is pointing at の場合、ジョンが指さしているのはもの（thing）なのか人（person）のなのか、あるいは、その他の抽象的なもの（数式や命題）（を書いた黒板）なのかが分からないため、命題函数内で「もの（thing）」のみに限定するのは問題がある。このような thing, person, あるいは、抽象的な存在物等のすべての可能性を含むαを値として設定することが必要なのである。

今井・西山（2012: 187）は以下の例文を叙述文読み、「広義の倒置指定文（擬似分裂文）」［丸括弧とその中も原典による］の読み、Wh-節を「間接疑問節」と読む3つの読みを示している。

　(65) <u>What Henry whispered to Nancy</u> is a military secret. (Gundel 1977: 544)[今井・西山（ibid.）の引用では下線の代わりにイタリック表示]

2つ目の読みを今井・西山（ibid.）は「広義の倒置指定文（擬似分裂文）」と呼んでいるが、これは西山（2009）とはやや異なる立場であるといえよう。西山(ibid.)では「倒置指定文」の読みと「擬似分裂文」の読みは区分されていたからである。しかし、西山（ibid.）の言う倒置指定文の読みのときと、西山（ibid.）のいう「擬似分裂文」の読みのときでは(65)はかすかに読みは異なることに注意しよう。前者の場合、下線部が[Henry whispered x to Nancy]（今井・西山 ibid.）の意味を有し、その変項 x がαによって指定され、そのαの「特徴記述」が a military secret によってなされ、αは military secret に他ならない、と同定される、というのが本書の立場である。（西山（2003）の倒置同定文読みに対応する。）この場合、Henry がαを military secret であると知らなくてもよい。一方で、西山(ibid.)の言う「疑似分裂文」の読みの場合、下線部が[Henry whispered x to Nancy]の意味を有し、その変項 x が a military secret によって直接、指定される。この場合、Henry も、おそらく Nancy も、ささやかれたものは military secret であるという自覚があったであろう、という解釈が自然である。

西山（2003: 168）は倒置同定文「AはBだ」、「BがAだ」のAは指示的名詞句で、「Aを同定するためには、Aの指示対象は同定されていなければならない」と述べている。しかし、「定かつ不特定（未知・不確定）」の名詞句がAである場合の「AがBだ」という倒置同定文は存在する。例えば、

154

5 人がある部屋に集まってゲームをする場合に、5 人それぞれに数字の番号をあてがう必要があるとしよう。その場合の会話が以下である。

(66) 太郎: サイコロを振ってください。
    次郎: サイコロを振ってどうするのですか。
    太郎: <u>サイコロを振って出た目の数があなたの番号です。</u>

下線部が「定かつ不特定（未知・不確定）」の名詞句が A である場合の「AがB だ」という倒置同定文である。下線部は叙述文ではない。単に属性を述べているのではなく、「あなたの番号」という「特徴記述」を行い、それに「ほかならない」と述べているのである。「サイコロを振って出た目の数」は「世界のなかの一次的な個体」（西山 2003: 170）、あるいは、具体的な数字そのものを指示しているのではなく、「特徴記述を満たすもの」（西山 ibid.）を指示している。したがって、ある条件を満たす数字はどれかという問いに対する直接的な答えを与えるものではない。すなわち、下線部は＜サイコロを振って出た目の数はどれか＞という問いに対する答えを提供するのではなく、また、＜あなたの番号がどれか＞という問いに対する答えを提供するものでもないため、（倒置）指定文でない。（以上については西山（ibid.: 168）を参照されたい。）また、次郎に「サイコロを振ってどうするのですか。」と問われて、それに対する答えの文の意味が＜あなたの番号がどれかと言えば、それはサイコロを振って出た目の数です＞というのでは次郎の質問に対して太郎は的確に答えたことにならない。対して、「サイコロを振ってどうするのですか。」と問われて、＜サイコロを振って出た目が今回のゲームでのあなたの番号を意味します＞という意味の回答は的確である。結局、下線部は＜サイコロを振って出た目の数があなたの番号という特徴を持ち、それに他ならない。＞という意味を持つ（倒置）同定文である。

---

[1] むしろ、この点が日本語のウナギ文の本章の分析の動機づけになっている。すなわち、英語の定冠詞は命題函数が語彙化したものであるという観点から英語のウナギ文を分析し、それと同様の視点から日本語のウナギ文の分析をすることにより、「は」が命題函数の語彙化要素ではないか、という見通しが立ったのである。本章ではウナギ文について日本語についての先行研究を先に示すために、日本語のウナギ文を先に提示・分析した、という事情がある。
[2] Chris Cummins 先生（私信）のご示唆に感謝申し上げる。
[3] ここでも西山の分析の大部分を採択しており、西山の洞察力に大きく負っている。西山と本書が異なるのは、本書では the を当該の命題函数の語彙化した要素

である、と主張している点、さらに、西山のように二重コピュラ文の仮説を採択していない点、さらに、西山は叙述文と指定文の違いを意味論レベルで規定しているが、本書はその立場を採択しない点である。3 点目については追って議論する。

[4] 第 7 章で議論するリスト存在文についての西山（2003；2013）や本書の分析でもこのように背後に隠れた変項名詞句や命題函数について議論する。直感的にはそれと同じと考えてよいだろう。

[5] Chris Cummins 先生（私信）のご示唆に感謝申し上げる。同氏は"it would normally require a situation in which there's some established mapping between the foods and the customers. It would also be appropriate when paying, if the bill is split."とご教示くださった。ここでは深く掘り下げないが、割り勘の支払時にもウナギ文が使用できることは興味深いと思われる。

[6] B が並置された、不定冠詞を伴う複数の名詞句の場合、セットで 1 つの値となる。

[7] 「補文［従属節］のなかの「は」は一般に「が」に変わる」と西山（2003: 350, n.16）は正しく解説している。他に、西山（ibid.: 349, n.13）も同様である。より包括的な解説については野田（1996: 特に 14-15, 170-188）を参照されたい。さらに、西山（ibid.: 187, n.68）は変項名詞句にもこの規則が適用されると述べている。しかし、変項名詞句は指示的名詞句に比べると、従属節の中でも、「は」を伴う場合の容認性は相対的には高いと私は考える。下記は主節における文である。

　　（ia）犯人は太郎である。（倒置指定文）
　　（ib）太郎は教員である。（叙述文）
これを主節に埋め込むと以下のようになる。
　　（iia）?犯人は太郎である映画
　　（iib）*太郎は教員である映画
これは倒置指定文「A は B だ」の「は」と叙述文「A は B だ」の「は」の属性が異なる可能性を示しているのかもしれない。詳細は将来的課題としたいが、私の憶測は以下の通りである。野田（1996: 113）は「は」と「が」を大きく分けて「主題」と「とりたて」に分類しているが、変項名詞句に付く「は」は「とりたて」に分類される「は」であり、指示的名詞句に付く「は」は「主題」に分類される「は」である、と思われる。ただし、野田（ibid.: 275）は「は」は「構造的には、その前と後を大きく 2 つの部分にわける」性質と「意味的には、対比的な意味をつけくわえる」という性質を合わせ持っている、と主張している。（野田（ibid.）はこの点に関し、青木（1992）にも言及している。）野田（ibid.）の上記の主張は、本書にとって、重要であると思われる。なぜならば、1 つ目の「構造的」を A 層に、2 つ目の性質の「意味的」を情報構造的、すなわち、B 層、と言い換えれば、本来、A 層の意味では前者であるが、B 層では後者のように解釈される、となるからである。

[8] さらに、絶対存在文には一般に「は」が伴い、「が」は不適格であることも、「は」は命題函数を表す一方で、「が」はそうではないことを示していると言える。

（i）　<u>100mを3秒で走ることができるひと</u>はいない。（西山 2013: 254）［原典の
　　　波線を下線に変更］

西山（ibid）の絶対存在文分析に従えば、下線部は［xが100mを3秒で走ることが
できるひとである］［これも原典からの引用。「ひと」が平仮名表記である点も原
典による］という命題函数を表し、その変項xが空であることを(i)は意味してい
る。この場合、「は」を「が」に変えると絶対存在文の読みは不可能である。

（ii）　<u>100mを3秒で走ることができるひと</u>がいない。

この場合、下線部は指示的となり、そのような人が（ある会場等に）来ていない、
というような非現実な読みとなる。このように変項名詞句には「が」は付かない
と言えそうであり、その観点からも天野（1995a）が「…のが…だ」の「…の」が
変項を伴う（天野 ibid.: 11）と想定することにはますます懐疑的にならざるを
得ない。しかし、一点、将来的課題として残さざるを得ない文がある。

（iii）　ないものがない。

（iv）　ないものはない。

上記の(iv)については西山（2003: 407-408）において絶対存在文と場所存在文の
読みが解説されている。一方、(iii)は西山（ibid.）が(iv)の絶対存在文読みに
ついて述べているような、＜このお店で扱っていない種類の商品はないよ＞とい
う読みが可能であると思われる。特に下記の場合である。

（v）　?あのお店にはないものがない。

この点は将来的課題とせざるを得ない。

9　下記の例文について考えてみよう。

（i）　私の誕生日は太郎と同じだ。

英語と異なり、日本語では、比較するもの同士の片方（特に線型的に後者）を省
略することが可能である。(i)は以下の(ii)のような抽象的な構造を持つ。

（ii）　私の誕生日$_i$は太郎のα_iと同じだ。

10　(25b)に対応すると思われる、日本語の「BがAだ」という構造については野
田（1996: 100-102）でも議論されているので参照されたい。他に野田（ibid.:
146）は以下の例文も上げており（容認性も原典による）、これも英語の(25a, b)
に対応すると思われる。（ここでは、これ以上は深入りはしない。）

（i）　これは私だ。

（ii）　*私がこれだ。

他に野田（ibid.: 234）も参照されたい。また、本書第8章の脚注2も参照され
たい。

11　岩﨑(2015b)でもこれに関する議論を行っているので参照されたい。

12　西山(ibid.)の原典ではここでは命題函数の記号[…]を用いていない。また、
原典の下線を取り除いてある。

13　ここでの「役割」は「役割函数」とは無関係である。

14　本節は下記に基づき、加筆・修正を加えたものである。

　岩﨑永一．2015a.「非飽和名詞構文の意味論的分析─非飽和名詞は分散形態論
　で扱えるのか」『外国語外国文化研究』（国士舘大学外国語外国文化研究会）25:
　13-30.

なお、もともと上記は第135回関東日本語談話会（学習院女子大学、2014年9月6日）での口頭発表をもとにしたものである。

[15] 上記の関東日本語談話会での質疑応答時の聴衆の一人からのコメントである。

[16] これに関するオリジナルなアイデアについては Jason Merchant の一連の論文がもとであり、Radford & Iwasaki（ibid.）で引用されている文献を参照されたい。

[17] ここでの主張は Chirs Cummins 先生（私信）との膨大な議論のうちの著者自身が述べた部分に基づいている。同氏に感謝申し上げる。

[18] Chris Cummins 先生（私信）のご示唆に感謝する。

[19] ただし、変項を含む当該文と anything を含む当該文が実質的に同じ意味であるのは両者とも否定文の場合であることに注意しよう。既に述べたように肯定文では変項を含む当該文と anything を含む当該文は実質的に同じ意味にはならない。

[20] 同様の矛盾は（35）の Speaker B の発話の不自然性についても当てはまる可能性がある。実際、Marti（2006: 156, fn. 13）は以下の例文を示し、"However, for reasons that I do not understand yet, some speakers found that (i) was somewhat odd" と述べている。（以下の状況説明と容認性判断もすべて、原典による。）

(i) {John is an English man who travels a lot, though he has never been outside Europe. Weathermen across the world are really interested in him because of the following puzzling discovery:}

(?) Whenever John lights a cigarette, it doesn't rain, but it rains in Calcutta.

これは、一部の母語話者にとっては、"it doesn't rain" の後ろに要素が隠れている（Marti ibid.; Stanley ibid.）という点ではなく、単に "it doesn't rain" と "it rains" が相矛盾する命題によって容認性が低下している可能性がある。もちろん、上記の文を容認可能であると判断する母語話者は Marti（ibid.）や Stanley（ibid.）が主張するような場所の対比を行っていると思われる。"it doesn't rain in the place where he lights a cigarette at that time"（Marti ibid.）は現実の状況を的確に記述しており、真理条件を適切に表しているため、そのような文が容認されても不自然ではない。（上記の相矛盾する命題の読みを除く。）それとは対照的に、すでに見た（32）や後で見る（41）のそれぞれ Speaker B の発話の he doesn't [eat] や he isn't [a student] はそれぞれ、同一文中の真理条件、すなわち、それぞれ he eats broccoli, he is a student of medicine に反する。このことが Speaker B の発話それぞれの不自然性に影響している可能性もあり、もしそうであるとすれば、（32）の Speaker B の発話が不自然であることを根拠に、Speaker A の "John eats" の後ろに something が隠れている、という Stanley（ibid.）の議論は論拠を失うことになる。

[21] 同様に x が具体的に指定されない限り、そして、x を指定する値がゼロ個ではないという条件の下では、下記の両者の真理条件も実質的な差異はないのであり、両者は同じ最小命題を有する。（ただし、x の指定が飽和か自由拡充かは保留する。）

(i) John eats.

(ii) John eats x.

22 この点を指摘してくださった Lorie Heggie 先生（私信）に感謝する。

23 このタイプの文は、私の母語話者としての言語直感によれば、完全に容認不可能である。

24 ここで変項を持つ名詞句は RP 内に留まることができない、という規則を追加する必要があると思われるが、詳細は今後の課題とする。

25 倒置指定文と指定文のどちらが基底構造を成しているか、あるいは、そもそも片方がもう片方の基底構造と見なしてよいかどうかという問題は天野（1995b: 3）も扱っており、参照されたい。

26 成功している分析は複雑性がなく、簡潔でエレガントなものであるはずである、という研究上の直感もときとして重要であろう。

27 この点を示唆してくださった、著者の通う眼鏡屋さんの眼鏡士さんに感謝する。また、私の容認性判断の質問に親切に答えてくださった、その他の百貨店等の店員さんの皆様にも感謝する。

28 下記の天野（1995a: 15）の例文を考えてみよう。（下線も原典による。）

　（i）彼にはたくさんの優れた作品がある。外国人にもよく知られているのが例えば『雪国』である。

この場合、本書流の分析では、「外国人にもよく知られているの」が川端康成の複数の作品を指示し、そして、『雪国』はもちろん、彼の『雪国』という作品を指示する。

29 例えば以下のような実例がる。

　（i）そんな人におすすめなもの。それが「軽度生活援助事業」です。
　　　［出所］http://news.kaigonohonne.com/article/654

30 ただし、これはA層の純然たる言語モジュールでではなく、論理的な判断に基づいた容認不可の判断であることには注意を要するだろう。

第 7 章

There 存在文における変項と定冠詞

7.1. はじめに

　畠山（2004）は there 存在文について、there の「関連詞（associate）」を場所句である前置詞句であると主張している。これは、久野（1973: 288）のように there 存在文については場所句が明示的に書かれていない場合でも、それが隠れているという立場と同じである。このような畠山（ibid.）や久野（ibid.）の理論的立場は西山（2003, 2013）の主張するような絶対存在文、すなわち、場所句が音声形式上のみならず、意味のレベルでも表示されない存在文を説明することができず、不十分である。西山（ibid.）が主張するような変項を含む名詞句を用いてこそ、このようなタイプの存在文を的確に説明することができる。

　しかし、絶対存在文やその他の存在文について、本章は西山（ibid.）とは、その変項を含む句の設定の仕方が異なる。本章ではそれぞれの存在文について、西山（ibid.）の主張を確認した上で本章独自の提案を提示する。

　特に、本章では、岩﨑（2015b）による、there が「変項詞」であるという指摘を敷衍させ、西山（2003, 2013）が「絶対存在文」、「リスト存在文」と呼ぶ構造について英語の there 存在文を分析する。

　本章の構成は以下の通りである。まず、第 2 節では西山（2003, 2013）の場所存在文、絶対存在文、帰属存在文の分類を確認する。第 3 節では本章の対案を提示する。第 4 節では結論を述べる。

7.2. 西山 (2003, 2013)

7.2.1. 場所存在文

　まず、西山 (2003, 2013) の場所存在文について確認する。西山 (2013: 253) は場所存在文として以下の例を挙げている。

(1)　(a) There is a cat on the mat.
　　　(b) A cat is on the mat.

西山 (ibid.) は(1a)のような there 存在文と(1b)のような、「名詞句 + be 動詞 + 場所句」という本書が「名詞句先導型存在文」と呼ぶ構造の両方を区分することなく、場所存在文に含めていることに注意しよう。場所存在文では名詞句（上の例では a cat）は指示的名詞句であり、変項名詞句は関与しない。そして、前置詞句は場所句である。

7.2.2. 絶対存在文

　次に、絶対存在文について西山 (ibid.) の分析を確認する。西山 (2013: 261) は久野 (1973: 288) の場所存在文的な分析を批判し、以下の文は場所句を持たない絶対存在文として分析している。[1]

(2)　There are many people who don't like rice.
　　　　　　　　　　　　　　　　　　　　　(久野 1973: 288)

西山 (ibid.: 262) は (2) の people don't like rice は変項名詞句であり、以下のような命題函数を有すると主張している。

(3)　[x are people who don't like]

ここで注意すべきことは、西山 (ibid.) は英語の there 存在文が絶対存在文である場合には「there + be 動詞 + 名詞句」における名詞句を変項名詞句であると主張し、その変項 x を埋める値が、西山 (ibid.: 262) の言う「領域限定辞」（ここでは久野 (ibid.) の言う in the world のようなもの）の制約を受けつつ、存在する、と主張している、ということである。西山 (ibid.) によれば、この領域限定辞が場所句ではないのが、絶対存在文である、ということである。彼の絶対存在文分析の特徴を纏めると以下のようになる。

(4)　西山の絶対存在文分析（英語 there 存在文の場合）
　　　(a)「there + be 動詞 + 名詞句」の名詞句が変項名詞句である。
　　　(b) 場所句ではないが、変項の取り得る値が領域限定辞の制約下
　　　　　にある。

7.2.3. 帰属存在文

　さらに、場所存在文でも絶対存在文でもないものとして西山（2003, 2013）は「帰属存在文」を挙げている。西山の例は以下のようなものである。（下線は原典による。）

(5)　この店に、<u>私の欲しい皿</u>がある。（西山 2013: 275）

これは場所存在文としても絶対存在文としても読むことも可能であるが、帰属存在文としても読むことも可能である、というのが西山（ibid.）の主張である。帰属存在文の場合、西山（ibid.）の主張では「この店に」は場所句ではなく、カタログ等の「この店で扱っている商品のなかに」という意味である。この解釈の場合は、西山によれば、（5）は場所存在文ではない。次に、「私の欲しい皿」はカタログ等にある特定の「私の欲しい皿」を指示しており、指示的名詞句であり、変項名詞句ではないため、（5）は絶対存在文でもない、というのが西山（ibid.）の主張である。
　以上の西山（ibid.）の主張を下記の英文に当てはめて考えてみよう。

(6)　There is [the book that I have long wanted] in this shop.

この文は場所存在文として読むことも絶対存在文として読むことも可能である。しかし、in this shop を「このお店が扱っている商品の中に」という場所句ではない句と解釈すると場所存在文でもないし、さらに、the book that I have long wanted を「私が長い間欲しかった本」という指示的名詞句として解釈すると、変項名詞句とは解釈できないため、絶対存在文でもない。以上が西山（ibid.）の主張に従った（6）の分析であり、結果として、（6）は、この場合、西山（ibid.）の主張する帰属存在文である。
　以上、見てきたように、西山の分析では絶対存在文にのみ変項名詞句が現れ、場所存在文と帰属存在文では変項名詞句が現れないことがポイントである。

7.2.4. リスト存在文[2]

次に、西山（2003, 2013）のリスト存在文の分析について確認する。西山（2013: 303）が Abbott （1993: 44）から引用し議論している以下の対話を考察しよう。

(7) Speaker A: What can I use to prop open the door?
　　Speaker B: There's the book on the table.

西山（ibid.）によれば、リスト存在文は変項名詞句の変項 x の値を埋める値が存在し、それが there 存在文に名詞句として具体化している、ということである。ここで、Ward & Birner （1995: 735）, Huddleston & Pullum （2002: 1399-1400）, 西山（2013: 303-304）が指摘するように、リスト存在文は、変項の値を埋める名詞句があればよいのであって、そのような名詞句が複数リストアップされる必要は必ずしもない。さらに、Ward & Birner （ibid.: 736）や西山（ibid.: 299-300）が指摘するように、「リスト存在文は値の存在を肯定的に主張する構文である以上、否定文になることはない」（西山 ibid.）ことに注意しよう。

　ここで注意すべきことは、西山（2003: 413）は以下のように述べ、リスト存在文では変項名詞句が顕在化していない、と主張している点である。

　　　　リスト存在文の背後には、かならずなんらかの変項名詞句が
　　　　介在しているわけであるが、注意すべきは、その変項名詞句
　　　　を表現形式の上で明示せず、聞き手（あるいは読み手）にコ
　　　　ンテクストから語用論的に推測させているという点である。
　　　　つまり、いかなる変項名詞句が介在しているかがコンテクス
　　　　トから容易に復元できるばあいにかぎり、この種の存在文が
　　　　使用可能となる。[「ばあい」の表記は原典による。]

西山（2013）は上記の（7）について命題函数を明示していないが、文の意味として「ドアを支えて開けた状態にしておくのに、使えるものとしてテーブルの上の本がある」と説明している。したがって、（7）の当該の命題函数は[ドアを支えて開けた状態にしておくのに、使えるものとして x がある]となり、その変項 x の値が the book on the table だと西山（ibid.）は主張していることになる。同様の分析は Ward & Birner （ibid.: 734-735）にも見られる。そして、西山（ibid.）は上記のよう

な命題函数は「コンテクストから語用論的に推測」する必要がある、と主張している。西山のリスト存在文の分析を纏めると以下のようになる。

(8)　西山のリスト存在文分析（英語 there 存在文の場合）
　　(a) 変項名詞句は文の中に顕在化していない。
　　(b) そのため、文脈から妥当に推測して変項名詞句を作る必要がある。
　　(c) 「there + be 動詞 + 名詞句」の「名詞句」は変項名詞句でなく、(b) で作られた変項名詞句の変項を埋める値である。

上記の西山（ibid.）のリスト存在文分析は (4) で見た彼の絶対存在文分析とは、「there + be 動詞 + 名詞句」の名詞句の扱いについて大きく異なることに注意しよう。絶対存在文では当該の名詞句が変項名詞句であったのに対し、リスト存在文では値名詞句となっているのである。

7.3. 分析

7.3.1. There 存在文と名詞句先導型存在文

　次に、本書の主張を提示する前に以下の二つの構造の違いを確認しよう。本書では以下の (9b) のタイプを「名詞句先導型存在文」と呼ぶこととした。

(9)　(a) There is a book on the table （絶対存在文と場所存在文の両方）
　　(b) The book is on the table （場所存在文のみ）

上記 (9a) の there 存在文は絶対存在文と場所存在文両方の解釈が可能であるのに対して、(9b) は可視的な場合のみに可能 であり（cf. Hannay & Caro (2008: 63) とそこで引用されている文献も参照されたい）、視覚的情報を情景描写する「存現文」（例えば、西山 2003: 399-401）あるいは「眼前描写型」（野田 1996: 86）に近い。言い換えれば、(9a) は命題を述べているのに対し、(9b) は情景を描写しているのである。情景描写の場合、描写する場所が必要であるから、場所句を必然的に伴い、そのような存在文は場所存在文である。その一方、命題を表す場合には場所句を伴う場合と（例えば）同じ前置詞句でも、場所句でない解釈（西山 2003; 2013）の場合がある。このことは西山が（日本語の）存在文は場所存在文と絶対存在文で曖昧（西山 2003: 407-412, 西山 2013: 262-265）

である、と主張していることと整合性を持つ。

7.3.2. 変項詞としての there[3]

　今まで見たように西山の主張では there 存在文の変項名詞句は be 動詞直後の名詞句であった。それに対して、本書では there が変項詞で、there 存在文が広義の指定文（ここでは変項を含む句と値名詞句の両方を持っているという意味での指定文）である、と主張する。[4]例えば、（倒置）指定文とは以下のような文であることを思い出そう。

(10)　The winner is John.

ここで the winner は特定の指示対象を指示することなく、[x が優勝者だ] という命題関数を表し、その変項 x の値が John によって指定される、というものであることを思い出そう（第 1 章参照）。[5]
　さらに、岩﨑（2015b）では非指示的な the は変項の個数と変項の値の個数がそれぞれ 1 つである（と見込まれる）ことを要求する、と主張している。Rando & Napoli（1978: 308）は当該の there について "definite in form（witness the *th* in *there*）,..." [イタリックは原典による] と指摘しており、仮に、この指摘が妥当であれば、当該の there は非指示的な the と同様な（あるいは本質的に類似しつつ、一部、異なる）条件を、変項の個数と変項の値の個数について要求する、という見通しが成り立つ。（詳しくは 7.5.1. で述べる。）
　さらに当該の there が変項詞であることの更なる証拠がある。

(11)　(a)　Some students$_i$ believe that some students$_j$ are running
　　　　　the show.
　　(b)　*Some students$_i$ believe that there are some students$_i$
　　　　　running the show.
　　　　　(Bresnan 1970 cited in Rando & Napoli 1978: 310, n.13)

上記の（11b）において、補文内の不定名詞句の some students は there の値名詞句であり、主節の不定名詞句 some students と補部内の不定名詞句 some students は定の there に阻まれるため、人称、数、性の φ 素性が一致が起きず、同一指標の関係にならない。（既出の Rando & Napoli（1978: 308）の指摘、すなわち、今議論している there が「定」であるという指摘を思い出そう。）一方で、もし、補文内の some students が

there の値名詞句でなければ、2 つの some students は同一指標になり得るはずであり、この予測は(11a)の文法性に支持される。纏めると、上記の（11b）の非文法性は there が変項詞である可能性を支持するものである。

　そして、there が変項詞であるという仮定のもとで本書ではその命題函数の変項が「there + be 動詞 + 名詞句」の名詞句で埋められる、と主張する。したがって、絶対存在文とリスト存在文で当該の名詞句の扱いの異なる西山（ibid.）とは本書は異なり、以下のような統一的な分析が絶対存在文やリスト存在文で成立する、と主張する。

(12)　There　　　　　　+ 　be 動詞 + 名詞句
　　　［変項詞］　　　　　　　　　　［値名詞句］
　　　命題函数：［. . . x が. . . 存在する］
　　　x は値名詞句によって指定される。

これは西山（2003, 2013）の倒置指定文分析とほぼ同じである。ただし、命題函数の中身は異なる。本書は there 存在文が広義の倒置指定文の一タイプであると主張しているのである。ここで「倒置」という術語は表層上の語順が倒置指定文と同じであると主張しているだけで、there そのものが倒置されているわけではないことに注意しよう。さらに、本書は西山（ibid.）と異なり、絶対存在文やリスト存在文だけでなく、場所存在文や西山（ibid.）が帰属存在文と呼ぶ存在文にも、変項詞とその命題函数が関わっていると主張する。本書は there が変項詞である、と主張しているため、これは当然の理論的帰結である。そして、指示的名詞句が統語的な主語位置を占める叙述文は（9b）のみである、と本書は主張する。

7.3.3.　命題函数の値名詞句と新情報を伴う名詞句の違い

　Ward & Birner （1995）, 久野・高見（2004）, 谷口（2004）, 中島（2006）始め多くの先行研究では there 存在文のコピュラ直後の名詞句について聞き手にとって新情報を伴う、と主張している。一方、本書では命題函数の変項を指定する値名詞句であると主張している。[6] すなわち、本書は値名詞句は必ずしも新情報を持つとは限らない（もちろん、値名詞句があくまでも結果的に新情報を持つ場合もある）と主張する。例えば、以下のような例文を検討してみよう。なお、類似の "both you and I know there is ..." の構造はオンライン検索でも多数見つけることができる。

(13) Both you and I know there is a solution ....

　この場合、「解決方法があるとあなた（聞き手）と私（話し手）が知っている」ということは「解決方法」は話し手にとっても（そして、聞き手にとっても）新情報ではありえない、ということになる。このような状況下では、a solution（の話し手と聞き手それぞれのメンタル・スペースにおける指示対象）自体が旧情報である。ここでの a solution は話し手と聞き手が知っているためである。さらに、「[x がある]という命題関数の変項 x の値を埋めるのが a solution であるということ」（※）も話し手と聞き手が知っており、従って、※も新情報ではない。[7] (13) のような例は決して周辺的事象ではなく数多く存在することから、there 存在文のコピュラ直後の名詞句が聞き手にとっての新情報を表すという一般化を受け入れることは難しいと本書では考える。
　なお、there 存在文のコピュラ直後の名詞句が聞き手にとっての新情報を表すことも確かに多い。しかし、それはあくまでもコピュラ直後の名詞句が値名詞句であるという意味論レベルの一般化の結果、語用論的にたまたま派生的に生じることに過ぎない。すなわち、A 層の派生として B 層で新情報云々がキー概念のように見えるだけで本質は A 層の函数概念にある。(13) のような周辺的とは言えない例が存在するということは、そのような新情報に基づく説が妥当ではなく、その代替となる説が必要である、ということを示している。そこで、本書では、there 存在文のコピュラ直後の要素は命題関数の変項を指定する値名詞句であると主張する。

7.3.4.　場所存在文と絶対存在文

7.3.4.1.　絶対存在文
　次に以下の例文について議論する。(14a) は (14b) の西山の対応する日本語文を英語にしたものである。

(14)　(a) There is a prime number between five and ten.
　　　(b) 5 と 10 のあいだに素数がある。（西山 2003: 403-404）
　　　　　　　　　　　　　　　　　　　　　　　　　　　　[下線も原典による]

西山 (ibid.) は (14b) が以下の意味を有する絶対存在文であると主張し、(14b) の下線部は場所句ではないため、(14b) は場所存在文ではないと主張している。

(15)　［x が、5 と 10 のあいだの素数である］を満たす x の値が空ではない。（西山 ibid.：404）

西山の以上の主張を（14a）の英文に当てはめると（14a）の a prime number between five and ten は以下の（16a）の命題函数を持つことなり、（14a）は全体で（16b）の意味を持つことになる。

(16)　(a)　[x is a prime number between five and ten]
　　　(b)　[x is a prime number between five and ten]の変項 x を満たす値が存在する。

したがって、この読みの場合、(14) の a prime number between five and ten が一つの名詞句を形成することに注意しよう（cf. 西山 2013：303）。

7.3.4.2.　疑似場所存在文
　しかし、(14a) には別の読みが存在する。それは (14a) を以下の (17) として言い変えることの出来る読みである。

(17)　Between five and ten, there is a prime number.

この場合、between five and ten を場所句ではないとすれば、(17) は場所存在文ではない。しかし、西山 (2003：396) の考え方に依拠すれば、特定あるいは不特定に関わらず、名詞句が指示的になる場合があり、(17)に関する限り、a prime number は数字を指示していると本書は考える。すると、これは西山の言う帰属存在文ということになる。ただし、(17) の a prime number が本当に指示的かどうかは議論の余地があるだろう。
　上記の (17) と統語構造的にはよく似た (18) を検討してみよう。

(18)　Between Osaka and Tokyo, there is a beautiful city.

この場合、between Osaka and Tokyo は場所句であり、a city とは京都であれ、名古屋であれ、静岡であれ、その他の都市であれ、大阪と東京の間に位置するいずれかの都市であろう。この場合、上記の a beautiful city は指示的であると言えるだろうか。さらに以下の例を考えよう。

(19) (a) Between Osaka and Tokyo, there might be a beautiful
city.
(b) There might be a beautiful city between Osaka and Tokyo.

この場合、推定を述べているわけであるから、a beautiful city は指示
的とは言い切れないだろう。
　すると、英語の there 存在文には「場所句 （＋助動詞）＋ be 動詞＋非
指示的な名詞句」という構造があることになる。これは西山（2003, 2013）
の分類では扱えないことになる。その難点が生じる原因は、西山（ibid.）
が be 動詞直後の名詞句の指示性・非指示性によって、場所存在文と絶対
存在文の区分を行っているためである。
　西山（ibid.）と異なり、本書では there は変項詞であり、変項を含む
命題函数の意味を有し、その変項の値は be 動詞直後の名詞句によって指
定される、と考える。すると、（17），（18）はそれぞれ以下の意味を持つ。

(20) (a) there は[x が 5 と 10 の間にある]という命題函数の意味を
有する変項詞であり、その変項 x の値が a prime number に
よって指定される。
(b) there は[x が大阪と東京の間にある]という命題函数の意味
を有する変項詞であり、その変項 x の値が a beautiful city
によって指定される。

このように本書の提案する分析を用いれば、前置詞句が場所句である場
合でも、そうでない場合でも統一的に処理することができる。本書では
（17）の between five and ten が数字を地理的空間に喩えたメタファー
であると捉え、このような表現を含む there 存在文を「疑似場所存在文」
と呼ぶことにする。このような考え方に対して、西山（2003: 404）は彼
流の絶対存在文の読み「[x が、5 と 10 のあいだの素数である]を満たす x
の値が空ではない」を示した上で「5 と 10 のあいだに素数がある」とい
う日本語文について「明らかに絶対存在文であって、「5 と 10 のあいだに」
はいかなる意味でも場所表現ではありえない」と述べている。しかし、
これはそのように断定しているだけであり、何らの経験的証拠を提示し
ているわけではない。おそらく西山（ibid.）の主張はこうであろう。＜
「5 と 10 のあいだに」は「東京と大阪のあいだに」と似た響きを持ち、
場所句と誤解されがちであるが、正しくは「5 と 10 のあいだの」と言い
換えることができることからも、場所句ではないのは明らかである。な
ぜならば、当該の「…の」は場所を表すとは限らないからである＞と。

このような主張が予想される。しかし、「…の」は、例えば、「東京の名門大学である早稲田大学と慶應義塾大学は…」のというような文において、場所句として使用されうるのである。「5 と 10 のあいだの」と言い換えることのできる「5 と 10 のあいだに」が場所句である可能性はこの点で決して棄却されないのである。むしろ、面積を持たない「点」の理解にも図解は用いられるし、数学の図形や数直線の理解はメタファーを通して成立しているのである。もちろん、数学と数学の理解は異なるが、between 5 and 10 という表現が（メタファーに基づく）疑似場所句であるか、そうでないか、はこの表現の理解が問題になっているのである。

　場所存在文や疑似場所存在文にも変項詞が含まれているとなぜ想定するかと言えば、(1b) のような名詞句先導型存在文と明確に区別し、情景描写ではなく（すなわち、可視的な情報を直接伝えているのではなく）、命題を表している点で、変項を関与させることは理に適っているためである。

　さらに、there 存在文において、ある前置詞句が場所句であるか、そうでないかは語用論的に決定されることであり、したがって、西山 (ibid.) の分類は語用論的な分類であり、本書が企図したのは意味論的分類であることに注意しよう。意味論的には場所存在文も帰属存在文も同様の分析を受けるのである。西山 (ibid.) のように there 存在文の場所存在文は変項名詞句を含まないとすると、there 存在文の場所存在文と名詞句先導型存在文との違いを意味論レベルで保証できないという重大な問題が生じる。この点、本書では there 存在文の場所存在文では変項詞 there を含み、広義の倒置指定文の読みに還元されるのに対して、名詞句先導型存在文では繋辞前の名詞句は指示的名詞句であり、名詞句先導型存在文は叙述文である。

7.3.4.3. 領域限定辞は絶対存在文に付与できるか

次の例を見てみよう。

(21)　(a) あの大学にノーベル賞受賞者がいる。（西山 2013: 263）
　　　(b) There is a professor who won the Nobel prize at the university.　（熊本 2005: 4）

西山 (ibid.) は (21a) の日本語文について議論しているが、「英語の (21b)［原典の番号変更］も同様の曖昧性をもつ」と述べている。そのため、西山の (21a) に関する議論をもとに、(21b) が西山の分析方法で

はどのように分析されるか検証してみよう。

　まず、(21b) を絶対存在文として読んだ場合には a professor who won the Nobel prize が [x is a professor who won the Nobel prize] という命題函数を有する変項名詞句であり、その「変項 x の値が<u>あの大学のスタッフの中に存在する</u>」[下線を原典に追加] という意味を表す、と西山 (ibid.) は主張している。

　しかし、場所句ではないが、領域限定辞「あの大学のスタッフの中に」が入っており、「絶対存在」という名称に相応しいか疑問である。西山 (2003: 403) は絶対存在文「洋子の好きな作曲家が存在する」について、それが「真であるとき、そのような作曲家がどこに存在するかはいっさい問題にならないのである」と述べている。絶対存在文では場所が一切問題とならないのであれば、領域も一切問題とならないと考えた方が妥当であると思われる。本書の理論的立場から言えば、絶対存在文とは<u>限定領域辞なしで</u>、変項を指定する値の存在の有無のみを述べる文である。(変項を指定する値の存在の有無については西山 (2013) を参照されたい。) 例えば、(14a) の場合には between five and ten は a prime number を修飾しており、すなわち、a prime number between five and ten 全体が名詞句を形成していると考え、対応する日本語文 (14b) の西山の分析すなわち (15) に依拠し、(14a) を絶対存在文として分析することに問題はない。(14a) では between five and ten は限定領域辞ではないのである。

　本書では、絶対存在文の変項には領域限定辞が付与されない、という立場を取り、そのために、以下のような分析を提案する。すなわち、there が変項詞であり、命題函数 [x is a professor who won the Nobel prize at the university] の意味を有し、その変項 x を指定する値が存在する、という意味を文全体が持つ。ここで、at the university が a professor (who won the Nobel prize) を修飾し、名詞句の一部であって、領域限定辞ではないことに注意しよう。

　次に、以下の文を検討してみよう。

(22)　隣の部屋に、洋子の好きな作曲家がいる。(西山 2003: 403)

西山 (ibid.) は「隣の部屋に」が場所句であり、「洋子の好きな作曲家」が (特定・不特定に関わらず) 指示的名詞句であるとし、(22) が場所存在文であり、絶対存在文ではない、と主張している。以下では、(22) に対応する英文を検討し、本書流の分析を提示する。

(23) There is a composer that Yoko likes in the next room.

まず、この文が絶対存在文の場合には there が 変項詞であり、[x is a composer that Yoko likes in the next room]という命題函数を有し、その変項 x を埋める値が存在する、という意味になる。この読みのもとでは、in the next room は領域限定辞ではなく、a composer を修飾していることに注意しよう。

次に、この文を場所存在文として読む場合には、there が変項詞であり、[x is in the next room]という命題函数を有し、その変項 x の値を埋めるのは a composer that Yoko likes である。

以上の本章の分析を纏めると以下のようになる。

(24) (a) ［絶対存在文］命題函数内であれ、その外であれ、領域限定辞が付与されない。
(b) ［場所存在文］命題函数内、あるいは、その外に領域限定辞が付与される。

以上の分類は統語構造かつ意味論レベルの区分であり、そこには語用論的要因は介在しない。西山（2003, 2013）が前置詞句を場所句かそうでないかをコンテクストに応じて区分しているのとは対照的である。

7.3.5. リスト存在文と定冠詞

既に確認したように西山（2003, 2013）のリスト存在文分析では、変項名詞句がリスト存在文内部に表現されておらず、文脈によってそれを復元しなければならない、そして、そのような復元が可能な場合のみリスト存在文の読みが可能である、ということであった。

しかし、今まで本章が主張してきたように there 存在文における there は変項詞であり、これはリスト存在文についても当てはまる。例えば、（7）（以下で（25）として再掲）の例について検討してみよう。

(25) Speaker A: What can I use to prop open the door?
Speaker B: There's the book on the table.

西山（2013: 303）は上記の（25B）は「＜＜ドアを支えて開けた状態にしておくのに、使えるものとしてテーブルの上の本がある＞＞を言わんとしている」と述べている。すなわち、there は［ドアを支えて開けた状態にしておくのに、使えるものとして x がある］という命題函数の意味を有

し、その変項 x の値が the book on the table で指定される、ということになる。(There が変項詞で命題函数の意味を持つということは本書の主張である。)

西山（ibid.）は the book と on the table それぞれが別の構成素を形成しているのではなく、the book on the table を一つの構成素として見るべきである、と主張しているが、本書では前者のようにその二つを別の構成素として見ることも可能であると考える。その場合、there は［ドアを支えて開けた状態にしておくのに、使えるものとして x がある］と［x が机の上にある］という２つの命題函数を同時に満たす解が the book である、ということになる。

上記の２つのいずれにせよ、変項詞は there であり、リスト存在文中に音声形式上、存在する。リスト存在文中の特徴はむしろ、変項詞 there の命題函数の内容が一体何であるのかを構築するのが他の文と比べて難しく、リスト存在文の文中の要素だけで命題函数の内容を構築できず、当該の文脈によって命題函数を構築する必要があるということである。

したがって、既に引用した西山（2003: 413）の主張は英語のリスト存在文については以下のように修正されるべきであろう。（日本語のリスト存在文についてはここでは立ち入らない。）

> 英語のリスト存在文では、変項詞 there が顕在化しており、その命題函数の内容は there を含む文だけでは構築できず、その内容を［以下西山（ibid.）を直接引用］「聞き手（あるいは読み手）にコンテクストから語用論的に推測させているという点」に特徴がある。［以下西山（ibid.）を直接引用（ただし、「命題函数」は原典では「変項名詞句」）］「つまり、いかなる命題函数［西山の原典は「変項名詞句」］が介在しているかがコンテクストから容易に復元できるばあい［原典ママ］にかぎり、この種の存在文が使用可能となる。

このようにリスト存在文では発話のコンテクストから there の命題函数の内容を構築できるか否かがその文の成立の可否を左右していると言える。さらに、変項を指定する値が繋辞の直後の名詞として具現化し、それが今回は定名詞句となっている（(25B) の場合は the book）。

このように there を変項詞として捉える主張は従来のように there を虚辞と捉える主張とも、さらに、there を "dummy theme or topic"（Rando & Napoli 1978: 308）と捉える主張とも異なる。これらの立場では、既に見た there が同一指標を阻止する例（11）を説明することができ

ない。

　さらに、リスト存在文の there を場所を表す there と捉えるのも十分で
はない。久野・高見（2004）は there 存在文において the が出現するケー
スについて、（i）there が場所を表す there である構造と（ii）当該の
there が彼らの言う虚辞である構造の二つに分けて議論をしている。本書
は（i）は議論せず、（ii）について、久野・高見（ibid.）の以下の主張
を採択する。久野・高見（ibid.）の主張で興味深いのは以下の例文につ
いてである。

(26)　Speaker A: I guess everybody is here now.
　　　Speaker B: No, there's still John and Mary.
　　　　　　　　　　（久野・高見 ibid.: 157 ［原典のフォント変更］)

この場合、久野・高見（ibid.）が説明するように、「まだここに来てい
ないのがジョンとメアリーだ」と言っているのだから、there が「ここ」
であるという解釈は成り立たない。本書流の述べ方では、[x がまだ来て
いない人だ]という命題函数を有する変項詞としての there があり、その
命題函数の変項 x の値を埋めるのが John and Mary ということになる。こ
こでも、there 存在文において「定名詞がくる場合であっても、それが未
知のものを指しているようであれば容認される」（谷口 ibid.: 74）のよ
うな、新情報による説明は上手くいかないことが分かる。上記の(26)の
John, Mary はそれぞれ、Speaker A, B（少なくとも後者）にとって既知
であるためである。「定の名詞句は、存在を新たに新情報として主張する
存在構文とは馴染みません」（中島 2006: 84）というような頻繁に見られ
る説明も同様である。結局、B 層の情報構造による説明ではリスト存在文
を首尾よく説明することができず、A 層の変項に基づく理論が要請される
のである。[8]

7.4.　場所存在文における変項名詞句

　最後に以下の興味深い例文について付記しておきたい。

(27)　There was *the usual crowd* at the beach today.
　　　　　　　　　　（Ward & Birner 1995: 733)【イタリック追加】

Ward & Birner（ibid.）, Huddleston & Pullum（ibid.）によれば、

the usual crowd の構成員は昨日いた群衆と一部異なるという解釈も可能である。仮に（27）に西山（2003, 2013）の分析を適用すると、第一に、場所存在文の読みがあり、その場合、the usual crowd は指示的となる。第二に、絶対存在文の読みがあり、その場合、 the usual crowd は[x が（ビーチにいる）いつもの群衆だ]という命題函数の意味を有し、当該の文全体はそのような x を満たす値が存在する、という意味になる。以上が西山（ibid.）の主張を（27）に当てはめた場合である。

　しかし、このような二つの読みには問題がある。西山の場所存在文の読みではビーチにいる群衆の一部が昨日ビーチにいた群衆と異なる、という読みを担保できないだろう。群衆の一部が入れ替わるという読みは西山（2003）の変化文読みに対応する。以下が変化文の例である。

（28）　洋子の一番好きな作曲家が変わった。

　　　　　　　　　　　　　　（西山 ibid.：101）【下線部も原典による】

西山（ibid.）によれば、（28）の下線部の「作曲家」がある人物から別の人物に入れ替わる読みが可能であるのは下線部が非指示的な場合、すなわち、変項名詞句の場合である。同様に、（27）においても、群衆の一部が入れ替わったという読みが可能になるためには下線部が非指示的な変項名詞句である必要がある。したがって、当該の下線部が指示的名詞句である場所存在文の読みでは群衆の一部が入れ替わったという読みは西山の枠組みでは不可能である。一方、絶対存在文の読みでは群衆の一部が入れ替わったという読みが西山の枠組みでも可能かもしれない。しかし、絶対存在文では（27）の at the beach を場所句であると解釈することができない。変項 x の値を制約する領域限定辞（西山 2013）であると解釈することも理論的には可能であるが、（27）で問題にしている解釈にそぐわない。At the beach を領域限定辞であると解釈すると、「いつも見る群衆というものが存在し、その存在する領域は at the beach である」となる。しかし、（27）で問題になっている解釈は「ビーチに昨日と同じような（すなわち、完全に構成員は同じではないにしても、昨日と似たような）群衆がいる」という意味である。[9] 一般的な群衆というものの存在の可否を問題にしているのではない。したがって、（27）を絶対存在文として解釈した場合では、場所の解釈を十分に扱うことができず、問題が生じる。

　結局、西山の場所存在文と絶対存在文の分析では（27）を適切に捉えることができず、これは西山の分析に問題があることを示している。とりわけ、コピュラ直後の名詞句が指示的名詞句か変項名詞句かによって、

場所存在文（と帰属存在文—ここでは無関係のため、深入りしない—）と絶対存在文を分類していることが（27）を適切に捉えることを困難にしていると言えるだろう。

対して、本書の分析では（27）の解釈に何らの問題も生じない。本書の分析は次のようになる。There が[x がビーチに存在する]という命題函数の意味を有し、その変項 x の値が the usual crowd によって指定される。（本書の分析では場所存在文において、場所句は命題函数内の x の存在する場所を示す場所句としても機能していることに注意しよう。）さらに、この the usual crowd が変項名詞句として機能している。[10] その命題函数は[x がいつもの群衆だ]と[x と y と z と…がいつもの群衆だ]の二通りの可能性があるが、非指示的な the がついていることにより、変項と変項の値がそれぞれ一つであることが要求され（岩﨑 2015b）、後者は排除される。変項が x、1 つのみであるため、その変項を埋める値はセットであることが要求される（岩﨑 ibid.）。[11] すなわち、「ビーチにいる複数の人々」がセットで変項 x の値となる。このときに「昨日ビーチにいた複数の人々」のうち、全員ではないが、大半がセットで[x がいつもの群衆だ]の変項 x の値を指定する。

7.5. まとめ

7.5.1. 結論

以上、本章では「There + be 動詞 + 名詞句」について場所存在文、絶対存在文、帰属存在文、リスト存在文について西山（2003, 2013）を検証しながら、西山（ibid.）とは異なる主張を行った。以下、表 7-1 は西山（ibid.）の主張を私が纏めたものであり、表 7-2 は本書の主張を纏めたものである。

表 7-1「There + be 動詞 + 名詞句」について（西山 2003, 2013; 特に 283,（94））

	場所存在文	絶対存在文	帰属存在文	リスト存在文
変項名詞句	なし	名詞句	なし	なし
値名詞句	なし	なし	なし	名詞句
場所句	あり	なし	なし	なし
領域限定辞制約	なし	可能	なし	なし
名詞句の指示性	指示的	非指示的	指示的	指示的?

表 7-2「There + be 動詞 + 名詞句」について　（本書の主張）

	場所存在文	絶対存在文	帰属存在文	リスト存在文
変項詞	There			
値名詞句	名詞句			
場所句	あり	なし	なし	なし
領域限定辞制約	あり	なし	あり	可能
名詞句の指示性	指示的/非指示的			

　上記の表 7-1 で「名詞句」とは「There + be 動詞 + 名詞句」の中の名詞句のことである。表 7-1 でリスト存在文の領域限定辞制約が「なし」になっているのは、西山（2013:　303）では前置詞句も名詞句を修飾しているからである。また、表 7-1 の帰属存在文では場所句が「なし」となっているが、それは、西山（ibid.）の帰属存在文では場所句ではなく、「構成員の集合」（西山 ibid.: 277）があるためである。

　以上の表からも分かる通り、西山（ibid.）と比べて、本書の方が、変項詞と値名詞句、名詞句の指示性について統一的な分析となっている。本書の分析では、場所存在文も変項詞を持つために、場所句が領域限定辞としても機能することに注意されたい。西山（ibid.）は「There + be 動詞 + 名詞句」の「名詞句」の指示性・非指示性に基づいて、分類・議論を展開しているが、本書は当該の「名詞句」の指示性・非指示性には依拠していない。さらに、西山（ibid.）は場所句かそうでないかという文脈に依存し、語用論的要因によって分類をしているが、本書ではそのような語用論的要因に拠らない意味論レベルでの分類をしている。そもそも場所句かそれ以外の疑似場所句か抽象的な集合的制約を表すかは語用論的に決定されるのであり、命題函数という意味論レベルの概念に持ち込むべきではない、と考える。意味論レベルでは、表 7-2 のように明確な差異を出した表示をすべきである、とのいうのが本書の主張であった。したがって、語用論的要因による場所句の有無の分類を取り除けば、表 7-2 は表 7-3 のように修正され、場所存在文と帰属存在文は同じカテゴリーを形成する。

表 7-3「There + be 動詞 + 名詞句」について　（本書の主張）

	場所・帰属存在文	絶対存在文	リスト存在文
変項詞	There		
値名詞句	名詞句		
領域限定辞制約	あり	なし	可能
名詞句の指示性	指示的/非指示的		

　純意味論レベルでの分類による表 7-3 を見れば、絶対存在文には命題函数の中であれ、その外（すなわち、変項に係る制約）であれ、「なし」であるという点が他の存在文に比べて、最も特徴的であると結論付けられる。
　本書の there 存在文（すべてのタイプ）についての主張を纏めると以下のようになる。

(29)　There　+　be 動詞　+　名詞句
　　　［変項詞］　　　　　　　［値名詞句］
　　　命題函数：［…x が…存在する］
　　　x は値名詞句によって指定される。

ここで上記の命題函数の変項の個数と変項の値の個数について考えてみよう。Rando & Napoli（1978: 308）が当該の there について "definite in form（witness the *th* in *there*),..."［イタリックは原典による］と述べていたことを思い出そう。当該の there が「定」であるとすると、定冠詞と同様に（岩﨑（2015b）を参照）、変項の個数が 1 つ、変項の値の個数も 1 つという制約が成り立つと思われる。すると、コピュラ直後の名詞句が 2 つ以上ある場合、それらはセットで変項を指定することになる。また、口語英語では there's が多い（日向 2014: 38）のも、変項と変項の値がそれぞれ 1 つであることが影響している可能性もあるが、the students のような例も独立して考える必要があり、これらは将来的課題として残す。

7.5.2.　There の意味を図示することは可能か
　最後に、谷口（2004: 75）は there 存在文の there の意味について、認知言語学の観点から図示している点を確認しよう。すなわち、予め用意された「セッティング」（認知言語学の術語）としてのボックスが there の意味であり、そこに「未知のものを入れる」（谷口 ibid.）という図示

を行っている。これは本書で主張したような変項を含む変項詞としての there とその変項の値を埋めるコピュラ直後の名詞句という主張と類似性があるとも言える。（この点については12.2で議論し、結論づけるため、そちらを参照されたい。）

しかし、谷口（ibid.）の図示による there の意味の分析は幾つかの言語事実を説明できないように思われる。まず、下記の絶対存在文を説明することができない。

(30) There is nothing new in his theory.

「セッティング」（認知言語学の術語）としてのボックスの中に何も書かないのであれば、(30)と下記の区別をつけることができない。

(31) There is nothing in his theory.

もし、(31)と区別して(30)を図示するのであれば、ボックスの中に提示するものを書く必要があるが、何を書くのか、という問題に突き当たる。ここで、(30)の "new" を "significant" 等に置きてみても同様であり、一体何を書けばよいか、という問題に突き当たる。結局、谷口（ibid.）の図示による考察では、(30)，(31)の区別を明示しつつ there の意味を首尾よく説明することができないのである。一方、西山（2003）の絶対存在文分析を修正した本章流の分析では、(30)は there が［x が彼の理論の中の重要なものだ］という命題函数の意味を有し、その変項を指定する値はない、という意味を持つことになる。ここで、「彼の理論の中の｛新しい/重要な｝もの」というカテゴリーを作り、そこに入れるものはない、という意味だ、と考えれば、谷口流の考察でも(30)と(30)の new をsignificant に置き換えたものは区別可能である、という反論があるかもしれない。しかし、谷口（ibid.）の分析では there is X の場合、X に相当するものが、「未知のもの」であり、それがセッティングに導入される、とされている。そのため、X そのもの（今回は sometihng ｛new /significant｝）はセッティングの設定には関与しないはずであるが、上記のような反論では、関与してしまうことになり[12]、これは谷口（ibid.）の理論的立場ではないことになり、上記のような潜在的反論は決して成功しない。[13]「彼の理論」と「新しいもの」という二つのカテゴリーを作り、その重なる部分のカテゴリーを考えたとしても同様である。結局、命題函数（あるいは、そのような考え方）に立脚しない限りは、(30)を首尾よく説明できないのである。

さらに、谷口（ibid.）のボックスによる図示の考察では、(26)の
Speaker Bの発言（以下に(32)として繰り返す）を首尾よく説明できない。

(32)　No, there's still John and Mary.

ボックスを描き、ジョンとメアリーが入る図示を書いたところで、(32)
の当該文脈における意図は十分に伝わらない。さらに、それは目の前の
視覚的状況を表さないことは確かである。久野・高見（2004: 157）が主
張するように、ジョンとメアリーは目前にはいないためである。すると、
谷口流の図示にとって、残る選択肢は、ここでのセッティングは、谷口
（ibid.: 75）自身が指摘するように、メンタル・スペースである、とい
う可能性であるが、ここで問題になるのは、それがどのようなメンタ
ル・スペースであるか、ということである。「まだここに来ていない人の
カテゴリー」がメンタル・スペースだとしても、その場合、[x がまだこ
こに来ていない人だ]という命題函数の中身の設定（あるいはそれと同様
の考え方）に負っていることになるのである。ここで、そのような命題
函数とメンタル・スペースでどちらが先で、どちらが別のどちらに追っ
ているか、という議論も予想される。しかし、「まだここに来ていない人
のカテゴリー」はとりたてて視覚的要因が重要なわけではない。したが
って、当該の命題函数を文脈から構築することが重要なのであって、谷
口（ibid.）のような図示の必要性はここでは取り立てて生じないのであ
る。
　ところで、補足すれば、(30)は there 存在文の意味が「未知のものの
「提示・導入」」[原典で鍵括弧付きのため、二重括弧とした]という谷
口（ibid.: 74）の考察、あるいは、新情報を強調する久野・高見（2004）
らの主張への反例となっている。「彼の理論に新しいものは何もない」と
いう命題そのものが「未知のもの」・新情報である、という反論も予想さ
れる。それについては(13)に関する議論で、既に反駁を行っており、そ
ちらを参照されたい。結局、B層の情報構造に着目するだけでは、there
存在文の意味の深層に迫ることはできないのである。

7.5.3.　統語論への示唆
　統語論への示唆として、場所句を伴わない絶対存在文を畠山（2004）
のような、前置詞句を there の関連詞とする分析では扱うことができず問
題であり、それに対応できる統語理論が求められる、ということが挙げ
られるだろう。
　畠山（ibid.: 126）は存在文の論理形式の構造を以下のように主張し

ている。

(33) $[_{IP}$ [location PP] $[_{I'}$ be $[_{VP}$ t_{be} $[_{Small\ Clause}$ theme NP $t_{location\ PP}$]]]]

本書では location PP の位置（IP 指定部）に変項詞が位置するため、仮に上記の畠山（ibid.）の分析が IP 指定部の location PP と小節の中にあるその痕跡以外は正しいと仮定して、それを採択し本書の主張を加味すれば、<u>絶対存在文を除けば、</u>以下のようになる。

(34) $[_{IP}$ 変項詞 $[_{I'}$ be $[_{VP}$ t_{be} $[_{Small\ Clause}$ theme NP **PP**]]]]

しかし、絶対存在文ではそもそも前置詞句（PP）が存在せず、畠山（ibid.）の分析では絶対存在文の構造を的確に捉えることができない。ここに畠山（ibid.）の there 存在文分析の問題点がある。

　さらに、統語構造だけでなく、意味についても畠山（ibid.）の主張には問題が生じる。畠山（ibid.：129）は「虚辞 there の意味内容と形式素性は、関連詞である場所 PP からもらい受ける」と主張し—この主張自体、絶対存在文には当てはまらない—、さらに、there 存在文の there について「中身はないが形だけある」と主張している。しかし、本書で見たように there は変項詞であり、そこには豊かな命題函数の意味が内包されているのである。

　なお、Rando & Napoli （1978：312）や西山（2013 他）が指摘するように、there 存在文と所有文の間には密接な関係があるが、所有文に変項詞が含まれているかどうかについては将来的研究課題としたい。

【付記】
本章は日本第二言語習得学会夏季セミナー（2015 年 8 月 18 日、於・八王子セミナーハウス）と駒場言葉研究会（2015 年 11 月 22 日、於・東京大学駒場キャンパス）にて口頭発表した内容を基に、その後、下記に掲載されたものをさらに加筆修正したものである。
　岩﨑永一. 2016.「There 存在文の意味論と英和辞書記述への提案」*KLA Journal*
　（駒場言葉研究会）3: 21-38.
駒場言葉研究会にてコメント等をくださった Tom Gally 先生、菅野憲司先生はじめ参加者の皆様に御礼申し上げる。

---

[1] 他に Abbott （1993：43, n. 6）の挙げる下記の文も絶対存在文の解釈を持ち得るだろう。

(i) There are songs to sing and books to read.

[2] 岩崎（2015b: 34, n.14）にも、リスト存在文に関する萌芽的指摘があるが、本書はそれをさらに敷衍させるものである。

[3] Abbott（1993: 41）は一部のアフリカ系アメリカ英語では there is の代わりに it is が使用される場合があると報告している。

[4] 変項名詞句は it で受けることが可能である（Declerck 1983）あるが、ここでは there は変項詞であって、変項名詞句ではないため、it で受けることができなくとも問題ない。

[5] 以上の（倒置）指定文の考え方は西山（2003, 2013）, Nishiyama（2008）にすべて負っている。

[6] Ward & Birner（1995: 734-735）はリスト存在文について、open proposition の変項をコピュラ直後の名詞句が指定すると主張している。しかし、その名詞句が聞き手にとっての新情報を伴うと主張している点が本書の主張とは異なる。

[7] 本書とは主張は異なるが関連の議論が Rando & Napoli（1978: 308）にも見られる。一方で、a beautiful city を変項名詞句、between Osaka and Tokyo を領域限定辞と捉え、絶対存在文と捉える読みも可能かもしれないが、そうすると、a beautigul city を指示的名詞句と非指示的名詞句と捉える基準を明示する必要性が生じる。さらに、一般に、不定冠詞を伴う名詞句は変項名詞句になりにくい点にも注意しよう。（例外は第1章を参照されたい。）

[8] (26)の there は久野・高見（ibid.）が説明するように場所を表す there でなく、「形式上の主語」（ibid.: 157）である。（ただし、本書の立場では命題函数の意味を有する豊かな変項詞である。）日向（2014: 36）は「there's the NP」の形が「the NP is there」と書き換えできることを根拠にして、そのような there を「場所を示す副詞」と主張している。確かに日向（ibid.）が挙げている例文についてはその説明は成り立つ一方で、(26)のような例については、日向（ibid.）の主張では十分に説明することができない。久野・高見（ibid.: 第10章）が妥当に解説するように、there 存在文に見かけ上は見える2つの構文の差異に着目する必要がある。そして、純然たる there 存在文におけるコピュラ直後の定冠詞の説明を行うときに、there を場所を表す副詞と捉えることは必ずしもできないのである。

[9] Ward & Birner（1995: 733, n.9）は、Barbara Abbott に帰して、(27) "can mean either that the same general crowd was at the beach again today, or else it can mean that there was a crowd at the beach today, as usual. It is the first reading that concerns us here." と記している。

[10] 2階の変項名詞句（峯島 2013）を参照されたい。 ただし、there は変項詞であり、変項名詞句ではない。

[11] これは「統合的スキーマ」（山梨 1995: 127, 2000: 77）に近いと言えるが両者は独立の概念である。いずれにせよ、この点は本書の範囲を超え、別稿での精査に譲りたい。

[12] something new, something significant はそれぞれ構成素を成すことに注意しよう。

¹³ また、結局、そのような場合、「彼の理論の中の重要なもの」というカテゴリー自体が既述の命題函数の中身の設定の仕方（あるいは、そのような考え方）に負っていることになる。

第 8 章

変項詞 So と文脈と命題函数

8.1. はじめに

　本章では Quirk et al. (1985)，Toda (2007)，Hatakeyama, Honda, & Tanaka (2010) 等で議論されてきた so で始まる下記の(1b)のような構造における so の意味論的・語用論的な属性に関する分析を行う。なお、この構造の、著者の統語的分析については Iwasaki (2017: Chapter 10) で詳しく論じているので、そちらを参照されたい。

(1)　(a) John can speak French, and so can Mary. (Toda 2007: 188)
　　　(b) Bill must be a genius and so must be Ann. (Toda ibid.: 190)

特に、意味的には上記の(1b)の "so must be Ann" や(1b)の "so must be Ann" は倒置指定文である、と本書では考える。ただし、実際に so が倒置されているかどうかは、本書では扱わない。あとで見るように、表面の構造上、so が「変項詞」であるため、「倒置」指定文と統語的に並行である、と主張しているだけである。

8.2. 倒置指定文と So ...の並行性

　第2章等で議論したように、倒置指定文とは以下のような文であった。

(2)　The winner is John.

ここで西山 (2003; 2013)，Nishiyama (2008) 他の「変項名詞句」の概念を用いれば、the winner が[x が優勝者だ]という命題函数の意味を有す

る変項名詞句であり、その変項 x の値を John が埋めているということになる、ということを思い出そう。

　本書は、(1b) の so は [x も天才だ] という命題函数の意味を有する「変項詞」であり、その変項 x の値は "Ann" によって指定される、と主張する。[1] これは西山 (2003) 他の変項名詞句の概念を適用したものである。確かに、当該の so は名詞ではないが、上記のような、変項を含む命題函数の意味を有するという点で、「変項詞」と呼んで差し支えないであろう。so は確かに名詞ではないが、変項を含む命題函数 [x も天才である] を有するという点で、そして、その変項 x の値を探すという性質を持っている点で西山 (2003) の変項名詞句と同じである。また、変項が 1 つ、それを指定する値も 1 つという点で、so が TP 指定部に位置している点でも、(2) のタイプの倒置指定文の変項名詞句と同じである。（表 5-1 参照。）

　さらに、(1b) の形について、Hatakeyama et al. (ibid.: 36) は「ほとんどのインフォーマントが許容しない」と主張しているが、Iwasaki (2010: 76, fn.2, Peter Culicover, p.c. に帰す) は、"and so MUST be, ANN" のようにストレスの置き方を工夫すれば、容認度が上がると報告している。これは、下記の (3) で John が焦点化された場合に、(3) が指定文の読みを持つ (Patten 2012: 35) ということと同じである。（他に Mikkelsen (2005a, b)、熊本 (2014) も参照されたい。）

(3)　　JOHN is the best surgeon.
　　　　　　　　　　　　　　(Patten ibid.) ［太字は原典による。］

すなわち、(3) では変項名詞句の値となる値名詞句が焦点化された場合にのみ、指定文読みが可能である、ということである。これは上記で "Ann" にストレスが置かれると良くなるのと並行的である。[2] したがって、この並行性は "Ann" が変項名詞句の値を指定する値名詞句であるという仮定を支持している。

　さらに、もう一つ（より厳密には二つ）、(1) のタイプの文が倒置指定文であることを示す証拠がある。まず、確認すべき事実を示す。Mikkelsen (2005b) は、下記の例のように、コピュラ直後の名詞が主格になれないことはその統語位置が TP 指定部ではないこと、そして、英語（とデンマーク語）のデフォルト格は対格 (Mikkelsen ibid. は Schütze (2001: 210-216, 227) と Ørsnes (2002: 333-337) に帰している) であるため、倒置指定文（彼女は「指定節」と呼ぶ）でも対格が現れる、と主張している。（以下の (4c) の大文字は原典による。）

第8章　変項詞Soと文脈と命題函数　185

(4)　(a)　*The most influential architect is he.
　　　　　　　(Mikkelsen ibid.: 4)　［原典のフォント変更］
　　(b)　*The winner is he. (Mikkelsen ibid.: 27)
　　(c)　The winner isn't {HIM / *HE} (Mikkelsen ibid.: 18)

　なお、(4c)のストレスについて、Mikklesen（ibid.）は語用論的理由のためであるとし、さらに、代名詞が照応的解釈ではなく、直示的解釈を持つためである、と述べている。
　上記の(4)のような倒置指定文の場合とso繋辞文は二つの点で共通性を持つ。一つは既に見たように、主語が代名詞の場合にストレスを必要とすること（あるいはその場合の方が容認性が上がること）であり、もう一つは両者ともに繋辞の後ろの代名詞は対格になり得る、ということである。倒置指定文の場合は上で確認したので、以下で so 繋辞文について *Google Books* の実例から集めた例を検討する。[3]

(5)　(a)　Pidget informed Johnny in a whisper that her gifts were already in the house. "Yours is sweet, Johnny, very sweet, very indeed sweet, and **so is them all**." (Mary C. Bartlett. 1878. *Real Boys and Girls*. Lockwood, Brooks and Company. p. 18) ［太字強調追加］
　　(b)　... Poor things! How sorry they must be!' ［ここでパラグラフ変更］'And **so is me**,' said Johnny, sobbing, and speaking very angrily.
　　　　(Little laddie. 1874. *Little laddie, by the author of 'Little mother'*. p. 284) ［太字強調追加］

以上のように「so is...」の文でもコピュラ直後の代名詞が対格を取り得る。以上の二点（名詞句に置かれるストレスと対格代名詞）の共通性は、so コピュラ文が倒置指定文の一種であることを支持している。
　さらに、"so is them" のような例は、変項詞 so が変項の個数と変更の値の個数がそれぞれ１つであるとすれば、コピュラの数の一致がコピュラ直後の名詞とではなく、変項詞 so とで行われる場合があることを示している。[4]
　今までの議論をもとにすれば、(5a)，(5b)では、変項詞 so はそれぞれ、[x もとても sweet だ]、[x もとてもかわいそうだ]という命題函数の意味を有し、その変項 x の値がコピュラ直後の名詞によって指定される。[5/6]

8.3. 同一指標を巡る問題

なお、変項詞 so は前の文・節の一部分と直接的な同一指標関係にあるわけではない、ということに注意しよう。下記では so は "a pretty fair professor" と同一指標の関係にあるのではなく、その中の焦点を当てられる箇所のみが命題函数の一部となり、so は [x もかなり良い (pretty fair)] という命題函数の意味を有し、その変項 x の値が "his class" によって指定される。

(6) He's a pretty fair professor and **so is his class**.
[http://www.ratemyprofessors.com/ShowRatings.jsp?tid=1635333]
[2017 年 8 月 22 日アクセス][太字強調追加]

ここで so が [x もかなり良い教授だ] という意味ではないことに注意しよう。so がどのような命題函数を持つかはその文の置かれる発話のコンテキストが決定するが、一般的には so の前の節（叙述文）の叙述部（すなわち、コピュラ直後の位置の構成素）の全体またはその一部に焦点を置いたものによって、so の命題函数は構築されると考えてよい。ただし、後で (7) で見るように so に先行する節の叙述部がその主語と同一指標の要素を含む場合には、それを so 以下の節の主語と読みかえる必要がある。上記 (6) の発話のコンテキストが教室で教授が一人しかいない場面であれば、命題函数には「教授」は入らず、"he" 以外の教室のメンバーとの共有概念となり得るものが命題函数の構成要素となる。今回は "pretty fair" という性質である。もちろん、命題函数自体と変項の値の決定は意味論レベルの概念である（西山 2003）であるが、その命題函数がどのような内容となるかは発話のコンテキストによって決定される。

さらに本章の変項詞の説明が有効な、母語話者にとっても文法的な例がある。

(7) Just realize **you are what you are and so is he** and if he does not like the way you are then the heck with him. Do not let him bother you.
[https://uk.answers.yahoo.com/question/index?qid=20141026062823AAupyvo]
[2017 年 8 月 22 日アクセス] [太字強調追加]

仮に so が "what you are" と同一指標であるとすると、"he is what you are" になってしまい問題がある。[7] そのため、音声形式上の同一性ではなく、独立した意味論レベルの設定が必要である。第二節の so が変項 x

第8章　変項詞Soと文脈と命題関数　187

を含む命題関数（例えば、[x$_i$ はまさに x$_i$ である]）という命題関数の意味を有し、その変項 x の値が「彼（"he"）」で指定される、という意味である。

8.4.　So の語用論的解釈

次に、Hatakeyama et al.（2010）による、so の意味の想定について吟味する。Hatakeyama et al.（ibid.：33）は以下を引用している。

(8)　This forecast is admittedly way above the estimate of most analysts in several recent surveys. But so is **reality generally far off from the consensus.**
　　　　（Huddleston & Pullum 2002: 1539）［太字強調追加］

Hatakeyama et al.（ibid.）は太字部を彼らの VP ellipsis 仮説の証拠として提示している。すなわち、太字部を VP ellipsis が生じずに、音形を持っている例として挙げている。そして、Hatakeyama et al.（ibid.）によれば、同形の場合（"under identity"）にのみ VP は削除されるとのことである。

まず、上記の so は本章で今まで主張してきた TP 指定部に位置する変項詞の so ではないことを以下で確認しよう。(8)の But 以降の構造は、is が倒置される前を考えれば、以下の通りである。

(9)　so [$_{TP}$ reality [$_T$ is] [$_{ADV}$ generally] [$_{ADJP}$ far off from the consensus]].

ここから分かることは、少なくとも so は TP 指定部にはなく、また、コピュラ直前の要素でもなく、今まで本章で議論してきた変項詞としての so とは異なる、ということである。さらに、上記は指定文ではなく、「reality とは…だ」という意味の叙述文であり、この点でも so は変項詞ではないと言える。So は CP 指定部にあり、語用論的には以下の so と近いと言えるだろう。

(10)　So you've spent all your money.　　（Blakemore 1988: 189）

この発話のコンテキストについて、「妻が山ほど買い物包みをもって帰宅したのを見た、夫の発話である」と東森・吉村（2003：84）は解説してい

る。東森・吉村（ibid.：89）は、Blakemore（ibid.）に帰して、(27) の
so は「何かを証明しようとしているのではなく、後続命題が、その状況
において顕在的になっている想定から引き出せる文脈含意であることを
示している」と解説している。東森・吉村（ibid.：84）は "performing
the speech-act of explaining"（Grice 1989：362）による分析では
(10) を首尾よく捉えられない、と解説している。[8]この観点から、(8)
を見てみると、第一文の「今回の予測は最近の複数の調査におけるほと
んどの分析の見積もりを遥かに超えているのは確かだ」という状況に対
して、第二文の意味的内容「概して現実は人々の統一見解通りではない
のだ」が「推論の帰結（文脈含意）」（東森・吉村（ibid.）, Blakemore
（ibid.）に帰す）として機能している。この観点からも、Hatakeyama et
al.（ibid.）の既出の主張は明らかに問題があると言える。これは(1b)の
第二節のように新しい情報（例えば「天才なのは誰かと言えば、Ann もそ
うだ」）を述べている文とは異なる。第二文に "but" が付いている理由
は更なる前後関係がなければ明確には分からないが、第一文には「確か
に（admittedly）」を受けて、第二文で「そうは言っても、概して…」と
いうことを述べているからかもしれない。

　確かに、先行命題の肯定の場合、助動詞・コピュラ倒置は起きない
（Hatakeyama et al. ibid.：25, fn.2）という主張はある。しかし、(8)
の第二文の倒置を統語論的には例外の現象として扱っても、意味的には
(8)の第二文は「推論の帰結（文脈含意）」であるという主張は残る。本
書の上記の議論に反論する場合には、(8)の so が「推論の帰結（文脈含
意）」ではなく、第一文と共通する土俵（例えば、(1b)では「天才なのは
…」）の上で「新しい」情報（例えば、(1b)では "Ann"）の値名詞句を
導く so であることを示す必要がある。が、それは無理であろう。"Ann"
は "Bill" とは全く異なる人物であるという意味で「新しい」情報であ
る。しかし、「予測」が将来の「現実」に関する予測であることを踏まえ
れば、「今回の予測」と「現実」は、何らかの点で、概念的に重なる可能
性がある一方、(1b)では "Bill" は "Ann" の一部ではないし、その逆
でもない。

　以上の議論からも、Hatakeyama et al.（ibid.）の(8)に関する議論は維
持し難い。このような難点が生じる理由は Hatakeyama et al.（ibid.）
が so を副詞として扱い、その意味について深く議論していないためであ
る。統語論の議論の場合であっても、各文法要素の意味論的・語用論的
意味を精査する必要がある。

8.5. 結論

　本章では(1)のような文における so が変項詞であり、それは、変項を1つ持ちつつも、その命題函数は so に先行する部分を手掛かりとした文脈によって決定されると主張した。(1)を(11)として以下に採録する。

(11) (a) John can speak French, and so can Mary. (Toda 2007: 188)
　　 (b) Bill must be a genius and so must be Ann. (Toda ibid.: 190)

変項の個数が1つで、それを指定する値も、(11a)では Mary、(11b)では Ann とそれぞれ1つであるため、岩﨑（2015b）に従い、so は TP 指定部（主語位置）に位置することになる。

　以上を纏めると以下のようになる。ただし、(12a)の統語構造については Iwasaki（2017）を参照されたい。

(12) (a) … $[_{TP}$ so$_i$ $[_{T'}$ $[_T$ must$]$ $[_{RP}$ t_i $[_{R'}$ $[_R$ be$]$ Ann$]]]]$
　　 (b) So は[x も天才だ]という命題函数を有する変項詞

Hatakeyama et al.（ibid.）のように so を副詞として捉えるだけでは so で結ばれる二つの節の適切な意味関係を捉えることはできない。So を変項詞として捉えてこそ、二つの節の適切な意味的関係を捉えることができるのである。なお、この変項詞は Huddleston & Pullum（2002）の<u>分類の中で選ぶとすれば</u>、"Initial *so* in correlation with..."（p. 1539）<u>に近い</u>。接頭にあるという点でも同じ性質である。しかし、どう「相関」の関係にあるかを議論するためには so を豊かな命題函数を有する変項詞として捉える必要があるのである。

　本章冒頭で述べたように、本章では(1a, b)の二つが同じ構造であるとは主張していない。本章は(1b)ならびに非対格動詞の場合に限って、議論した。Hatakeyama et al.（ibid.）の主張する仮説は、(1a)のタイプについては妥当な可能性も残っている。

【付記】
本章は『國士舘大學教養論集』に掲載された下記の一部を基にしたものである。
　岩﨑永一. 2016.「So 繋辞文の統語構造と意味論・語用論の援用による分析－TP 指定部に位置する変項詞としての so の意味－」『國士舘大學教養論集』79: 1-34.
なお、本章の統語的な議論は Iwasaki（2017）およびその原型である Iwasaki

(2010) と重なる部分もある。より詳細な統語的議論にはついては Iwasaki （2010, 2017) を参照されたい。

---

[1] 「も」の意味に対応する英語については Culicover & Winkler (2008: 650) を参照されたい。

[2] なお、So 繋辞文の so がなぜ（助動詞＋）コピュラ前に位置し、繋辞後に位置しないか、という反論が予想される。日本語のように「太郎が優勝者だ」と「優勝者は太郎だ」の「優勝者」の両方が変項名詞句となり得るのと異なり、(6)の場合 John にアクセントを置かない無標の読みは叙述文である。

     (i) John is the best surgeon.　　　（叙述文）

したがって、一般に、英語では特段のアクセントが置かれない限りは変項名詞句は繋辞前にある。また、Iwasaki (2017)他で示したように、(1b)の場合、本章の分析では、"Ann" が小節内であり、"Ann is so" という語順は実現しない。

[3] (5a, b)は複数の母語話者が非文法的であると指摘するが、書物に掲載された実例として存在している以上、通時的な観点や異なる母語話者の I 言語の観点等、普遍文法の観点からは重要な手がかりを与えてくれる。その他の実例でも仮に不自然なものがあったとしても、同様のことが言えるだろう。

[4] そうでない場合があるとすれば、ストレスの置かれた名詞と繋辞・動詞の間でφ素性の一致が置きるためだろう。

[5] この点は Iwasaki (2017: 168-169)でも極めて簡潔に触れた。

[6] 不定の名詞句が繋辞前にある倒置繋辞文では "for example" 等を繋辞直後に置くことができ (Den Dikken 2006: 91)、実際、So 繋辞文はそれが可能な場合があり、これは So 繋辞文が倒置繋辞文であることを間接的に支持すると思われる。

  (i) Gibbon is probably as great a prosateur as any of the Latins and **so was, say, Chateaubriand**,... (Ford Madox Ford. 1938. *The March of Literature: From Confucius' Day to Our Own*. Dalkey Archive Press, p. 249)

[7] これは統語的には Toda (ibid.) の so による置き換えや Hatakeyama et al. (ibid.: 33) の "ellipsis under identity" は問題があることを示しているが、ここでは so の意味的・語用論的な性質を問題としているため、統語的な議論には深入りしない。

[8] Wilson & Sperber (1993: 15; 2012: 161)も同様の説明を行っているため、参照されたい。三木 (2012) は Grice の主張を精査し、ある発話に語用論的操作を施した結果、命題が得られる、あるいは、命題に語用論的操作を施すのではなく、ある発話に対する語用論的操作の結果、その発話の話し手の「背後にある心理状態」(p. 97) が得られる、というのが Grice の主張であることを説得力を持って論じている。

第 9 章

日英語の比較 1 : 疑問代名詞と変項

9.1. 英語における叙述文の主語の Wh-疑問詞化について

一般に下記の事実が広く知られているとされる。

(1) 叙述文の主語は疑問詞化できない。[1]

確かに、日本語の叙述文(2a)の下線部主語を疑問詞に変えると非文法的であり、(1)は少なくとも日本語では妥当なように思われる。

(2) (a) 太郎は社長だ。
(b) *誰は社長だ。[2]

しかし、英語ではどうだろうか。(1)を英語に狭めて考えれば、以下の(3)のようになる。

(3) 英語では主語位置（TP 指定部）に位置する名詞句を Wh-疑問詞で置換できない。

ここでの「置換」とは生成文法の古典的な操作（Chomsky 1965）を指すことにする。[3]本書では(3)の妥当性を検証し、実は(3)は正しくないことを示す。その上で、なぜ日英語で主語の疑問代名詞化の可否が異なるのかを変項とその値という観点から議論する。

第2章で確認したように、叙述文とは、ある対象を指示し、その指示対

象についての属性を述べるものである（cf. 西山 2003）。そのような叙述文が発話された後に、叙述文の主語について問うのはナンセンスである[4]。本書ではそのような点を問題としているのではなく、古典的な生成文法の文の操作における基底文として叙述文を出発点にし、その叙述文の主語を Wh-疑問詞に変えることはできない、ということは必ずしも成り立たない、と主張するのである。

　本章の構成は以下の通りである。まず、英語のあるタイプの文が統語的にも、意味的にも、叙述文読みと指定文読みを持ち曖昧であることを論じ、そうした曖昧性を持たない文タイプを探る。それを受け、叙述文読みしか持たないと思われる文タイプを挙げ、それに対して予想される潜在的反論に対し、情報構造の観点から議論する。本章はA層の言語モジュールを採択する立場に立つが、一方で、焦点化や話題化については言語モジュール以外の情報構造（すなわちB層）が関与しているという立場を取ることに注意しよう。その上で、なぜ、疑問代名詞化について日本語と英語で異なる振る舞いをするのかを理論的に明らかにする。最後に、結論を述べる。

9.2. 叙述文と指定文の曖昧性

　下記の(4a)は(4b)を基底文とするか、(4c)を基底文とするかで曖昧である。以下における this は例であって、他の指示代名詞あるいは定名詞句であれば、他のものでもよい。

(4)　(a) What is the problem?
　　　(b) The problem is this.
　　　(c) This is the problem.

なお、(3)の立場に立てば、(4a)は(4c)を基底文とはしない、ということになる。

　次に、下記の(5a)について、(5b)を基底文とすることは明らかである。

(5)　(a) What may the problem be?
　　　(b) The problem may be this.

以上のようなタイプとは別の(6)を考えてみよう。

(6)　　What might be the problem?

これは(4)，(5)で見たような統語操作・派生を想定することはできない。理論的に考えられるのは、次の2つである。1つは the problem を属性名詞句として解釈し、下記(7)の主語名詞句 this を what に置換した、というものである。

(7)   This might be the problem.

一方、もう一つの想定は the problem を変項名詞句として解釈し、その変項名詞句の命題関数[x is the problem]を指定する値が what であると捉えるものである。[5]しかし、この考え方が成立するためには、the problem が変項名詞句であるということを言語事実に基づいて示さなければならない。纏めると、(7)は可能性としては叙述文と指定文の間で曖昧な可能性がある。[6]
　さらに、下記のような文を考えてみよう。

(8)   What might be a problem?

一般に、下記が示すように、不定冠詞を伴う名詞句は変項名詞句になりずらい。

(9)   *A girl is Imogen. (Den Dikken 2006: 152)

例外的に、以下のような場合に指定文読みが可能である。（第1章も参照されたい。）その場合、下線部を変項名詞句と見なすことは可能かもしれない（岩﨑 2015b）。

(10)   An excellent doctor is Brian. (Den Dikken ibid.: 153)
　　　　　　　　　　　　　　　　　　　[原典に下線追加]

しかし、この場合も、コピュラの前に変項名詞句が位置しており、(8)とは異なる。以上のことに留意すれば、(8)の a problem を変項名詞句と見なすことは難しいと言えるだろう。
　すると、(8)は a problem を属性名詞句とする叙述文であり、(3)に対する反例となっていることが分かる。This might be a problem の this を what に置換したものであるからである。
　予想される反論として、以下のような不定名詞句がコピュラ直後に来

る指定文が考えられる。

(11) Speaker A: Who is a surgeon?
    Speaker B: JOHN is a surgeon.
                        (熊本 2014: 7)
            [大文字は原典による。第二文は Patten（2012）]

上記の(11B)は音声的な要因からも JOHN を焦点化した焦点化構文であると分かる。焦点化構文や話題化構文は言語モジュール以外に情報構造が関わっていると想定することは奇妙ではないだろう。いずれにせよ、(11B)は A の質問に対する答えを焦点化してコピュラの前で示している。だからこそ、指定文読み（が仮に可能であるとすれば）可能なのだろう。

　しかし、(8)は答えを提供するのではなく、疑問文である。したがって、(11B)とは情報構造的に異なり、(11B)が指定文の読みが可能であることとの並行性を論拠にして B が指定文とは言えない。情報構造的に、疑問文に対する答えを示す文(11B)と質問文(8)が同じ情報構造を持つとは言い難い。したがって、(8)を(11B)と並行的な構造を持つ文であると主張するのは難しいだろう。

　以上のことから以下が導かれる。

(12) 英語の叙述文（たとえば XP might be a problem）の主語名詞句を what に置き換える場合、その置換を行う前の文は叙述文にほかならない。そして、その叙述文の主語を what で置き換えたのが what might be a problem?であり、この置換可能という事実が(3)に対する反例を成す。

反例については経験科学ではそれが即、理論の棄却に繋がるわけでない（cf. Borsley 2001）。しかし、上記の反例は極めて頻度の高いものであると思われる。

　今後の課題として、置換操作後の what might be a problem が西山(2009)が「非標準的指定文」と呼ぶものの解釈を持ち得ることを探ることもありえるかもしれない。[7] しかし、その場合でも This might be a problem が少なくとも叙述文の読みも持つという事実は変わらない。さらに、仮に、「非標準的指定文」の読みを持つとしても、その場合でも、a problem は属性名詞句であり、たとえ、上記の文が指定文的性質を有していたとしても、依然として、叙述文の特性としての属性名詞句を持つという性質も持っているため、「叙述・指定文」あるいは「指定・叙述文」

と呼んだ方が適切であると思われる。属性名詞句を持つ文を「非標準的指定文」と名付けることで、叙述文の属性を持っていることを（結果的に）覆い隠すことは問題があると思われる。属性名詞句を持つ以上、what might be a problem は叙述文（の亜種）であることには変わりないのである。（ここで、私が叙述文の一種というとき、叙述文の属性すべてを揃えて持っているという意味ではない。私はここで、古典的カテゴリー観に立っていないことに注意されたい。1.2. 参照。）そこに、疑問の意味の変項が意味的に加わって指定文の要素が加味されているのである。したがって、叙述文に Wh-移動をかけた結果、叙述文が生じていると言えよう。

9.3. 変項と値に関わる日英語の疑問代名詞の振る舞いの差異

以下の例文を考えてみよう。[8]

(13) (a) *何は問題ですか。
    (b) 何が問題ですか。

ここで、(13a)の非文法性は、叙述文全体に起因する非文法性というよりも、叙述文とは独立に、日本語において、「*何は」は常に非文法的である、という事実に注意すべきである。「何」と「は」の組み合わせがなぜ非文法的になるかは追って吟味する。

　ここで(13a)について吟味する前に、英語の対応構文を再度、考察する。ただし、叙述文と指定文の曖昧性を除去するために、（非標準的指定文の可能性を除けば）叙述文の読みのみを持つ文を検討する。

(14) What might be a problem?

この場合、他の Wh-疑問文と同じく、(14)は、[x might be a problem]という命題函数の変項 x の値について問う、という意味を持つ。その点を踏まえれば、変項 x が語彙化したのが what であり、その結果、(14)の文が生じている、という想定が可能である。ただし、might be a problem はもともと(14)の文内にあったということは注意されたい。命題函数の一部を置換し、そのまま文を生じさせることに議論はあるかと思われるが、ここでは、当該の命題函数の変項を Wh-疑問詞化し、その他の点は一切、手を加えずに、そのまま文となっているため、管見の限り理論的問題は

生じていないように思われる。以上の考察が妥当であるとすれば、以下の仮説に到達する。

(15) 英語では命題函数の変項を Wh-疑問詞化できる。

したがって、単純化して考えれば、既に見たように、(16a) の this を what に置換して疑問文を作ることができる。

(16) (a) <u>This</u> might be a problem.
(b) <u>What</u> might be a problem?

以上の操作は日本語では可能であるだろうか。試験的に、対応する日本語の例文を以下に挙げてみよう。

(17) (a) <u>これ</u>は問題だ。
(b) *<u>何</u>は問題だ。

結局、(17b) は (13a) と同様であり、非文法的である。したがって、[x は問題だ] の変項 x を「何」に語彙化することはできない、ということが分かる。すなわち、日本語では、変項 x を「何」で置換することはできないのである。したがって、以下が得られる。

(18) 日本語では命題函数の変項を Wh-疑問詞化することはできない。

すると、(13a, b) の「何」は変項ではないとすれば、何だろうか。変項名詞句の命題函数の変項を指定する値である、ということになる。[9] 「何」や「誰」は特定のものや人を指示しないが、それでも、値 α を意味しているのである。例えば、部屋中の壁に多数の絵画が貼り付けられたのを見たというコンテクストを考えよう。その場合、Speaker B の返答は <u>Speaker A の質問に対する応答としては</u>、かなり不自然だと思われる。そのため # の記号を付す。（文それ自体としては完全に文法的である。）

(19) Speaker A: <u>誰</u>がこんなことをやったの？
Speaker B: #<u>誰</u>もそんなことをやっていないよ。[10]

これは、日本語の「誰」は＜不特定かつ定で、ある不特定な１人の人物を前提として、その人物 α について探している＞という意味を持ってい

るためだと思われる。(ただし、ここでは所与の文脈から、論理的に考えて Speaker B の発話が不自然である可能性もあるが、その場合でも、論理的に、αの存在を要請していることになる。) すなわち、「誰」は[x がこれを見つけた]の変項 x を指定する値である。すなわち、「誰」は変項ではなく、変項を指定する値としての指示的名詞（指示的代名詞）であると思われる。[11] 英語では(19B)に対応する文は可能であろう。それは英語の疑問詞が、純粋に変項が語彙化したものであって、その変項を指定する値については何ら規定しておらず、変項を指定する値がゼロ個の場合も許容するからである。

　以上の日英語の性質を図解すれば以下のようになる。

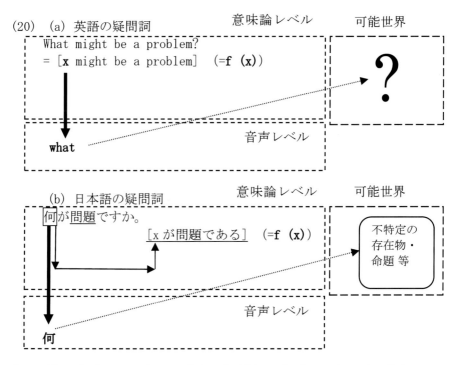

　以上の図解から分かるように、英語の疑問詞は変項そのものが語彙化しているために、可能世界に対応する存在物はないのに対して、日本語の疑問詞は変項ではなくその値が語彙化したものであり、不特定の存在物等を前提として、それを指示している。そして、「何」はその不特定の存在物等の内実を問うているのである。

　以上を踏まえて、「*何は」、「*誰は」がそれらが置かれる文タイプに関

わらず、常に非文法的である理由を検討しよう。「…は…だ」の文タイプには主に以下の例文に対して、2通りの解釈がある（cf. 西山2009）。

(21)　アメリカの大統領はトランプだ。

1つは叙述文読みであり、「アメリカの大統領」でホワイト・ハウスにいる人物を指示し、そして、その属性（名前）が「トランプ」であると述べるものである。もう1つは指定文読みであり、「アメリカの大統領」は[x がアメリカの大統領だ]という意味を有し、その変項 x が「トランプ」で指定される、という読みである（cf. 西山2009）。以上の2通りの読みが疑問詞を主語とする文で可能か考えてみよう。まず、「何は」、「誰は」の叙述文読みは排除される。既述の通り、「何」や「誰」は指示対象の内実を特定していないため、そのような指示対象について属性を述べることは不可能だからである。[12]次に、指定文読みも排除される。理由は、「何」や「誰」は値であるから、そのような値名詞の場合、以下のように「が」を伴うからである（西山2003）。以下は(21)を倒置したものであるが、「アメリカ大統領」が変項名詞句であることには変わりない（西山 ibid.）。

(22)　トランプ<u>が</u>アメリカの大統領だ。

上記で[x がアメリカの大統領だ]の x を指定するのが「トランプ」という値名詞句であり、このような値名詞句は「が」を伴う。したがって、同様に、疑問詞の場合も、指定文読みの場合には、「何が」、「誰が」となり、「は」は排除される。（これは、翻って、「何」、「誰」が値名詞句であることも指示している。）したがって、叙述文、指定文のいずれの場合にも、「は」を伴う疑問詞は非文法的となるのである。

9.4.　英語における変項の語彙化と値の語彙化

　今までの議論をもとに考えると、下記の(23)は(24a, b)の基底文がそれぞれ示す通り、2通りに曖昧であることが分かる。

(23)　Who is the winner?
(24)　(a)　____ is the winner.
　　　(b)　The winner is ____.

まず (24a) は [x is the winner] の変項 x を語彙化して who となり、(23) となる。(24b) では、コピュラ直後の名詞句（上記では＿＿で表記）が who に置換され、その who が文頭に出て、それに伴い、助動詞倒置と同じ移動をコピュラが行って、(23) となる。後者では、the winner は [x is the winner] という命題函数の意味を有し、＿＿部分はその変項 x を指定する値であることに注意しよう。

　前者の場合、who は何も指示しておらず、(24a) に対応するように空所そのものである。後者の場合は、値であるから（すなわち、値があるということが前提となっているのだから、値はゼロ個ではなく[13]）、不特定の人物 α の存在を暗黙に前提にしており、その人物 α が一体どんな人であるかを尋ねているのであり、その点に関する限り、(24b) に対応する。そして、(24b) とそれに対応する読みの (23) は倒置同定文（西山 2003: 166-173）であると言えよう。（本書第 6 章の［ディスカッション 2］も参照。）そのため、前者の場合は、優勝者はいないという答えも可能であるが、後者の場合、そのような答えは無理である。岩﨑（2015b: 39, 74）では下記の会話 (25) は可能である一方で、会話 (26) は Peter Sells 先生（私信）に帰して「非常に奇妙」であるとしている。

(25)　Speaker A: Who is the winner?
　　　Speaker B: Nobody.
(26)　Speaker A: Which is the winner?
　　　Speaker B: #Nobody.

(26A) 内の which を [x is the winner] の x が語彙化したものと捉えることはできない。変項 x は取り得る値としてゼロ個の場合も含む。（ここでの変項は the winner という DP の中に内在していないため、定冠詞による変項の個数の条件の適用を受けないことに注意しよう。）しかし、which は変項のとり得る値がゼロ個の場合を認めない。[14]したがって、[x is the winner] の x が which として語彙化したという立場を取ることはできない。すると、(26A) は the winner is ＿＿という基底文の＿＿が which に置換され文頭に出て、さらに、is が助動詞倒置を経た結果であると考えることができる。そして、この場合、優勝者である不特定の人物の存在を暗黙に前提にし、その人物がどの人かを尋ねているため、nobody という返答は矛盾することになるのである。一方で、(25a) は the winner is ＿＿と＿＿ is the winner のいずれをも基底文とすることができる。Who が変項であり、その値に関する制約がないためである。以上を図解で纏めると以下のようになる。

(27)

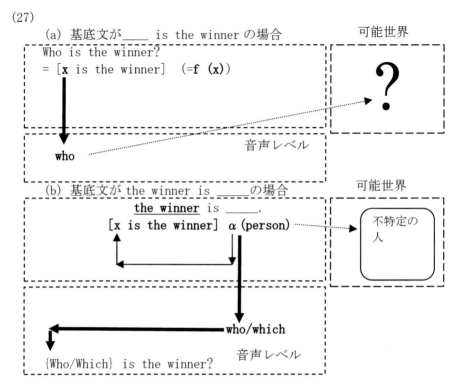

　したがって、英語の Wh-疑問詞は、コンテクストに応じて、変項が語彙化したものにも、値が語彙化したものにも、命題函数が語彙化したものにもなれることが分かる。

9.5. 結論

　本章ではまず、英語では叙述文の主語は Wh-疑問詞化できることを確認し、その後、英語ではそれが許容される一方、日本語では許容されないことを理論的に探究した。日本語では Wh-疑問詞は命題函数の変項を指定する値である一方で、英語では、多くの場合、そのような変項そのものが語彙化したのが Wh-疑問詞である、という結論に至った。さらに英語の Wh-疑問詞は場合によっては、値が語彙化したものにも、命題函数の変項が語彙化したものにもなれることも確認した。日本語では Wh-疑問詞が値であるために、叙述文の主語位置で「は」を伴うことができない、と結論づけた。さらに、英語の疑問詞でも変項が語彙化したものと値が語彙

化したもので曖昧な場合があり、その場合、どれであるかを問う疑問文と不特定な存在を前提とし、その正体を問う疑問文（cf. 西山 2003）があることを論じた。以上を纏めると以下のようになる。

(28) (a) 英語の Wh-疑問代名詞は、文脈に応じて、命題函数の変項が語彙化したものにもなり得るし、変項を指定する値が語彙化したものにもなり得る。[15]
     (b) 日本語の疑問詞は、命題函数の変項が語彙化したものになることはできないが、変項を指定する値が語彙化したものになり得る。

なお、重要な理論的含意として、日本語の疑問詞が変項の値であって、変項そのものではないということは変項に基づく移動義務（表 5-1）は生じないため、あくまでも移動は任意のかき混ぜによる、という一般的に受け入れられた見方とも符合する。表 5-1 はある語が命題函数の意味を有し、その命題函数が変項を含む場合に、その変項の個数と変項の値の個数に関する制約である。そのため、変項そのものがなく、変項を指定する値のみでは表 5-1 の制約下にはないのである。

【付記】
本章は 2016 年 8-9 月に西山佑司先生との膨大な議論の中でご教示頂いた点を数多く、取り込んである。西山先生に心より御礼申し上げる。特に、結論等における日本語の疑問詞が変項名詞句の変項を指定する値になる、という点は西山先生からのご教示に大きく負っている。ただし、西山先生が本章の主張に賛成している、という意味ではない。西山先生と本章の理論的立場は、英語の叙述文の Wh-疑問化を認めるか否かを巡って異なる。

---

[1] これをご指摘くださった西山佑司先生（以下、西山先生）に感謝する。また、(2)を根拠に(1)を主張する論理も西山先生に負っている。
[2] これをご指摘くださった西山先生に感謝する。
[3] Chomsky (1965)の置換操作はだいぶ古いが、ここでの議論のためにはそれで十分である。
[4] これに関係するご示唆をくださった西山先生に感謝する。
[5] この点をご指摘くださった西山先生に感謝する。
[6] 本書では倒置指定文と指定文の差異は横に置く。
[7] この点に関する西山先生のご教示に感謝する。
[8] これらの例文は西山先生のご示唆による。
[9] この点をご教示くださった西山先生に感謝する。

¹⁰ 他に以下のような例文でも「誰」はそれぞれ不特定の人物の存在を前提にしており、英語の who にはこのような用法はない。

(i) 誰と誰が話していますか。

¹¹ 他にも下記のような文は可能である。

(i) 誰先生に教わりましたか。

(ii) 誰先生が教えてくれましたか。

ここで、「誰」が完全に非指示的であれば、「先生」を付与することはできない。なぜならば、完全に無色透明の変項に対して、敬称を付与することは不自然だからである。ここでは、教員である不特定の人物 α を指示しており、そこに敬称として「先生」がついており、その不特定の人物に関する質問文が発せられているのである。さらに、以下の例文も、「誰」が不特定の人物を指示することを示している。

(iii) 彼はいつも誰かのせいにしていますね。

不特定の人物を指示しているかからこそ、「のせい」を伴うことができるのであり、英語ではこれに対応する表現はなく、その場合、疑問文になってしまう。

¹² 脚注4と同じである。

¹³ 岩﨑 (2015b: 39) では??The winner is nobody を「著しく逸脱している」文であると報告している。

¹⁴ 関連する議論・示唆について Chris Cummins 先生に感謝する。

¹⁵ Massam (2017: 122)は "...the variable is introduced as a WH-word..." と述べている。(大文字は原典による。)

第 10 章

日英語の比較２：
照応詞と同一指標・同一指示

10.1. はじめに

　白畑（2006）が主張するように、日本語の「自分」は長距離束縛と短距離束縛の両方を許容する。その事実を説明するため、本章では、「自分」が照応詞と代名詞の両方の性質を持つ、と主張する。特に、本章では「自分」が『指示的な照応詞』であると主張する。一般の照応詞はあくまでも先行詞と同一指標の関係にあるのであり、照応詞自体が直接、世界の中の指示対象を指示することはない。[1]すなわち、照応詞は一般には非指示的であるが、ここでは「自分」に関してのみは、指示的な照応詞である、と本章は主張するのである。そのために、結果的に（あくまでも結果的に、であるが）、「自分」が照応詞と代名詞の両方の性質を持つ、と主張する。

　白畑（ibid.：59-60）は、α が β を束縛する条件の１つとして、α と β が同一指標を持つこと、すなわち、α と β が同じ ϕ-素性を持っていることを挙げている。白畑（ibid.：66）は、また同時に、「自分」は ϕ-素性を持っていないとも主張し、それにも関わらず、「自分」が束縛表現（先行詞に束縛される表現）であると主張しているため、彼の主張には理論的な非整合性が見られると言わざるを得ない。

　「自分」が指示的な照応詞であることを仮定することにより、白畑（ibid.）の内包する非整合性を首尾よく回避できる。というのも、「自分」が指示的な照応詞であると仮定するということは、「自分」とその先行詞が、同一指標を持つ、すなわち、同じ ϕ-素性を持つことを根拠として、両者の意味が同じであることを保証するのではなく、「自分」とその先行詞が同一の指示対象を持つことを根拠として、意味の同一性が確保

されるからである。これを図解すれば以下のようになる。

(1)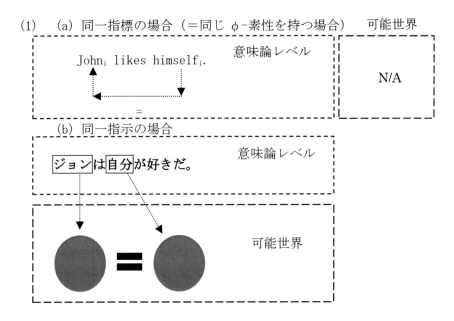

上記の図解からも分かる通り、同一指標の場合（すなわち、同じ φ-素性を持つ場合）には、可能世界の指示対象の介在は一切なく、意味論レベルの中でのみ先行詞と照応詞の同一性が担保されていることに注意しよう。一方で、同一指示の場合、意味論レベルでは、先行詞と照応詞の同一性は担保されず、可能世界の指示対象を指示し、その指示された対象同士が同じ存在物であることを通して、同一性が担保される。もっとも、上記の図は、二人の顔マークを記してあるが、同一人物であるから、一人の顔マークのみを表記する方が適切かもしれないが、この点は、ここでは深入りしないことにする。

10.2. 「自分」の2つの指示性

既に確認したように、束縛理論（Chomsky 1981）では、照応詞は非指示的であり、可能世界の中のいかなる対象も指示しない。一方、本章では、日本語の「自分」は照応詞でありながら、指示的であるという仮定を行い、さらに、本章では「自分」に関して以下の提案を行う。[2]

(2)　　(a)　「自分」は以下の２通りの場合に指示的であるとする。
　　　　　　　(ⅰ)　話し手あるいは書き手本人を指示する場合[3]
　　　　　　　(ⅱ)　先行詞が指示するのと同じ存在物・対象を指示する場合
　　　　(b)　もし(aⅱ)が当てはまるならば、「自分」は、可能世界の指示対象の同一性により、その結果として、先行詞と同一指示の関係を持つ。

以下では、上記の提案がどれくらい有効かを日本語の言語事実に基づいて検証する。

10. 3.　白畑（2006）

　まず、既に指摘したように白畑（2006）には理論的不整合性の問題がある。
　さらに、白畑（ibid.）は一人称の「自分」を照応詞の「自分」と区分して考えていることにも注意しよう。理論はより簡潔で統一的な方が望ましく、その点でも、白畑の主張は修正の余地が残されているように思われる。特に、一人称の「自分」を照応詞の「自分」と区別する立場では、一人称の「自分」が話し手・書き手を指示するという意味で指示的あるのに対して、なぜ照応詞の「自分」は非指示的なのか—束縛理論の定義上、照応詞は非指示的である—を十分に説明できない、という問題が残る。
　さらに、白畑（ibid.）の理論では、一人称の「自分」と照応詞の「自分」を区分する明示的な基準が示されていないことも問題点である。言語事実によっては、二つのタイプの「自分」を明確に区分できない場合もある。下記がその例である。

(3)　私は自分の責任だと思った。

上記の（3）では、「自分」が上記の文の話し手・書き手を指示する一人称の「自分」なのか、「私」に c-統御され、かつ、同一指示の関係にあるという意味で、照応詞の「自分」なのか、が曖昧である。
　それに対して、本章の主張では、両者は明示的に区分され得る。以下でそれを確認しよう。

10.4. 本章の提案を支持する言語事実

上記の(4a, b)の条件に従うと次のような帰結が得られる。

(4) 　(a)　「自分」の指示対象がその先行詞の指示対象と同じ場合には、「自分」は指示的な照応詞となる。
　　　(b)　それ以外の場合には、指示的な代名詞、すなわち、書き手・話し手を指示する一人称の代名詞となる。

以上の条件に基づいて、以下の言語事実を検討してみよう。

(5) 　誰かが自分を褒めている。

まず、上記の文は＜誰か私の知らない人が彼または彼女自身を褒めている＞という読みがある。これを上記の(4)の条件から検討してみると、「自分」は「誰か」に c-統御され、かつ、「誰か」と同一指示の関係にある。ここで、前章の「誰か」、「何か」等の日本語の疑問詞に関する議論を思い出そう。日本語の疑問詞は英語の疑問詞と異なり、変項そのものではなく、世界の中の不特定の対象を指示している、ということであった。前章の図解を以下に再掲する。

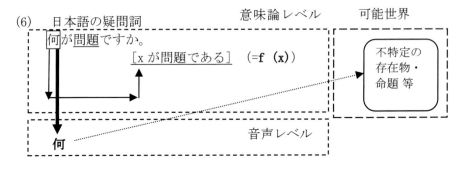

上記の「何」と同様に「誰か」も不特定の対象を指示していると言える。（「か」に関する議論はここでは省略する。）しかし、母語話者によっては「誰か」が指示する不特定の人物と「自分」が指示する人物が同一指示となる読み（下記の図解）はかなりきわどいと考える人もいるだろう。

(7) 日本語の疑問詞

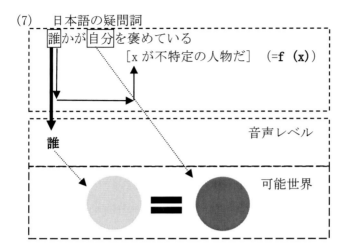

そのように考える母語話者は、不特定の人物の場合、文字通り、特定されておらず、どの人物が話題となっているかも分からず、そうであれば、その不特定の人物が「自分」が指示する人物と同じであると言える可能性は極めて低いからである、と考えるはずである。(もちろん、そのような解釈を可能と考える母語話者は、非指示的な照応詞の読みを認めることができるだろう。したがって、(5)の解釈は母語話者間の判断の差異の影響を強く受ける問題であると思われる。)

仮に上記のような、(7)の図解で示したような非指示的な照応詞の読みが可能でないとすれば、(4a)の条件は満たされないため、自動的に(4b)の「それ以外の場合には」が適用され、(5)の「自分」は一人称の解釈を受けることになり、おそらく、多くの日本語母語話者にとっては、これが一番自然な解釈であると思われる。この解釈を下記に図解で示す。

(8)

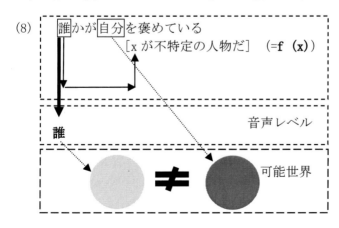

上記では図解中の2人の人物が異なる人物であることがポイントである。次に下記の例文について考えてみよう。

(9)　誰も自分を好きではない。

これは非指示的な照応詞の読みの場合には "No one likes himself/herself" という解釈となり、一人称の読みの場合には "No one likes me" という解釈になる。

　まず、非指示的な照応詞の読みは可能であろうか。「自分」は「誰」にc-統御され、かつ、「自分」は「誰」と同一指標の関係にあるため、この読みは一見すると可能であると思われる。したがって、この時点で(4a)が機能し、(4b)は機能しないため、一人称の読みは排除されると一見、思われる。

　しかし、「誰」と「自分」が本当に同一指示と言えるかについてもう少し吟味してみよう。「誰も」の「誰」は今までの議論に基づけば、不特定の人々を指示するということになる。すると、「自分」と同一指示の関係になる解釈を持つのは既述の通り難しい。しかし、肯定文中の「誰か」ではなく、否定辞と結びつく「誰も」の「誰」の場合、「人は誰でも」と同じく、可能世界に存在するすべての人々を指示することになり、不特定性は除去される、という主張もあるだろう。しかし、「自分」は一人称以外の場合でも、個人1人を指示する照応詞である。したがって、数の不一致が生じ、(9)の「誰」と「自分」が同一指示になるという読みを持つのは難しいと思われる。（ただし、これを許容する母語話者もいるかもしれない。次の10.5.を参照。）以上2つの場合のいずれの場合であっても、(9)の「誰」と「自分」は同一指示の関係を構築すると想定するのは容易ではない場合があり、その場合には(4a)が適用されず、(4b)が適用されることになり、(9)の「自分」は一人称の「自分」であると読むのが自然であることになる。

　結論的には、(9)は非指示的な照応詞の読みと一人称の読みの両方が可能であると思われるが、著者の言語直感では後者の方がより優先されると思われる。

　さらに次の例文を考えてみよう。

(10)　太郎は、<u>誰も自分を責めないだろう</u>、と言った。

上記の例文の文脈はこうである。何かあるプロジェクトに失敗した後に、人々が集まって会議をしようとしている状況で、一体何人の人が本当に

その会議に来るかも分からず、さらには太郎以外の他の1人でも来るかどうかも分からないような状況である。この場合、(10)の読みは指示的な照応詞の読みの場合、下線部は"No one will blame himself/herself"という意味になり、一人称の読みの場合には、下線部は"No one will blame me"という意味になる。そして、著者の日本語の直感では、(10)はこの両方の読みを許容すると思われる。

まず、指示的な照応詞の読みの場合を以下の図解で考えてみよう。

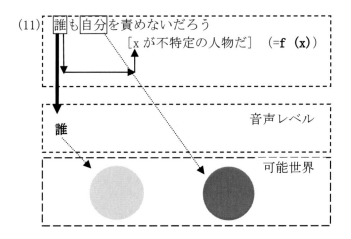

まず、(9)と(10)で異なるのは、(9)では世界中のすべての人を意味する「誰も」であるのに対して、(10)では会議に来る人の数は限られており、「誰（も）」が不特定の人を指すとは言っても、ごく限定された少人数の中の誰かということである。さらに言い変えれば、会議に関係者全員（たとえば、30人）が来たと想定しても、(10)の「太郎」はその一人ひとりの顔を想像できるのである。したがって、一人ひとりの場合について、ある人と「自分」（「太郎」ではなく、それぞれの人）をそれぞれ同一指示にすることは可能である。したがって、(4a)が適用され、非指示的な照応詞の読みが可能となる。一方で、「太郎」がそのような関係者一人ひとりの顔を想像するような心的表象を持たない場合には、(10)の「誰」は不特定の曖昧な個人像になり、「自分」と同一指示になるのは難しくなる。したがって、(4a)が成立せず、(4b)が適用され、一人称の「自分」の読みとなる。

以上の議論から、(4a, b)のような純粋に意味論レベルの条件が適切に機能するためには、上で見たような文脈を想起する語用論的議論が不可欠であることが分かるだろう。したがって、日本語の「自分」の解釈は、

白畑（ibid.）等の先行研究の仮説が主張するような純統語論的なものではなく（ここでは、束縛理論を純統語論的な理論と仮に想定している）、むしろ、語用論的解釈の影響を多分に受ける意味論的な問題であることが分かるだろう。

10.5. 複数形「自分達」の指示

さらに、「自分」の複数形である「自分達」を考えてみても、「自分」が直接的に世界の中の対象（人物）を指示するという本章の仮説が合理的だと分かるだろう。[4] 以下の例文を考えてみよう。

(12) 太郎は自分達を誇りに思っている。

仮に、「自分達」（および「自分」）が先行詞（との同一指標）を通じて指示対象を指示するのであれば、(12)はそのような立場にとって問題になる。なぜならば、「自分達」と「太郎」は数が異なるために、同じ ϕ-素性を持つことができず、同一指標になれないからである。（なお、ここでは名詞句の複数形と単数形は数以外の点ではそれぞれ同じ意味論的属性を共有する、という前提に立っている。）一方、本章のように、先行詞と「自分」（および「自分達」）が同一指示の関係にあるとすれば、首尾よく説明できる。この状況を下記に図解する。

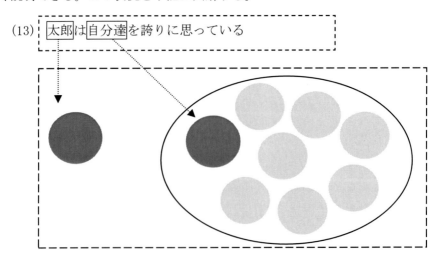

上記の図からも明らかなように、「太郎」が指示する対象（人物）は「自

分達」のカテゴリーに属している。したがって、「太郎」と「自分達」は同一指示である、とまでは言えなくとも、「太郎」は「自分達」に含まれており、その意味で、「太郎」が「自分達」のうちの 1 人の人物と同一指示であるとは言える。そのため、(4a)が成立し、「自分達」は指示的照応詞となる。

　一方で、上記のような「同一指示」を認めない場合には、(4a)が成立せず、自動的に(4b)が成立する。この場合、「自分達」は 1 人称複数の読みとなるが、文の発話者は当然含まれるが、「太郎」が含まれるかどうかは曖昧性を残すことになる。

　この点の曖昧性を考えるため、以下の例文を検討してみよう。

(14) 太郎は自分達を誇りに思っている、と自分は思っている。

上記では次のような読みが可能である。「自分」は文全体の発話者であって、太郎と同一ではない。そして、その発話者が「自分達」に含まれない。このような解釈が可能であれば、これは(13)が示す解釈が妥当であることを示すことになる。

　既に見た本章の制約の観点からは、(4a, b)の制約が適用されるのは 1 つのメンタル・スペース内であると考えれば、まず、「太郎は自分達を誇りに思っている」について 1 つのメンタル・スペース内のこととして扱い、その限りで、(4a)が成立し、さらに、(14)の文全体では別のメンタル・スペースが成立し、その中での「自分」(「自分は思っている」の「自分」)についても、別個に(4b)が成立するということになる。

10. 6.　結論

　この章では、白畑（ibid.）の抱える理論的問題点と彼が指摘する言語事実、すなわち、「自分」が長距離束縛と短距離束縛を許容するという事実を出発点として、「自分」が指示的照応詞である、と主張した。本章の中心的仮説を再掲すると以下のようになる。

(15) (a)「自分」の指示対象がその先行詞の指示対象と同じ場合には、「自分」は指示的な照応詞となる。
　　(b) それ以外の場合には、指示的な代名詞、すなわち、書き手・話し手を指示する一人称の代名詞となる。

さらに、「自分」が指示的な照応詞であるということは、前章との関連で

考えれば、英語に比べて、日本語では世界の中の対象を指示する文法的要素が比較的多いということが分かる。

最後に、下記のような例文も本章の仮説は説明できることを付言したい。

(16) 太郎についての噂だけど、花子に、自分の秘密を話したんだって。

上記の「自分」は太郎と同一指示、あるいは、話し手と同一指示にはなり得るが、「花子」とは同一指示にはならない。前者は「太郎」を話題として挙げ、その指示対象を心的スペースに想起させ、また、「自分」の指示対象も同じスペースに想起させ、その2つの指示対象が同一である、ということで可能になる読みである。したがって、主語に限らず、話題として提示された指示対象と「自分」の指示対象が同一となる。ここでの現象は、A層よりもB層が関与する現象であると言える。

【付記】
本章は Iwasaki (2014)に基づく。本章のもととなる原稿について秋本隆之先生との議論から有益なご示唆を得た。さらに、「同一指示」について、Noam Chomsky 先生との議論も有益であった。(両氏との議論は共に 2014 年夏。)両氏に感謝申し上げる。

---

1 例えば、 Hirakawa（1990: 61）を参照されたい。
2 もちろん、「主語指向性条件」等の他の条件にも従った上でのことである。
3 この点を著者に指摘してくださった秋本隆之先生に感謝する。
4 例文は私の作成ではあるが、複数形の「自分達」について示唆をくださった秋本先生に感謝する。他に、「自分」が「太郎」と同一指標となり、「太郎」は当該人物を指示し、「自分達」の指示対象に「太郎」が含まれる、という読みも秋本先生のご指摘による。

第 11 章

英語教育での活用可能性
と理念的問題

11.1. はじめに

　今まで英語の意味論・語用論を展開してきたが、本書の最後に本書での理論、特に定冠詞の意味についての理論が英語教育にどのように活用できるかを考えてみたい。また、理論言語学と英語教育の関係はどうあるべきか、その点も教育理念の面から若干の考察を加えたい。そのためには、大学英語教育について考える際、なぜ英語教育が大学の教養課程にあるのか、という根本的な問題について議論をする必要がある。例えば、英国の大学では大学附属の語学センターのようなものがあり、そこで語学教育は担われている。担当教員の多くは英語教育に関わる修士号を取得しており、そこでは博士号は求められていないようである。（関心のある読者は各大学のホームページで容易に調査できるので確認を勧めたい。本書では教育制度の問題は狭義の範囲外となるため、この点については、これ以上は立ち入らない。）それに比べると日本の大学はあくまでも（狭義の課程制度が大学ごとに異なったとしても）概ね、大学 1, 2 年の教養課程の中に設置されているのが事実である。その事実を正面から受け止めれば、＜なぜ、大学教養課程に英語が設置されているのか＞という根源的な問題を英語教員自身が自問自答する必要がある。さもなければ、根本的な理念の欠いた、すなわち、大学の歴史的意義、設置理念（行政的な定義だけでなく、ヨーロッパを起源とする大学の長い歴史から見た設置理念）を欠いた教養教育、英語教育になってしまうからである。[1]

　この点に関して、大学の外国語教育が英語だけでよいのか、という別の重要な問題があるが、それは本書の範囲を超えるため、ここでは＜な

ぜ、大学教養課程に英語が設置されているのか＞という問題のみに焦点を当てる。

　大学教養課程を考える際に「リベラル・アーツ」の原点に立ち返る必要がある。この点について、神谷（1999: 3）の、ヨーロッパにおけるリベラル・アーツについての言及が含蓄に富んでいるため、以下、引用する。

> 数理は論理の一部に過ぎない。このことを理解するには、西洋の liberal arts の伝統について考えてみるのがよいであろう。中世西洋の教育において liberal arts とは、trivium, quadrivium と呼ばれる七科目のことである。Trivium は言語能力を養う基礎三科目であり、文法、論理、修辞から成る。quadrivium は数理能力を養う上級四科目であり、算術、幾何、音楽、天文から成る。オックスフォード英語辞典に、liberal arts の liberal は servile, mechanical, technical, professional の反義語とある。このような訓練を通して、狭い考えに囚われない自由な思考力と判断力を養うのが教養の理想なのだろう。数理能力は、言語能力としての論理能力に支えられているのである。

Trivium と quadrivium について、原田（2012: 9）は「現代風に翻案して理解すれば trivium とは言語の適切・効果的な使用に関わる訓練であり quadrivium とは世界がどのようにあるかを表象する情報編纂に関わる訓練であって、自由七科とは言語情報の訓練に他ならない。」と述べているが、trivium の文法や論理を言語「使用」に限定するだけではそれらの性質を十分に述べ尽くしているとは言い難いと思われる。文法とは言語の使用だけでなく、「理解」、特に言語知識の理解も伴うものである。言語使用のみを焦点化すると、それが過度に強調された場合、＜ビジネス等で使えればよい＞とか＜単純な表現の組み合わせで間に合う＞とかいう言説に与することになる可能性があることに注意しよう。英語圏の知識層と対等に、そして、お互いに敬意をもって議論をするためには、豊かな語彙や文法の理解が必要である。（特に、著者の経験ではケンブリッジの出身者―そこから推察すればオックスフォード出身者も―は特有の高度な語彙を用いる。そのような）豊かな語彙や文法表現の理解には「言語使用」に焦点を当てるだけでなく、高度な題材の「言語理解」にも焦点を当て、その結果として、豊かなインプット、そして、そこでの読解作業等を通じた高度な語彙の習得や論理的な議論の仕方を学ぶ必要があ

る。また、原田（ibid.）はquadriviumを「情報編纂」という概念に帰着させているが、ここでの「情報」という概念の定義を明示する必要があるだろう。

　本書で明らかにしたように「情報構造」とは言語の本質（言語モジュール）そのもの（A層）ではなく、言語外の要因であるB層にある。B層だけでなく、人間言語の言語知識の深層（A層）に潜む原理を理解し、また、言語の構造や意味の持つ曖昧性を感嘆と敬意と歓び―すなわち、「ことばは人間だけに与えられた宝物」（大津・窪園（2008：3），大津（2009：7））であることに対しての感嘆と敬意と歓び―を持ち、慎重に理解し、それらの意識的な理解の上に立った、言語に基づく「自由な思考力と判断力」が重要なのだろう。

　神谷（ibid.）の被引用箇所に戻れば、ヨーロッパの大学の設立理念に照らせば、理念的には「言語能力を養う基礎三科目」と現在の英語教育が接点を持ってもよいと思われる。むろん、それが現代の英語教育のすべてだ、と主張するつもりは全くない。しかし、一方で、現在の大学教養課程の英語教育が、上記の被引用箇所にある「言語能力を養う基礎三科目」の理念と全く無関係であるべきだ、と主張することは幾分、無理があると思われる。もし、上記の被引用箇所で論述されている理念を大学の英語教育から完全に取り去るのであれば、なぜ、大学の教養課程に英語教育が含まれているのか、という根本的な理念的問題に答えることが難しくなるだろうと思われる。

　その一方で、もちろん、完全に実用性を排除することも難しいと思われる。これは国際英語の現状を考えて当然だと思われる。

　論点を＜なぜ、大学教養課程に英語が設置されているのか＞という問題に戻せば、かつてのヨーロッパの大学のリベラル・アーツの言語科目の理想を僅かでも取り入れるという地道な努力によってこそ、既述の問いである＜なぜ、大学教養課程に英語が設置されているのか＞に対して各教員が答えることのできる手がかりを見出すことができるように思われる。この点についてはopen-ended discussionとして、本書は明示的な解は述べないこととする。教育者（教員）でも、教育を受ける側（学生）でも、それぞれの根本的な問題に対する解は個々人が決めることが望ましく、それを一律に決めるのは自由教育の理念に反すると思われるからである。

11.2.　理論言語学と言語教育と民主主義

　上記のリベラル・アーツの理念の実現のための言語に関わる教育とし

て、文学も含め、様々な方法があると思われるが、そのうちの一つとして著者が考えるのが、森住（2015: 3）らが主張する「認知的指導論」である。[2]以下に、森住（ibid.）より引用する。（原典に下線を付す。）

> 英語教育に、Teach the language, not about it. という考え方がある。これは言語教育実用論の標語にもなっている。私は実用もさることながら、それ以上に、Teach about the language. は必須であると主張してきた。そして、これを具現すると認知的指導論に至る。認知的指導とは、ことばに関する「なぜ？」を肯定的に取り上げ、その回答を試みながら指導をおこなうことである。［途中略］まず、<u>ことばの「なぜ？」を取り上げることは、ことばについて考えることになる。ことばについて考えることは、人間について考えることになる。</u>

上記引用箇所の最後の「ことばについて考えることは、人間について考えることになる。」ということは、それが直感的には正しいことは、私も全く疑わないが、論理的な説明が必要である。ここでこそ、言語学的に専門的な洞察が力を発揮し、また、必要不可欠なのである。これは英語教育の理念的な問題を言語学と切り離して議論することはできないことの証左であると言えよう。例えば、大津・窪園（2008:3）や大津（2009: 7）は「ことばは人間だけに与えられた宝物です」と述べている。大津（ibid.）は「ことばへの気づきを基盤とした言語教育」（大津 ibid.: 28）の重要性を主張し、「言語教育の第一歩は、その直感（あるいは、そのもとにある知識）を意識化させること」（大津 ibid.: 30）である、と主張している。これはまさに本書が一貫して意図してきたことと同じである。[3]言語知識の奥にある法則性を見つけ出し、それを読者と共有し、無意識の知識（「言語知識」）を意識化させることである。[4]森住（ibid.）の被引用箇所の下線部に戻れば、なぜ「ことばについて考えることは、人間について考えることになる」のか、ということに対する答えを与えるためには、言語を人間固有である、と措定することが必要である。言語が人間固有でないならば、上記の被引用箇所は論理的に成り立たないからである。本書で主張したように、変項やその値に関する条件に見られるような、数に関わる機能と言語に関わる機能が密接に関係し（cf. 福井 1998）、それ（ら）がモジュールを形成し、そのモジュールが人間固有であると措定する立場を取れば、森住（ibid.）の被引用箇所への答えを与えることができるだろう。すなわち、こうである。本書で展開したＡ層に

関する言語知識、すなわち、人間に固有な言語を最も根本的なレベルでそのようにたらしめているモジュールが、言語教育で何らかの形で生かされることが重要であり、決して、Ｂ層やＣ層だけに着目した言語観（例えば、第 12 章の脚注 3 を参照）に立脚している限りは「ことばについて考えることは、人間について考えることになる」とは言えないのである。

大津（2009）が主張するような言語の意識化や今井・西山（2012）や本書が解説するような言語の曖昧性（に関する言語知識の意識化）は、言語に潜む曖昧性等を意図的に利用した広告やその他の宣伝フレーズ、そして、マス・メディアの発信する情報に惑わされず、冷徹に、客観的に言葉を受け止める習慣を形成する一助となるだろう。（マス・メディアによる伝達は限られたテレビ等の映像以外は、音声であれ、あるいは、書き言葉であれ、言語を通じて行われていることに注意しよう。断片的な視覚情報のみに基づいて印象を持つことなく、言語によって自ら判断しようとすることこそ重要であり、その際に、言語の意識化の訓練は役立つと思われる。）このような習慣を国民が持ってこそ、選挙のときに候補者の言説を冷徹に論理的に判断し、選挙が人気投票に陥ることを避け、民主主義社会が妥当に機能する、と私は信じる。言語知識の意識化を行う本格的な言語教育は民主主義社会の構築と継続には不可欠な基盤なのである。さらには、知識人の役割として、エドワード・サイードは"Knowing how to use language well and knowing when to intervene in language are two essential features of intellectual action"（Said 1994: 20）ということを主張している。言語の効果的な使用法を知るには言語そのものについて知る必要がある。すなわち、人間の言語知識そのものに対する意識的な知識が必要であり、それが民主主義社会を機能させる知識人の素養の１つであると言えよう。

既述の森住（ibid.）の被引用箇所に戻れば、認知的指導論の究極的な目標（の１つ）は、言語教育を通じて、（既述の通り、この点は細部の精査は今後必要であるが）より深く人間について考えることにつながると思われる。この点では数学教育とも国語教育とも共有点があると思われる。

国語教育との共有点になり得ることについては、異論はあまりないと思われるが、数学教育と共有点を持つ点については補足が必要かもしれない。数学は自然界や宇宙の真理を反映するという立場の他に、数学的「直感主義」（Brouwer 1913）の立場があり、その場合、緩やかな言い方をすれば、数学の知識も人間の知識に依存していることになる。後者の立場の場合、数学教育も人間（の知識）について考えることに繋がっていると言えるだろう。直感主義は横に置いたとしても、実際、Roger

Bacon は以下のように述べている。（この Bacon の言葉は多くの刊行物で引用されているが、例えば、Sidhu（2006: 26）にも引用されており、下記はそこからの引用である。）

> Mathematics is the gate and key of the sciences.....
> Neglect of mathematics works injury to all knowledge,
> since he who is ignorant of it cannot know the other
> sciences or the things of the world. And, what is worse,
> men who are thus ignorant are unable to perceive their
> own ignorance and so do not seek a remedy.

数学がすべての科学の鍵であり、数学を知らなければ、他の科学や世界の物事を正しく理解できないばかりでなく、自らの無知さえも認識できない、と述べている。同じことは言語についても言えるであろう。無意識に用いている言語を意識的に学ばない限り、自らの思考やその源泉について自覚できないであろう。[5]妥当な内省力と判断力の育成のためには、数学と同様に、言語そのものについても学ぶ機会が必要である。

　その点で、初等中等教育における国語教育が十分な役割を果たしているかと問えば、著者が実際に受けた教育、すなわち、経験と若干の伝聞等をもとに考えれば、「否」である。この点は、本書の他の章に比べて、思弁的で、事象の精査に基づく議論ではない点はお断りしなければならないが、国語教育を専門としない私にとって、最大限、現時点で出来ることは私が知り得る状況について、理論言語学の立場から考察を加えるということであると思われる。さもなければ、自由な討論、議論が失われてしまうだろう。なぜ、「否」かと言えば、国語教育ではまず、現代の日本語の文法や古典の文法について動詞の活用形等の暗記が中心であり、どのように、そして、「なぜ」日本語の文法がかくあるのか、という点をあまり教えていないため、生徒・児童の関心を強く喚起するものかと言えば、積極的に肯定はできないためである。もちろん、理論言語学そのものを初等中等教育で教えることは無理があるだろう。この点は後で見る本章の英語学・理論言語学の大学英語教育への活用可能性と論点が重複するため、繰り返さないが、しかし、まず教員自身が文法理論の楽しさを知り、それを何らかの形で国語教育でも生かせる方策を探るべきだろう。もう一つの論点は、特に高等学校の国語教育で見られる文章読解問題についてである。もちろん、論理的な解法があると言われる。[6]しかし、それを指導する側がそれに関する高等教育で学んだ専門的な知識を土台にして指導をしているか、と言えば、議論の余地があるだろう。数

学の指導者は数学の専門家であるが、国語の現代国語の文章読解問題の指導者は現代国語の文章読解問題の専門家かと言えば、必ずしもそうではない。特に、読解問題の中心を占めるであろう文脈解釈についての言語理論を専門とする国語指導者が大半を占めているわけではない、と推察される。関連性理論（Sperber & Wilson 1986）のような文脈に関する言語理論を背景にした、読解問題の解説法が構築されることが望ましいと思われる。

　英語教育に戻れば、自らの言語に関する妥当な内省力と判断力を育成する大学英語教育には、大津（2009）が主張するような「ことばへの気づきを基盤とした言語教育」や森住（2015）が主張するような「認知的指導論」の要素を何らかの形で英語教育、特に基礎的な英語教育に取り入れることが理想的である。ただし、大学英語の中・上級者のクラスでは学生が基礎的な文法は理解している（と学生が思っている）ため、文法そのものへの関心が薄い場合がある。その場合には、英語のリスニング等の運用能力を高める授業の他に、リベラル・アーツ科目として「言語」という名称の科目を設置し、文や文の中の名詞句等の曖昧性、そこに潜む意味論的・語用論的・統語論的な自然言語の特性を解説・啓発する講義の機会があっても良いものと思われる。後でも述べるが、数学が自然科学の学生の基礎必修科目であるのと同様に、「言語」が人文・自然科学の学生の基礎必修科目であってもよいと私は強く信じる。それが、自らの言語に関する妥当な内省力を育成し、人間の本質について、より深く考える教育の促進に貢献するものと思われる。一般の英語教育においても、僅かでも、この点を取り入れることはできると思われる。私はここに＜なぜ、大学教養課程に英語が設置されているのか＞という問いに対する答えの鍵があるように思われる。

　英語については、日本語との比較を通して、人間の言語の性質について考えさせる手がかりとなるように思われる。例えば、英語の the と日本語の「は」について比較・検討し、そこには C 層や B 層だけでなく、A 層に本質的な違いがあるということは素晴らしい驚嘆を持って伝えることができるかもしれない。そこでは必然的に変項の個数や変項の値の個数という概念が必要である。その場合、よく耳にする批判が、中学校や高等学校の英語の授業で「変項 x」なるものが登場するとしたら、奇異だ、というものである。しかし、変項（variable）は他の概念で代替できない概念であり、本書で一貫して見てきたように、特に英語の文法を貫通している概念である。また、本書の今までの議論が正しければ、函数やそれを用いた計算と同様に、言語における函数の持つ変項 x もイメージ・スキーマで取って代わることのできないものである。さらに、中学 1 年生

の数学で変数（variable）を教える一方で、英語では教えてはいけない、というのは論理的な議論ではないだろう。そのため、変項について分かりやすく何らかの形で教えることを先験的に排除すべきではない、と私は考える。

　しかしながら、一見矛盾するように聞こえるかもしれないが、分かり易さという点を考えれば、視覚情報に訴えることは、現在の視覚世代の生徒・学生にとっても有益だろう。例えば、函数を含む数学の計算は、熟練者は函数のブラックボックスをイメージすることなく、計算を進める一方で（岩﨑 2018）、函数そのものの理解にはブラックボックスのイメージ図が算数・数学の授業等で役立つ可能性がある、ということである。そのため、本書を貫通する理論的な帰結の上では、イメージ・スキーマに還元すべきではない概念であっても、教育上の配慮という点ではイメージ図の活用は必要だと思われる。このような慎重な認識のもと、次節では英語定冠詞のイメージ図について私案を提示する。

11.3. 英語定冠詞のイメージ図を用いた教授法

　第3章で見たように、英語定冠詞の意味が許容される条件について、岩﨑（2015b: 4）は以下のような定式化を提案した。

(1)　変項名詞句の意味を表す命題函数[… x …]について、(i) 変項が 1 つのみ（x のみ）、かつ、(ii) それを指定する値の個数が 1 つのみ、あるいは、そのように定まるという見込みがある場合に限って、非指示的な定冠詞 the が許容される。（必要条件）

これを函数とは別の概念で言い変えようとするのは理論言語学での議論である限り、望ましくはない。しかし、既に述べた通り、学習者支援の立場から、分かりやすい図を書けないか検討するのは価値があるだろう。その場合、まずは、函数は一般に言われるように、自動販売機のように、インプットに対応してアウトプットが出てくるものである、という認識が大事である。特に、(1)では、1 つのインプットに対して 1 つのアウトプットが対応するという1対1の対応が成り立っているものである。これを図示すれば以下のようになる。（なお、以下に示す図は学習者支援のイメージ図であって、数学的に厳密な図ではないことに注意されたい。[7]）

図1

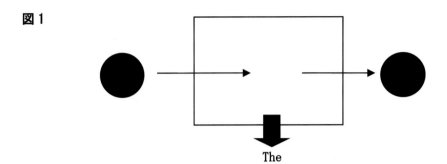

　上の図で、student が 1 人おり、それが●で示されている、そして、その student が 1 つの値として函数に入れられることが左側の→で示され、その函数が右側の→で示される。その函数を示す箱自体が the として語彙化する。(これは以下でも同じため、繰り返さない。)

　次に、the students のような複数形名詞を取る the について考えよう。世の中に多数いる students の中から、何人かを取ってそれをセットにする the である。(1)の条件に従えば、命題函数は変項が 1 つあり、その変項の値が students であり、その後、命題函数のアウトプットも students となり、恒等命題函数となるが、その恒等命題函数が定冠詞 the として語彙化する。これは、下のようなイメージ図になるだろう。

図2

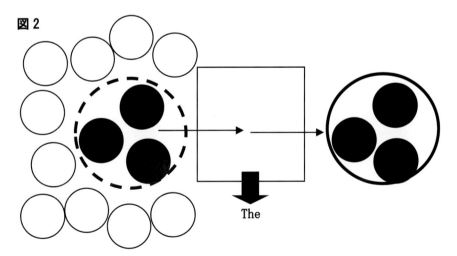

　上の図で、世界の中に多数の学生がいることは多数の○で示されている。そして、その中で例として3名の学生が選ばれ、それが●で示されている、

そして、それら3名の学生がセットとして扱われることが点線の囲い線で表され、これらが1つの値として関数に入れられることが左側の→で示され、その関数からのアウトプットが右側の→で示される。最後に、関数から出てきたものが完全にセットで扱われる students であり、そのセットの概念を右の丸の太枠で示している。

次に不可算名詞の場合を考えてみよう。例として the water を考える。

図3

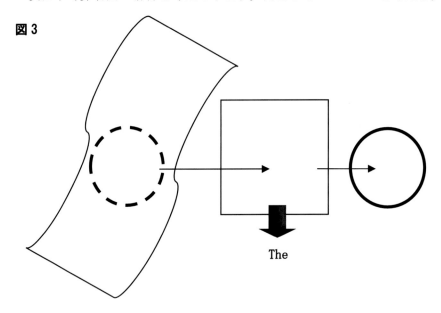

左側に書かれている布のような図は川をイメージしたものである。その川の流れの中から一定量の水を取り囲んだのが点線であり、その取り囲んだ水を関数のボックスに入れるのが左側の→であり、ボックスから出てきたことを示すのが右側の→であり、右の○は指定された水であり、the water となる。（もちろん、通常は、water は無冠詞で使用されるが、ここでは指示的あるいは限定的な場合を想定した。）

さらに、最も単純な、目の前にあるペンを指す場合の the pen についてもイメージを以下に記す。

図 4

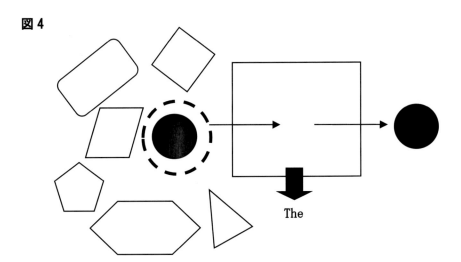

　上記の左側の様々な形のものは世の中にある様々なものを指示し、その中から、目の前にある pen を取り出し、「それだよ」と言っているため、それをボックスに入れ、出てきたのが、まさにそのペンという意味で右側に図示してある。ここでも命題函数としてのボックスが the として語彙化している。
　次に、総称の the についてのイメージ図を考える。第4章で見たように総称の the は、意味論レベルでは1つの対象物を指示する、という点では図4の指示対象を指し示す the と変わらない。しかし、語用論的にいろいろなイメージに拡張されるため、図4の図の右側に、その比喩的拡張のイメージを追加することにする。

図 5

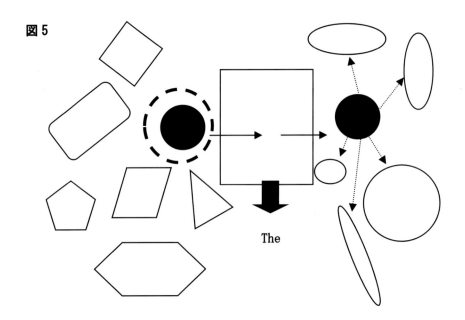

　上記の右側の●はプロトタイプ的な pen を示し、それとは形状や大きさが様々に異なるイメージとして、右側に複数の図を示している。それらへの比喩的拡張が点線矢印で示されている。

　以上の図示化では説明しなかったが、the use of new computers のような the については恒等命題函数であるため、図 1 と同じような図になる。

　上記のようなイメージ図はあくまでも暫定的な例であり、どこまで成功しているかは、今後、多くの議論を重ねていくことで、将来的課題としたい。

11.4. There 存在文の there の辞書記述への示唆

　第 7 章で議論したように、there 存在文の there をイメージ・スキーマに還元することは難しい。また、教育上の効果を考えたとしても、定冠詞の場合と異なり、there が場所を表すものではないことを考えれば、イメージ図は使わない方がよいと思われる。本書が主張するように変項詞である場合、極小の負荷で、極大の認知効果が得られ、極大の「関連性」

が得られるように（Sperber & Wilson 1986）、there が談話を結ぶ働きをしている。[8] すなわち、there の命題函数は「x がありますよ」という情報を読者・聞き手に予め知らせ、そして、その変項の値を後続の要素で指定している。したがって、ここでは「そこに」ではない代名詞としての there の辞書記述として以下を提案する。

(2)   ［x が（<…>という条件下で）存在する］という意味を there は持ち、その x が there ＋ be 動詞の直後の要素で指定される。<…>の条件は通常の不定冠詞を伴う名詞句が be 動詞直後に来る場合には、その後続の前置詞句によって規定される。この場合、there は「何かがある。そして、それは…」という意味を担うことで、突然、存在する名詞句を示す前に、予告する機能を果たす。be 動詞直後に定冠詞を伴う名詞句が来る場合には、<…>という条件は先行文脈によって制限されるため、there は先行文脈と there ＋ be 動詞の直後の要素の円滑な橋渡しの機能を持つ。ただし、物語文冒頭の場合を除く。（例）there lived an old man...

上記の記載は、辞書内の記述としてはやや複雑で長すぎる恐れがある。[9] その場合、(2) 内の最初の文と第二文を削除し、さらに第三文の「この場合」も削除するということが考えられる。さらにより簡潔な記述があれば望ましいが、その点は今後の継続的研究課題としたい。

　上記の辞書記述の提案は there の意味をその日本語訳だけでなく、前後の文脈を踏まえた機能的観点から述べている点に特徴があり、それは本章で議論した there の言語理論的特徴を受け継いでいる。このように言語理論が英和辞書の記述に貢献できる可能性を探ることは there のみならず、有益だと言えるだろう。

11.5. 日英語の比較と教授法への示唆

　第 9 章と第 10 章で見たように、日本語の方が英語よりも、名詞句が指示的である傾向が強い。そして、英語では変項が常に偏在しており、それが文レベルのみの意味ならず、談話レベルの意味や語順・移動を支えている。したがって、小さな子供と親の会話として、以下のような日英語の比較も検討してもよいだろう。

(3)   Speaker A: 何を買いたい ／ 買いたいのは何？
       Speaker B: あの本を買いたい。

(4) Speaker A: What do you want to buy?
　　 Speaker B: I want to buy that book.

この場合、英語の疑問文は[you want to buy x]の変項 x が一体何であるか、を問うものであるのに対して、日本語の疑問文は＜B は何か不特定のもの C を買いたい＞の「何か不特定のもの C」の属性を訪ねることになる。（第 9 章を参照。）このように、日本語の疑問詞に比べても、英語の疑問詞の方は世界にある存在物を全く何も指示しない、という性質が強い。そのため、I want to buy that book と What do you want to buy?を比較し、当該の状況を書いた絵を見せ、両文の中の名詞（句）および疑問詞がそれぞれ何を指しているか、を聞いていき、what が何も指せないことを実感させるという方法もあるだろう。（中学校の英語の初歩的な文法でこのような方法が考えられ得る。）

11.6.　英語教育と理論言語学の関係上の理論言語学の問題点

　「結果構文」のような、いわゆる「5 文型」の第 4 文型や第 5 文型の研究が認知言語学では大きく取り上げられ、英語の定冠詞等のもっと頻度の高い要素が英語教育に役立てられないのは奇妙であり、残念である。使用頻度の低い構文だけでなく、英語定冠詞のように、特に大学生の上級者でも誤りの非常に多い、かつ、使用頻度の高い項目についての理論がさらに進展することが、英語教育への活用・示唆という観点から望ましい。例えば、ガリー（2010: 32）は「冠詞用法の説明や練習がもっと積極的に日本の英語教育に導入されることが望ましい」と指摘している。さらに、ガリー（ibid.: 142）は以下のように妥当に指摘している。

　　　大学の言語学の授業で学んだ生成文法には、冠詞を機械的にセンテンスに挿入するルールがあったが、その冠詞が the, a(n)、または無冠詞（zero article）のいずれかになるかは、当時の生成文法では無視されていたと記憶している。しかし、日本に来て日本人に英語を教えたり、日本人が書いた英文をチェックするようになったら、冠詞がいかに難しいかがわかってきた。

もちろん、基礎科学としての理論言語学・認知言語学はその応用を常に念頭に置く必要はない、という潜在的批判も考えられる。しかし、昨今

は理論言語学・認知言語学の英語教育への応用（例えば、Bielak & Pawlak 2013）のような刊行物も増え、また、事実として－これが一番肝要であるが－日本で生成文法や認知言語学を専攻する研究者は、研究所所属等の一部の例外を除いて、その多くが英語教育に従事しているという事実がある。この事実を直視すれば、理論言語学者はその狭義の分野を問わず、英語教育への活用可能性を考えることは職業への真摯な態度という点でも必要であると思われる。また、英語教育への活用、学生への還元を前面に押し出すのであれば、理論言語学では、定冠詞のように、大学生が最も弱い部分に焦点を当てた研究こそ大事にされるべきであろう。

　さらに、生成文法については意味をあまり扱わないという事実があり、過度な形式化と相まって、英語教育への活用可能性はあまり高くない、と言わざるを得ない。[10]この事実は、生成文法自身にとっても潜在的な問題を内包していると思われる。[11]科学は時期のずれこそあれ、その応用分野も開花し、基礎理論と応用が相互によい影響を与えあってこそ、進展する。その点が生成文法では必ずしも発展していないと言わざるを得ない。

11.7. 理論言語学と「応用言語学」の関係上の問題点

　理論言語学と英語教育について、前者を後者に活用あるいは「応用」しようとする場合に必然的に精査しなければならないのは理論言語学と「応用言語学」の関係である。後者を鍵括弧付きで表記する理由は、一口に「応用言語学」と言っても、様々なものがあり、そのうちの一部については、理論言語学、特に、その中心的分野のうちの2つ、意味論と統語論を本当に応用しているのか、が定かではないからである。（もちろん、本当に応用している言語獲得・習得研究や認知言語学の応用研究もあるかもしれない。）応用数学は数学の応用であり、応用物理学は物理学の応用である。しかし、そのような実質的な「応用」が応用言語学に見られるかどうかは議論の余地があると思われる。Borsley (2000: n.8) は以下のように指摘している。[12]

> There is, of course, a flourishing field of applied linguistics. One might suppose that this would be concerned with the application of the findings of theoretical linguistics to various practical problems.

> In fact, however, most applied linguistics does not draw on theoretical linguistics and some of it does not address any practical problems but is just a variety of sociolinguistics.

「応用言語学」の一部が理論言語学を「応用」していない、という Borsley (ibid.)の主張に、私も、管見の限り、賛成である。もちろん、本当に応用している、「応用言語学」の研究もあるであろうし（例えば、Bielak & Pawlak 2013）、一括りにはできない、と重大な脚注が付されるべきであることは言うまでもない。

　実際のところ、理論言語学と「応用言語学」の関係を巡っては理論言語学者と「応用言語学」者の間で著名ジャーナルを舞台にして討論が行われたこともある（Borsley & Ingham 2002, 2003, 2004, Schmitz 2004, Stubbs 2002）。そこでは言語直感を用いることへの批判やそれへの応答、I 言語の指定への批判やそれへの応答、コーパスの有用性と限界に関する議論が行われているので、参照されたい。特に、上記の討論にも見られるが、容認性判断を用いる方法への誤解は強く、それへの代替として、コーパスの台頭も顕著であるように思われる。しかし、本書で明らかにされた理論、例えば、英語の定冠詞に関する言語知識、すなわち、定冠詞に関する英語の母語話者の言語知識が、コーパスであれ、何であれ、他の方法論でも、同じくらいの深さで解明できるのであれば、そのような方法が本書の理論を代替することができるだろう。もし、無理である場合、本書のような容認性判断に基づく言語理論は、コーパスが必要であるのと同様に、必要であるということになるだろう。[13]

　さらに、paragraph writing において、topic sentence の controlling idea をどこまで明示的に書くか、あるいは、書かないか、については、関連性理論等の語用理論で言われる「飽和」や「自由拡充」での議論が役立つと思われるが、この点については別稿で論じたい。

▌11.8. 英語教員の専門性に関する考察

　以上、見てきたように、英語の母語話者の言語知識を解き明かす意味理論や統語理論はさらに英語教育に活用されるべきであると思われる。このことは英語教員の専門性にも関わる。もちろん、初等・中等・高等教育それぞれに英語教員以前に教員としての専門または資質が求められるだろうし、英語教員に求められる資質を英語の専門性のみから議論するのは狭いとも、ある意味で、も言える。しかし、ここでは論点を絞る

ために英語教員の資質を多面的に議論するのは控える。英語教員の専門性の観点から、英語教員の持つべき1つの資質として、英語の母語話者の言語知識について関心を持ち、それを必要に応じていつでも教える準備ができていることが挙げられるのではないだろうか。そこで、本書が展開してきた意味理論が微かに貢献できばと願っている。

　大学の英語教員に求められる専門性は、他の講義科目の専門性ほど明示的ではない部分がある。例えば、数学の解析学の講義担当者に求められるのは解析学の専門的な知識や新しい仮説を提案する能力ということになる。しかし、大学の英語教員に求められる資質として、英語の母語話者の言語知識に関する知識が必須とはなっておらず、もう少し緩やかな現状がある。英語学以外にも、極めて多様な各分野の専門家が英語担当をしているのが実情である。それはリベラル・アーツ教育における多様性を生み出すという点でメリットがあるが、その一方で、大学英語教員の専門性の明示化を曇らせているのも事実であろう。（そして、高等教育とは高度な専門家がその専門性を背後に教育を行う場であることに注意しよう。）英語教育の専門家は英語の専門家でもある。[14]すなわち、英語教育の専門家は、まずは、「英語」が専門であるという事実から目を背けてはいけないと思われる。本書で論じた理論がそのような英語教育の現場における専門性の深化に微力ながら貢献出来れば幸いである。

　なお、一点、誤解を防ぐために付け加えたい。著者は以下の、小池（2015: 35）の見解に、下線（本書著者による）の部分も含めて積極的に賛成であり、卓見であると考える。

> 英語教育では英語を多量に、正確に、流暢に、読む、書く、聞く、話す能力を備えた人材、しかも日本人としてのアイデンティティを失わず、異文化交流ができ、決断力、バランスのとれた判断、深い識見と説得力などを備えた人材を数多く養成する必要がでてきた。

さらに、小池（2015）は母語話者が教える外国語の過程と非母語話者の日本人が教える外国語の課程を対比し、その歴史的変遷を精査している。著者自身の経験を振り返れば、学生時代の自身の英語の訓練は、大学の内外のあらゆる機会を積極的に生かし、前者がほとんどを占める外国語の学習履歴であった。また、現在、著者は英語の授業は内容重視・Task-based の指導法かつ多様な英語の音声重視・膨大なインプットの確保というスタンスを取っており、文法を明示的に授業で教えることは極めて少ない。（そうはいっても、英語の定冠詞のイメージの図示による教示等は

内容重視・Task-based の指導法による授業の中で、若干取り入れるように努めてきた。）しかし、本節で議論していることは、実際に英文法を教えるかどうかという問題ではなく、英語教員の専門性の問題である。英語母語話者の英語教員であれ、日本語母語話者の英語教員であれ、英語そのものの専門家である必要があるということである。各英語教員の個別の授業の方法論や学習者のスタイルの問題はここでは議論の範囲外である。要するに、母語話者が教える外国語の課程と非母語話者の日本人が教える外語の課程のどちらであっても、大学英語教員の専門性の問題は常に、大学の歴史的起源や理念に照らして吟味されるべきである、と私は考える。（授業で教えるものだけを知っている教員ではなく、背後に十分な専門性を備えた教員であるべきであるのは当然だろう。）

　一方で、誤解を避けるために繰り返せば、一定程度の英語の基礎力を持つ大学生には内容重視・活動重視の指導法と膨大なインプット確保のスタンスが採られるべきである、と私は考えており、一定以上の英語力を持つ大学生を対象とした文法訳読中心の授業（が現在、存在するかどうかは分からないが）には決して積極的に賛成していないことを強調しておきたい。（文法訳読の方略が成功する可能性があるのは、英語を苦手とする学生に対して、親身に基礎力をつけさせようとする場合であろうが、この点も本章の論点を超えるため、精査は別稿に譲る。[15]）

　さらに、英語学の研究者かつ英語教員であれば、英文を自在に作り出す力も重要である。（少なくとも、そうなるように個々人が努力すべきであろう。）それは教育上だけでなく、研究上も必要である。本書で見てきたように、容認性判断に基づく言語理論の構築には、的を射た例文の提示が必要である。容認される文と対比される、容認されない文はコーパスにはないため、この点でコーパスに頼ることはできない。英語学の研究者の英語の熟達によって、自然な例文が作成されるはずであり、そうであれば、生成文法は不自然な例文を提示する、という、よくある批判を受ける必要もなくなるものと思われる。

　もう一点、付け加えるならば、生成文法や認知言語学を日本の大学院で長年に渡って研究したことが、必ずしも大学英語教員として十分な英語力を示すことにはならない、ということに注意すべきである。論文を英語で書いても、多くの場合、英語の母語話者のチェックを受けて、学術雑誌に掲載される。英語論文が多いことをもって、英語教員としての英語力の資質を示す根拠には必ずしもならないであろう。[16]もし仮になるのならば、他分野の理系や経済学の英語論文を多く持つ教員が英語を教えれば、専属の英語教員はいらない、という帰結に至ってしまう。当然、これは私の賛成する帰結ではない。また、言語学やその隣接分野の

学位が、英語教員としての英語の資質を示すかと言えば、必ずしもそうとは言えない。特に、日本語で書かれた言語学の学位論文を持って、英語教員の資質を示していると解釈するのは難しいと思われる。以上のような点を議論すると、当然、以下のような提案が予想される。すなわち、大学英語教員採用も英語の検定・資格試験等を重視すべきである、という類の議論である。しかし、大学教養課程の中に英語が設置されている観点から既に議論した通り、英語の実用性のみに重点を置くことは理念的にも妥当だと思えない。さらに、本当に日々、研究で海外の研究者らとのコミュニケーションに英語を使用している研究者にとっては、英語は常に身近にあるものであって、英語の資格・検定試験を受けるためのものなどという認識は全く念頭にない。結局、英語圏の大学や大学院、それも英語に関わる専攻分野を修了していることが英語教員としての英語力を示す 1 つの指標になると思われる。(これには、現地での文化体験も必然的についてくる。文化的体験も英語教員としての必須の要素であり、それらは国内の机上の試験対策の勉強だけでは難しいと思われる。)さらに、英語教授法の研修の修了証等も英語教員の英語力並びに授業展開力を示す 1 つの指標になると思われるが、この点は慎重な議論が必要である。過度に強調されると、それがブームになり、英語教授法の訓練の講習等に多額の予算が次ぎ込まれる事態も予想される。あくまでも、1 つの指標として考えるのが良いと思われる。

▌11.9. まとめと結語

　本章では大学英語教育が教養課程の中に位置づけられている点を踏まえた理念的問題を国語(教育)や数学(教育)との関連で議論し、その後、英語定冠詞のイメージ図の活用について若干の具体例を示した。また、第 7 章で議論した there 存在文の there の意味について、辞書記述への示唆を述べた。本章の性質上、他の章と比べて議論が断片的で、実証性に欠け(かつ、思弁的である)点は認めざるを得ない。ただし、そのような議論も、理念的な問題を深く議論する際には必要だと思われる。本章で述べたように、国語教育の専門知識を有さないからと言って国語教育については一切触れないのであれば、広い意味での言語教育を議論できないだろう。時にはこのような領域横断的な思索・考察も必要であると思われる。さらに、英語教員の専門性の問題について私見を述べた。この点についても、実証的議論というよりも、理念的議論であり、また、著者自身の限られた経験に基づく見解ではあるが、このような自由な見解の表明も教育の理念的問題を議論する際には、ときとして、必要であ

ろう。

　今まで、英語教育と言語学は別の領域として考えられ、そこから言語学の研究者が狭義の研究領域として「英語教育」に対して意見を述べることは別領域への発言となり、規範的態度とは見なされていなかったし、私も発言は控えてきた。しかし、「英語教育」は別名を「応用言語学」と名乗る場合があり、そうであれば、言語学を専門とする者として、果たして本当にその当該領域が「応用言語学」の名称に相応しいか関心を持つのは不自然なことではあるまい。そして、私自身、英語教育の実践に十数年間関わっており、英語教育をライフラークとする者が「英語教育」という一定程度確立された研究領域に対して、その研究領域の範囲も含めて根本的な観点から思索を巡らすのは決して的外れではないだろう。結局、意図的にか非意図的にかは分からないが、英語教育という研究領域から統語論・意味論・語用論のような理論言語学を分離して、後者は狭義の前者には含まれていない、という区分に根本的な問題があったと思われる。なぜならば、本章で確認したように、英語教育を言語学の側面から吟味してこそ、言語教育としてのその哲学的意義が生じるのであり（cf. Iwasaki 2008, 大津 2009, 森住 2015）、それなしでは、実用性以外の観点から「なぜ、英語を学ぶのか」という問いに対して、十分に答えることができないからである。結局、理念的な観点からも、英語教育と言語学を区分することに根本的な問題があったと思われる。[17]

---

[1] さらに、大津（2009: 27）は「誇りを失った大学英語教育」の例として「外部委託」を挙げ、それに関して、「大学英語教育の目的が受講生の英語運用能力を増進するという一点だけに絞られているのであれば、外部委託に対して、反対の論陣を張ることは容易ではない」と述べている。さらに、大津（ibid.）は英語学の諸分野を学生に学ばせることを述べている。本章の本文で述べるように、自然科学でどの分野の学生にも基礎的素養として数学を学ばせることが必須であるように、人文・社会科学では言語、例えば、大津（ibid.）の挙げる英語学の諸分野、を学ばせ、言語に対して意識的な認識（cf. 大津（ibid.））を持たせることが必要であろう。教育行政にも真摯に議論して頂きたい点である。（また、この点で、あくまでも結果的に、英語学を専攻した多くの若手研究者の活躍の場を提供することにもつながることにも留意されたい。）本章でも述べるように、英語学の知識を専門として持つ英語教員だからこそ、「誇り」を失わず、凛とした学術的雰囲気を堅持して、「外部委託」への「反対の論陣を張る」ことができるのであろう。

[2] 他に Iwasaki（2008）も参照されたい。

[3] また、これは、私が意味論の講義で実践していることでもある。

[4] この点については Iwasaki（2008）およびそこで引用されている Chomsky の教育思想に関する文献も参照されたい。他に、理論言語学で明らかにされた当該言語

（英語）の言語知識は、（潜在的に）言語教育にも有益であると指摘し、その具体的な教育実践について纏めたものとして、岩﨑（2005）がある。

[5] 言語が思考の唯一の源泉という立場を本書は取らないが、それでも言語が思考に影響を及ぼしているのは疑いようがないであろう。

[6] 予備校や一部の高校の授業（少なくとも、著者が受けた高校の「現代文」の授業はそうであったが）では、読解問題において、「本文中に書かれていないことは考慮しない」というルールがあった。しかし、仮に、＜自動販売機の売り上げがどうすれば伸びるか＞という評論文があったとして、読み手は自動販売機の知識があるからその文章が理解できるのであり、自動販売機が何であるかの知識が皆無であれば、当該の読解問題を理解するのは困難であろう。結局、意識されていなくとも、国語の「現代文」の読解問題は読者の世界に関する知識を前提としているのである。むしろ、国語の「現代文」の読解問題が問うているのは本書の主張する「C層」や「B層」の一部における、文章レベルでの関係が主であって、世界に関する知識から完全に独立した「A層」に関する問題は出題されていないと思われる。

[7] 山梨（2016: 112）は、函数を＜容器＞と＜起点―経路―着点＞のイメージ・スキーマや「自動販売機のブラックボックスの変換」で捉えること提示している。しかし、数学における函数がイメージ・スキーマに還元されるのか、あるいは、数学における函数はイメージ・スキーマを前提としてないモジュール的な知識か、という論点は残る。本書 12.2 を参照されたい。

[8] 「関連性」とは関連性理論における術語であり、注意を要する。例えば、以下のような表記はこの術語を誤って用いていると言わざるを得ない。

 （i） 「…のような特定の文脈では、主要部名詞と付加詞との関連性が高くなる…」（畠山・本田・田中 2015: 286）

畠山ら（ibid.）は関連性理論に基づいて上記を議論していると述べているが、(i)は 2 つの文法要素同士の関連性について述べており、関連性理論の術語としての「関連性」とは異なる。

[9] 東京大学駒場言葉研究会 *KLA Journal* の査読者の指摘による。

[10] なお、Chomsky のマナグア講義録（Chomsky 1987）を参考に、言語学者の Noam Chomsky 自身が言語学と英語教育の関係性を否定している、という誤解がしばしば見られる。これは著者の見聞では 2000 年代の前半くらいまでに、その傾向が強かったと思われる。そのような声は承知していたが、当時より著者は、英語教育の実践者として、英語教育への理論言語学の活用可能性を模索し、かつ、実践していた（岩﨑（2005）等にて報告）。その後、2000 年代後半から理論言語学と英語教育・言語教育の関係性の議論、前者の後者への活用可能性の議論（活字化されていないものも含む）が高まったと記憶している。他に、Iwasaki（2008）も参照されたい。

[11] Borsley（2000）は以下のように主張している。

 If those who are concerned with pedagogical, clinical and computational matters see no need to draw on generative work,

we should ask why this is. […] it could also be that it is
[sic] reflects some weakness in this work that we have not
recognized.

¹² 本論からずれるが、ジャーナルのインパクト・ファクターや採択率を、分野間を超えて、単純比較すべきではない。例えば、言語学と応用言語学のジャーナルの比較がそうである。研究者人口を考慮しなければ、このような比較は意味がないであろう。研究者人口が少ない分野が意義のない研究とは限らならいからである。もちろん、研究者人口は研究分野の時の趨勢の参考程度のバロメータにはなり得るが、インパクト・ファクターによる精密な比較は、分野同士の比較の場合、研究者人口の多寡を考慮すべきだろう。

¹³ 実際、石川（2006：4）はコーパスの限界について、下記のように述べている。

> ところで，コーパスは多くの事実を「見える化」してくれるものの、コーパスで得られるものはいわば状況証拠にすぎません。多くの証拠や数字を集め，ことばに迫った気にはなっても、その真相は、伝説のロブノール湖にも似て、常にその先にあります。こうした隔靴掻痒感は、コーパス言語学につきまとう悩みなのかもしれません。

上記のコメントにおける「状況証拠」とは用例の頻度等に基づく数量的な傾向であり、それをいくら積み重ねたとしても、それはＣ層、Ｂ層における頻度であり、本書が明らかにするようなＡ層には迫りにくい、ということと内容的には同義、あるいは、少なくとも関係がある、と本書著者は考える。上記の「状況証拠」が本書のＣ層、Ｂ層、そして、「その真相」および「その先」がＡ層に相当すると本書著者は考える。

¹⁴ その他の求められる資質として、英語や英文学、英語教授法の他に、国際政治・経済等の、語学や教育を超える幅広い関心が求められるだろう。英語で学生とディスカッション等をする際に必要であるためである。

¹⁵ どのような英文であれ、「訳読」による解説を行う場合、英語の文構造に忠実に行うことが学習者にとって最も効果的であると私は考える。「訳読」の最大の効果は「和訳」によって英語の言語構造を正確に理解しているかを確認し、また、そのような正確な理解を促す点にある、と考えるからである。例えば「訳読」に「意訳」を過度に取り込むのは、私はあまり賛成しない。英語学習書こそ英文構造に極めて忠実な正確な和訳を提示すべきである。たとえば、畠山（2005：96）は、「意訳」と銘打って、「how + 形容詞 + 主語 + appears」という構造を「どのように［…］見えるのか」と訳しているが、これは「意訳」の範囲を超えている。ここでの how は「どのように」ではなく、後続の形容詞を修飾して「どの程度」の意味である。言うまでもなく、＜「how + 形容詞」は構成素を成し、appears の補部の位置から Wh-移動した＞（以上の＜…＞部分を※とする）と理解すべきであり、畠山（ibid.）の「意訳」では、※の部分が学習者に十分に伝わらない恐れ

がある。※を十分に反映した訳にすべきであろう。英語学習書は文構造の理解と文法の理解を助ける和訳を提示すべきであると考える。「意訳」の名のもとにそれらの精密さ・緻密さが失われるのは問題がある。一方で、著者の見聞に基づけば、「精読」を重視する英語教員は内容重視の指導法やその研修に無関心である場合が少なくない。英語の文法と文の構造を正確に理解させ、かつ、内容重視の指導法を身に付けた英語教員が求められていると言えよう。例えば、内容重視の指導法の中で文法や文法の構造の指導を取り入れ、学習者の上達に伴い、後者を徐々に減らしていくという方法が、著者が英語を比較的苦手とする学生に対して行う授業の方法である。

¹⁶ しかし、同時に、あくまでも結果として、バランスの問題として、英語教員や英語教育学の教員が英語の公刊論文や著書を一定数持つことは当然、必要であり、そうでないとすれば、日本の英語教育全体にとっては望ましいとは言えない現象だろう。

¹⁷ しかし、同時に、私は、意味論や語用論や統語論等の研究者が自らの研究内容を英語教育に強引に結び付け、理論言語学の「英語教育への応用」と謳うことには反対である。英語定冠詞のように、英語教育においても指導が難しい、というような＜教育現場からの視点や経験＞があって、それに対応するために言語理論の活用を着想する、という順序が自然であろう。

第 12 章

まとめと結語

12.1. 様々なレベルの意味分析に関するまとめ

　本書では意味を支える複数の階層を冒頭で示した。それをここで再度、示そう。

図 12-1

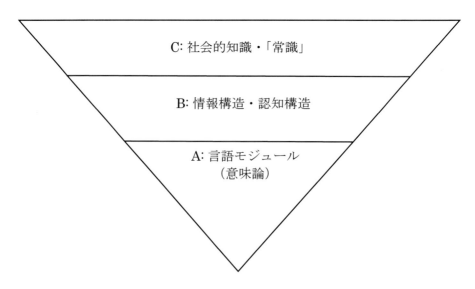

　本書では、図1のA層にまで掘り下げてこそ、妥当な意味の分析ができる場合が多々ある、ということを示した。すなわち、先行研究ではB層、C層で留まっていたような分析をA層まで掘り下げることの重要性を強調

した。言語学にとっては、（i）「A 層-B 層-C 層」を必要とする言語事実とその分析、（ii）「A 層-B 層」を必要とする言語事実とその分析、（iii）「A 層」のみを必要とする言語事実とその分析の 3 つがあり、「B 層」のみを扱うのは言語学というよりも、むしろ、認知科学等であり、「C 層」のみを扱うのは社会学等である、ということに注意しよう。C 層については、世界に関する知識（すなわち、C 層）が関わる語用論的解釈について、本書は綿密な議論を展開しているが、一方で、A 層の知識を B 層や C 層から、ときとして、切り離すことの重要性も強調したのである。[1]

　本書の構成を振り返れば、特に、第 3 章の「不特定・非指示の定冠詞」の分析、第 5 章の「総称表現における英語の不定冠詞」、第 6 章の「「ウナギ文」における英語定冠詞と日本語の「は」」は A 層まで掘り下げ、A 層に潜む原理・法則を明らかにすることによってこそ、所与の言語事実を的確に捉えることのできる良き例である。特に、第 5 章の表 5-1 で提案した、英語の移動原理は第 9 章の議論からも支持される。日本語では疑問詞そのものが変項にならないために、表 5-1 の移動原理は作用せず、かき混ぜに依存するということになる。

　ここで、本書とは異なる言語観を見てみたい。ウナギ文を例にして自説を展開する辻（2002: 274-275）の論述を吟味してみよう。（下線とイタリックを原典に追加した。）

> そもそもある発話が意味論的な選択制限や統語論的規則を遵守しているかどうかということと、特定の場面でその発話が妥当性のあるものかどうかということは結びついており、人間のメタ認知能力がそれを常にモニターしているのである。例えば「ぼくはうなぎだ」文について議論するのは言語学者であって、メタ認知の可能な一般の人々にとっては「お湯を沸かす」と同じように何ら問題のない発話である。しかしここに言語の本質があると言っても良い。[…] *文法的文であるとか、意味論的に妥当な文であるというのは言語の規則を人間から離れた抽象的規則体系として見るという立場の議論である。* [...] 言語は人間の認知能力が作り出したものであるのだから、認知能力が言語をどのように紡ぎ出すかというところに本質がある。

下線部に辻（ibid.）の措定が凝縮されていると言ってよい。すなわち、辻（ibid.）は、本書の A 層を仮定せずに、B 層と C 層に言語の本質があると措定しているのである。もし、そのような立場が本書と同程度に、

ウナギ文やその他の言語事実を説明できるのであれば、それでよい。もし、辻（ibid.）のような立場が、そのような代替理論を提出できないのであれば、本書で提案したウナギ文分析やその他の分析・理論を有効な理論として受け入れる必要があるだろう。

なお、辻（ibid.）のイタリックの箇所はミスリーディングである。イタリック個所を文字通り解釈すれば、例えば、意味論のモジュールを措定することが「人間から離れた」ことになる、と辻（ibid.）は考えていることになるが、果たしてそうだろうか。岩﨑（2015b）や本書のような、非指示的な、変項に基づく意味理論が人間の言語機能やそれと隣接する数機能（cf. 福井 1998）を解明し、それらが人間固有であるならば（例えば、本章で後で見るように、桁数の多い自律的な計算機能を考えてみるとよい）、「人間から離れた」という辻（ibid.）の論述は妥当ではなく、むしろ、意味論のモジュールを措定する理論は人間の本質を探り当てる理論ということになる。要するに、言語のモジュールあるいは意味のモジュールは心理的実在性を持つという作業仮説に基づいて岩﨑（2015b）や本書は議論を進めているのであり[2]、辻（ibid.）のイタリック部分の主張では、意味論のモジュール性を措定する理論がそのような心理的実在性を持たない、あたかも人工的に虚構された、「人間から離れた抽象的規則体系」である、と誤解される恐れがある。[3]このような誤解は本書の最も中心的で、最も大事な理論的基盤を不鮮明にすることになる。

本書の総括に戻れば、第7章の「There 存在文における変項と定冠詞」、第8章「So 繋辞文における変項と文脈」は、A層とB層の相互作用に着目することで、談話機能を司る there や so の意味を明らかに出来る例である。ただし、ここでも there がイメージ・スキーマに還元できないことからも分かるように、力点はA層にある。

第4章の「総称表現における英語定冠詞」は第3，5，6章とは異なり、定冠詞による総称の意味を明らかにするためには、A層だけでは無理であり、A層、B層、C層が総体として、語用論的意味が構築されているということである。さらに、第10章の「日英語の比較2：照応詞と同一指標・同一指示」における日本語の照応詞「自分」も、世界における指示対象を常に指示しているという点で、A層だけでなく、B層やC層も必要としている文法要素であると言える。一方で、英語の照応詞は文内部の同一指標関係に立脚しており、その限りでは、A層における規則に従っていると言ってよい。さらに、第9章の「日英語の比較1：疑問代名詞と変項」でも英語の疑問代名詞が変項そのものであり、A層に関する要素であるのに対して、日本語の疑問詞は世界における何らかの（弱い）不特定の指示対象を持っており、ある程度はB層やC層も必要な要素である、と言え

る。日本語の表現は英語の表現よりも B，C 層が必要である場合が多い、という推測は成り立つかもしれないが、この点を結論付けるには今後のさらなる精査が必要である。

　以上の点から分かることは、異なる言語表現には異なるレベルの言語分析が必要である、ということである。A 層のみに焦点を当てた分析も必要な場合もあるし、A，B，C 層を総体として考える分析が必要な場合もある。肝心なことは、常に、すべての言語表現が A，B，C 層が混然一体となって不可分であると断定してしまう（例えば、西村（2002: 2））ことではなく、A 層の奥深くに隠された原理を探る必要がある場合もあることを認めること、そして、また、常に A 層だけに固執することなく、時として、A，B，C 層を総体として考える語用論モデルも必要であることを認めることである。いずれにせよ、言語理論はその説明力でその価値が問われる。本書で扱った、A 層に着目する理論と同程度に、それを否定する、すなわち、言語モジュールを否定するアプローチが説明力を持つのであれば、それでよい。しかし、言語モジュールを否定するアプローチが本書ほどの説明力を持てないのであれば、本書のように A 層に着目するアプローチ、すなわち、言語のモジュール性を仮定するアプローチの意義も認めるべきであろう。

　最後の第 11 章の「英語教育での活用可能性と理念的問題」では反証可能性を高く維持した経験的議論というよりも、やや思索的な議論を展開した。英語教育には英語教授法の研究や英語教育の統計的な調査等が盛んであるが、それをメタ的に考察し、理念的な問題にまで到達するには、第 11 章のような思索的議論もときとして必要であると思われる。さもなければ、英語教育の研究はますますその領域内のテクニカルな議論、狭義の実証性そのものを気遣う議論の傾向を強化してしまう恐れがあるだろう。

12.2.　すべての文法的要素をイメージ・スキーマで捉えることはできるか

　山梨（2016: 112）は、函数を＜容器＞と＜起点―経路―着点＞のイメージ・スキーマや「自動販売機のブラックボックスの変換」で捉えること提示している。そして、本書でも英語定冠詞について、イメージ・スキーマに基づく図解を 11.3. で示してある。しかし、強調すべことは、本書著者にとっては、これは英語教育上の効果を企図したものであり、言語理論上、定冠詞がイメージに還元できるという意味では決してない、ということである。本書の理論上の立場を先に述べれば、英語母語話者

の言語知識にある定冠詞の意味はイメージに還元できない、というものである。

　同様な問題は there 存在文の there にも存在する。第 7 章で見たように谷口（2004: 75）は there 存在文の there の意味について、認知言語学のイメージ・スキーマ、特に、「セッティング」（認知言語学の術語）を用いており、そこに「未知のものを入れる」という図示を行っている。これも、一見すると、本書の主張、すなわち、変項を含む命題函数があり、その変項をコピュラ直後の名詞句の示す対象が指定する、ということと似ていると思われるかもしれない。しかし、第 7 章で詳細を議論した通り、本書は there 存在文の there は（There is a cat there の 2 つ目の there のような場所を表す there は除いて）、イメージには還元できない、という結論に達した。

　英語の定冠詞や当該の there がイメージに還元でいない理由は第 7 章で挙げた実証的議論に加え、以下が挙げられる。第一に、例えば、第 3 章で英語定冠詞と対比した、日本語の「は」について、日本語の母語話者もイメージを想起して、「は」の意味を捉えているわけではないように、英語の定冠詞や当該の there のイメージの場合、じっくりと内省した場合でも、母語話者にとってもイメージが難しい、ということが挙げられる。もちろん、イメージに基づく意味や比喩的拡張を伴う表現等も、実際の言語使用で、その都度、母語話者が意識しているわけではないが、少し意識的に捉えれば、それらは母語話者にとっても明示的に理解できるものである。したがって、英語の定冠詞や当該の there のような文法要素は母語話者が容易にイメージを想起できない要素であると言える。ここから、次の点も言える。すなわち、こうである。英語の前置詞等は母語話者がイメージを想起でき、時として、あるいは、個人によっては、それを図示することができる（cf. Tyler & Evans（2003））のに対して、英語の定冠詞や当該の there については母語話者がそのイメージを想起しづらい、ということである。母語話者の内省については、議論は多いが、1 つの解釈としては、もともとそれらの意味がイメージに基づいていないのであれば、イメージできないのは当然である、ということは言えよう。

　第二の理由として、函数を用いた数式を計算するときに、私たちはそれを自動販売機のようなブラックボックスのイメージにいちいち、毎度、還元してはいない、ということが挙げられる。電卓やパソコンのエクセルによる計算でも、それらが、イメージに基づく計算を行っているわけではない。したがって、函数を用いた計算の根本にイメージや図示があるのではない（以上、岩﨑 2018）。同様の論理が、英語の定冠詞や当該の there や日本語の「は」についても成り立つ。英語の定冠詞や当該の

there や日本語の「は」について、日英語のそれぞれの母語話者が言語使用の際にイメージ・スキーマに依拠していると仮定することは、電卓が計算を行うのに、イメージを利用していると仮定するのと同じくらいナンセンスである。

　もちろん、名詞句の一部や英語の前置詞句にはイメージ・スキーマや認知構造が関与している可能性は否定できない。しかし、それと同様に、英語の定冠詞や当該の there や日本語の「は」にまでイメージ・スキーマが関与していると一色単に捉えるべきではなく、より精密な議論が必要だ、ということである。

　そして、言語機能と数機能が密接な関係にある（cf. 福井 1998: 177）のであれば、これら（に基づく文法要素）は、モジュールを形成し、可能世界の指示対象やそれらのイメージとは分けて捉えられるべきである。

　なお、西山（2017: 7-8）は Morris（1938）に帰して、"reference-based semantics" を「記号とそれが指すものとの関係を研究する分野」と規定し、それを、彼が "internalist semantics" と呼ぶものと区別している。[4] しかし、西山（2003 他）の意味理論が純然たる "internalist semantics" かと問えば、必ずしもそうではないだろう。確かに、西山（2003: 60）は、「文中のある名詞句が指示的であるかどうか」と「ある指示的名詞句の指示対象がいかに決定されるか」は別である、と指摘している。しかし、西山（ibid.: 64）は「指示的」とは「現実もしくは可能な世界におけるなんらかの対象を指示している名詞句であることを確認するだけで十分」だと述べている。すると、西山の意味理論では（可能）世界の中の対象を指示することは決定的に効いてきているわけであり、純然たる "internalist semantics" とは言えない。（一方、西山の変項名詞句等の非指示的名詞句はたぶんにそうであろう。）特に、西山では意味論レベルの概念として、「指示的」という概念を用いており、この点は著者には理解できないものである。世界の中の対象を指示すること、すなわち、「指示的」であるということは、世界の中の対象物と関わるという点で、必然的に語用論的であるはずである。対して、岩﨑（2015b）では意味論レベルでは変項の数とその値の数のみが関与し、指示対象は関与しない。このため、岩﨑（2015b）の理論やそれを修正した本書第 5 章こそ、"internalist semantics" と呼ぶにふさわしいものである。

▌12.3. 結語と将来的課題

　本書で扱った言語事実は、英語の定冠詞、英語の定冠詞と不定冠詞による総称表現、日英語のウナギ文における英語定冠詞と日本語の「は」、

日英語のコピュラ文、there 存在文、so 繋辞文、日英語の疑問代名詞、日英語の照応詞等、多岐に渡っているが、いずれも、根底には、命題函数と変項・変項の値、言い変えれば、数機能が関わっており、本書は一貫して、自然言語の背後に潜む数機能を明らかにすることを企図した。さらに、本書は、西山（2003 他）等の日本語中心の分析に対して、出来る限り英語の言語事実の分析を明快に提示することを心がけ、それによって、英語教員の新たな知識の拡充に寄与することを企図した。それと同時に、著者の知識の範囲で、日本語についてもできる限りの考察を行った。

　本書により英語の名詞句の解明はある程度は進んだものと願っている。一方で、英語の動詞句等の述部に関する研究は本書では十分に扱えていないと認めざるを得ない。英語教育での活用可能性も考えると動詞句の研究も重要であり、今後の将来的課題としたい。

　また、本書でも確認したように、西山意味理論（西山 ibid. 他）と認知言語学は独立した（すなわち、独立に着想、形成された）、また、異なる言語観を持つ理論・枠組みであるが、西山における、複数形名詞が変項名詞句の場合の指示性・非指示性や2階の変項名詞句等の問題と Sweetser（1996，1997）の分析、西山の変項名詞句と役割読み（Fauconnier1985，1994）、西山の間スペース対応文と Fauconnier（ibid.）の分析はそれぞれ相互に理論的共通点を見出すことも不可能とは言えないと思われる。このような点から、異なる意味理論・枠組み同士を比較・対照し、相互に取り入れることができる箇所は取り入れるという研究姿勢が望ましい（cf. Iwasaki（2017））、と私には思われる。これらの可能性を探ることも将来的課題である。

　最後に本書が大きく影響を受けた言葉を西山（2013: IX）から引用したい。

　　　　［…］したがって賢明な読者であれば、名詞句の世界には当初想像もできなかった神秘的といえるほど美しい数々の法則性があることを知り、驚嘆の念を禁じえないという思いを強くすることであろう。わたくし自身、このような自然言語を人間に与えたもうた絶対者にあらためて敬意を表せざるを得ないのである。

上記の西山（ibid.）の言説は、自然言語を自然界の現象の一部と捉える Chomsky の言語観とも合致する。[5]そして、自然界の中に潜む美しい法則性の発見が、理論言語学がもたらす成果でもある。本書がそれに微力な

がら貢献できていれば幸いである。

---

[1] 本書のような、「A 層」を仮定する言語理論を批判し、「B 層のみ」あるいは「C 層」のみの重要性、あるいは、「B 層と C 層」の重要性を訴える研究者がいても、それは、言語に関する研究観の違いであり、それはそれでよい。しかし、そのように「B 層のみ」、「C 層のみ」、「B 層と C 層のみ」の重要性を訴えるだけでなく、本書と同等かそれ以上の、言語事実の説明力ある理論をそのような立場が提示したときのみ、そのような批判は有効であることに注意されたい。「B 層のみ」、「C 層のみ」、「B 層と C 層のみ」の重要性を訴える研究者は、単に本書を批判するだけでなく、説明力のある代替理論の提案を行う必要がある。

[2] これは統語論およびそれに関する言語知識についての Chomsky の理論的立場とパラレルである。

[3] この考え方の最も極端なものが吉川の以下のような主張である。

> 「このような議論を受け、さらに一歩議論を推し進め、我々が「文法」と呼んでいるものは、社会的に構築された「幻想」である」という主張である。」
> 出所: 吉川正人「「幻想」の文法論（仮）」(2018 年 2 月 11 日（日）於・東京外国語大学)
> https://groups.google.com/forum/#!topic/linguistics-jp/u0cnoO2Wi6g ［2018 年 2 月 6 日アクセス]

このような考え方は本書のような、心理的実在性を持つ文法理論の立場とは相いれない。（むしろ、このような考えは、いわゆる「認知革命」以前の考え方に戻ったとも言えよう。）研究者がどのような理論的立場に立つのも自由であるが、言語理論の優位性は、言語事実の説明力で決まる。上記の吉川のような立場が本書と同レベルで言語事実を説明できるだけの代替理論を提出できるのならば、それでよい。そうでないとすれば、本書で展開した理論の優位性は維持される。

[4] より正確には、西山（ibid.）は Morris (1938) の意味論を「記号とそれが指すものとの関係を研究する分野」とし、その上で、「Morris の意味での意味論」（西山 ibid.）を"reference-based semantics"と定義している。

[5] なお、西山 (1987, 1998) は、言語を抽象的な存在物と見なす「プラトン主義」に立っている。これに関連する議論は Iwasaki (2013)，岩﨑 (2015a) も参照されたい。

あとがき

　著者は本書でも、Iwasaki（2017）でも、一貫して生成文法と認知言語学・認知文法を一つの言語デザインの中に組み込むことを企図してきた。もっと遡れば、Iwasaki（2008）でもそれに関する点を書いた。Iwasaki（2017）でも記したように、そのような取り組みは決してランダムに双方をブレンドすることを意味しない。ここで著者が言語理論・理論言語学に対してどのような立場を取っているかを記しておきたい。というのも、辻（2017: 91）が「チョムスキーら普遍論者」と生成文法研究者を呼び、（一部の）生成文法と認知言語学の立場の違いを先鋭化させているように、生成文法と認知言語学の間には学術上の対立を先鋭化される動きが依然として見られるからである。（しかし、10数年前に比べれば、だいぶ緩和されてきており、両者は歩み寄りを見せていることは、両者の両方を含む書籍が両者の研究者間の共同の力で生み出されていることからも明らかではあるが。）さらに、むしろ、言語学の研究者は生成文法と認知言語学のどちらの立場に立っているかを鮮明にすべきである、という考えも見られる。例えば、今井（2017: 94）は下記のように述べている。（括弧や二重引用符等もすべて原典による。）

> 現在の我国の言語学者の中には自分の活動の基底となっている理論が何であるか—具体的には生成文法理論（合理論的）か認知言語学（経験論的）か—を明確に意識している人が少ない。この傾向は、認知言語学的研究を（事実上）行っている人に多いようだが、"生成文法学者"にも少なくない。

私は生成文法と認知言語学を意図的に対立させようとするいかなる企てや風潮にも、コミットしない。両者はともに心理的実在性を持つ、言語知識（とそれとのインタフェス）を研究するという点では共通した目標を持っているのである。

　私は本書でも Iwasaki（2017）でも、その他の研究業績でも、いかなる場合にも「言語知識」の理論化に精力を注いできた。特に英語の母語話者の言語知識を明らかにすることを企図してきた。私自身の専門領域（単なる関心領域ではなく）は一貫して言語知識の探究（探求）とそれに根本的に関わる方法論的諸問題（すなわち、言語哲学の問題）である。もちろん、言語理論の研究は言語獲得の研究や認知科学等とも相互に影

響を持つことが望ましい。一方で、関心領域ではなく専門領域としては、私は言語理論を一番の領域としてきた。この観点からみれば、私にとって守るべき砦は言語のモジュール性であり、それと矛盾しない形でいかに認知言語学を取り込み、大きな言語デザインを生み出していくか、ということが私の一貫したテーマであり続けてきた。言語獲得の問題において合理論の立場に立つか、経験論の立場に立つかについても容易に線引きできるものではないように私には思われる。認知言語学は経験論の立場に立つというのは誤解であろう。例えば、辻（2003：9）を参照されたい。辻（ibid.）は「認知言語学は合理論と経験論のいずれにもかたよることはない」と明言している。さらに、辻（ibid.：10-11）は、認知言語学は「何らかの生得性」を否定せず、さらには、認知文法における統語論の自律性の否定が必ずしもモジュール性の否定につながるわけではない、とも述べている。以上から、認知言語学・認知文法は必ずしも言語能力の生得性・合理論的立場・言語モジュールを否定していないことが分かる。そうであれば、言語モジュールを守りつつ、そこに新しい知見を取り込もうする姿勢は何ら矛盾を含むものではなく、これこそが私が一貫して主張してきた立場である。

　生得性・合理論と経験論・モジュール性というキーワードが出たため、さらに言語の普遍性についても触れておきたい。私は研究の過程で言語の普遍性が見つかれば、それはそれで受け入れたいが、私にとっては普遍性を求める研究が第一では決してなく、普遍性よりも言語能力のモジュール性、特に意味論のモジュール性とその数機能とのインタフェスが最大の関心である。すなわち、本書が一貫して展開したA層の言語知識の研究である。したがって、私は辻（2017：91）が「チョムスキーら普遍論者」と呼ぶ一員には含まれないだろうと思われる。

　その意味で、1つの構文について、普遍性（あるいは、言語間の統語的一貫性）を過度に強調する研究（例えば、Den Dikken 2005）のような主張にもコミットしていない。また、生得性はモジュール性とも関連し重要な概念であるが、言語獲得における多様な要因や生物学的な個別言語の定義の困難性（Iwasaki 2013, 岩﨑2015a）を考えれば、生得性を強調する第一言語獲得モデルや第二言語習得モデルには一定の距離を置かざるをえない。（ただし、両分野から得られる良き刺激も認めざるを得ないが。）例えば、以下のような典型的な生成文法の主張には問題があるということである。

　　　原理とパラメータのアプローチを採択する生成文法は、生得的に具わる言語知識は、その初期状態では単一のシステムであるが、極めて限られた経験によってパラメータの値が決定

され、その安定状態では、一方で日本語の文法判断を、他方
で英語の文法判断を可能にする、個別言語の言語知識体系を
形成している、と主張する。(北原 2004：80)

上記は生成文法の原理とパラメータのアプローチを的確に論述したもの
であり、北原(ibid.)の論述に問題は全くない。しかし、生成文法のこの
種の言語獲得観そのものに方法論的問題がある、というのが私が一貫し
て指摘・主張してきたことである。北原(ibid.：76)は「日本語のネイ
ティブスピーカー」や「英語のネイティブスピーカー」がそれぞれの個
別言語の文について判断を下せる、と述べている。これらの論述や上記
の被引用箇所は「日本語」や「英語」のような「個別言語」の生物学的
定義を明示し損ねている点で問題がある。生成文法は言語獲得も含め、
言語学を生物学の一部とする立場を採択しているため、個別言語の生物
学的定義を明示できない限り、上記の被引用箇所のような生成文法の主
張は一切、有効ではないことを強調せざるを得ない。(より詳しい議論は
Iwasaki (2013)、岩﨑 (2015a) を参照されたい。)
　同様に、そして、より深刻なことに、L1(第一言語)、L2(第二言語)
をキー概念として扱い、かつ、生成文法的な言語獲得観を採択している
第二言語習得研究は、生物的な個別言語(「日本語」、「英語」等)の明示
的な定義を与えない限り、L1(第一言語)、L2(第二言語)という言葉さ
え上手く機能していない、と言わざるを得ない。このように生成文法に
基づく言語獲得、特に第二言語習得は大きな方法論上の問題を抱えてお
り、私はそれを第二言語習得の学会のセミナーでも発表し、大学論集に
おいて論文化もしているが、一向に当該分野の研究者からの妥当な反論
は聞かれないのである。
　ここで、個別言語の実在性への懐疑はもともとチョムスキーが述べて
いることに注意しよう (Chomsky 1980；2010)。生成文法系の第二言語習
得研究の流派がチョムスキーの思想に忠実に沿うつもりなのであれば、
この問題は避けて通れないのである。理論研究だけでなく、獲得・習得
研究でも、テクニカルな面だけでなく、チョムスキー(やその他の先人
の研究者)の思想の深い部分を常に探究すべきだと私は考える。
　論点を戻し、繰り返せば、私は、人間の言語知識の解明を目指す、言
語理論として、モジュール性の解明に強く関心がある。これが本書のA層
の解明であり、そして、さらには、この言語知識と認知とのインタフェ
スにも関心があり、これが本書のB層の解明である。
　辻(ibid.)はEverett氏との私的談話を引用し、同氏が「「社会・文化
が言語のあり方を決めているという見方である」と熱心に説いた」と述
べている。もちろん、A層、B層、C層をトータルで捉えるべき現象(本

書の第4章）もあり、これは一面において妥当である。一方で、言語のすべてをそのように捉えることは、A層の深層の存在に到達できない可能性を生じさせるだろう。そして、理論の妥当性は言語事実の説明力で決まる。本書と同程度の説明力のある理論を「社会・文化が言語のあり方を決めているという見方」が提出できるのであれば、それでよい。そうでないのであれば、本書の理論も一定の意義があることになる。

　ここで「文化」と言語との関係について述べておきたい。文化という言葉は定義が不在の状態でしばしば用いられ、日常的に使われる「あの人は文化的だ、文化人だ」のような場合の肯定的語感も手伝って、ほとんど抗することは困難だと思われるほどに強力な場合がある。そして、言語教育（例えば、実際の英語の教室の教育）においては文化的要素が大事だという点もほぼ疑いようがないと思われる。一方で、「文化」のそれらの肯定的イメージで、「文化 vs 文法」のような構図が持ち込まれた場合、「文化」という言葉は抗することができない、あるいは、反証可能性を持たない、その意味でかなり強力な言葉であることに注意すべきである。（また、文法理論を専門とする研究者が言語教育の場面で文化的要素を軽視しているのではないか、という思い込みがあるすれば、それは誤解である。例えば、私自身、英語の授業では文化的側面を特に重視している。）

　文化を言語獲得や言語理論の場面で用いるのならば、その定義をまず明確化する必要がある。服部（2003: 107-110）は、文化という言葉は新聞の文化欄のように、日常的に使われる言葉と文化人類学者の研究対象としての文化のように主に2つに分かれる、と妥当に指摘している。そして、後者について、服部（ibid.）は、クラックホーンの定義に依拠して、定義上、「言語が文化の一部を構成している」ことを強調し、そのため、この定義を採択する限りは「言語と文化が密接な関係にあるという主張や、一方が他方を規定しているというような主張は正しいには違いないが、定義上そうであるので、あまり興味深い主張とは言えない。」（服部 ibid.）と妥当に述べている。さらに、私見を付け加えれば、言語のある側面が文化と密接な関係にあると主張する場合、まず、その文化の定義を明示する必要がある。（例えば、森住（2016）が精力的に文化の定義を議論しており有益だろう。）そうでなければ、各人の持つ文化（例えば日本文化）のイメージが取り出され、それを論拠に議論が展開されることになり反証可能性が乏しくなるであろう。例えば、村田（2016）は、英文法は「立体的・構造的な英語文化を反映」（p. 201）、日本語文法は「日本文化の反映」と述べている。しかし、言語と文化の関係を論じたいのであれば、ここでの「英語文化」、「日本文化」の明示的な定義あるいは説明とその根拠が欲しいところである。また、「文化は、たがいに混じり

あい、その内容も歴史も、たがいに依存しあい、雑種的なものである…」
(Said Edward 著[1994], 大橋訳 1998: 14［上記は大橋訳からの直接引用］)
という点にも注意する必要があるだろう。さらに、もし、ある文化の定
義が明示され、その上で、言語のある側面とそのような文化が密接な関
係にあることが分かったとしても、それは、言語のある側面が文化と密
接な関係にあることを示しているだけで、そのような研究成果は、（当該）
言語の別のある側面が文化の影響を直接は受けない言語モジュールを成
していることを決して否定できないのである。この点は言語と文化の問
題を議論するときに十二分に留意されるべき点だと思われる。以上の点
からも、A 層の研究の有意義性を文化（あるいは認知）を前面に押し出す
ことで否定することは原理的にも無理であろう。

　以上、(i)生成文法は言語のモジュール性を堅持しつつも、認知言語学
を取り込んだ言語デザインを持つことができること、(ii)生得性・合理
論と経験論・モジュール性・普遍性の中でも、私は主として言語知識を
研究する者として、言語のモジュール性の措定と探究（探求）を重視し
ていること、(iii)反証可能性を維持した緻密な科学的な言語理論を大事
にすること、そして、(iv)文化という言葉の定義の明示性や文化と言語
との関係性に関わる議論には方法論的な点に留意すべきことを述べた。

　もう一つ、私が影響を受けた、言語を抽象的な存在物と見なし、言語
学を非経験科学と見なすプラトン学派（cf. Katz & Postal 1991, 西山
1987, 1998）にも言語学を生物学の一分野と見なさない点では立場的に近
い。一方で、言語の心理的実在性を私は堅持する。この点については多
くの問題が潜んでおり、改めて論じたい。いずれにせよ、理論言語学は
母語話者の容認可能性判断という、心理的実在性のある経験科学の要素
と論理学や数学に見られるような議論の仕方という、非経験科学の要素
の両方を持っている点が特徴であると私は考える。

　現在、日本では、理論言語学や文法研究への風当たりは強いと思われ
る。そこには 2 つの大きな要因があると思われる。1 つは「英語教育」と
いう研究分野からの風当たりである。私にとっては「英語教育」という
言葉は英語教育の実践そのものを強く喚起させるが、この言葉は他の一
部の人々にとっては、研究領域の一分野も表す、とされる。そして、狭
義の「英語教育」には、意図的にか偶発的にかは分からないが、理論言
語学による英語研究は含まれない、とされる。それは実証性・客観性、
そして、その手続きを重視する、経験科学としての「英語教育」の研究
である。極めて多様な要因が複雑に絡み合い、また、学習者個人の好み
等も大きく結果に影響を与える英語教育の現場において、果たして、科
学の「抽象化」、「モデル化」がどこまで成功できるかについて、私は幾
分、懐疑的である。さらに、学習者を「被験者」として「実験」を行う

一部のアプローチには私はいつも距離を置いてきた。そのような「実験」の時間があれば、それを目の前の学習者のさらなる英語力の向上のための、考えられ得る、そして、現場に即した、ありとあらゆる方略に全力を挙げた方がより良いように私には思われるからである。それでも、科学において何に興味を持つかは各研究者の判断や好みの問題であり、私は上記のようなアプローチにも、科学として、一定の敬意は表したいと考える。同様に、経験科学的な手法、統計を用いた実証主義的な「英語教育」の研究を行う研究者も、本書のような言語理論の研究者の方法に対して一定の理解は頂ければ、と願う。理論言語学を専門とする私について、統計的なことはできないだろう、という推測を直接聞いたことがあるが、それは事実誤認である。私事で恐縮であるが、私は学部時代、統計や背後にある数学をそれなりの程度、学んだ。すなわち、＜（さしあたっての）関心の範囲外であること＞と＜できないこと＞は別であり、異なる研究領域・アプローチの研究者が相互に相手の立場に一定の理解・敬意を持つことが大事であると考える。

　さらに、最近の「英語教育」や「第二言語習得」の研究では、「実験」を伴い、それも、結果が小数第〇位まで出るようなものこそを「科学的」だ、と見なす風潮を感じる。確かに、そのような研究は研究であるが、そうでないもの、例えば、容認可能性判断に基づく言語理論研究を「科学的」ではない、と捉えるのは誤った見方である。例えば、経済学では人間の満足度のようなものを表すのに「効用（utility）」という概念がある。この効用は、「基数的（cardinal）」な概念というよりも、「選好（preference）」の順序のみを問題とする「序数的（ordinal）」な概念として取り扱われる場合が多い。（例えば、福岡（1986: 83）や西村（1990: 9））を参照。）数値そのものではなく、相対的順位を問題にしているのであり、これは容認性判断における、他の文と比較した相対的な文の容認レベルと似ている、と言えるだろう。このように、定量的な数値化のみが優れた「科学」ではないのである。（当然、経済学は経験科学である点に注意しよう。）そして、地質学のような、「実験」を行わない自然科学もある（福岡 ibid.: 11 参照）。そのため、いわゆる「実験」を伴わないことによって、非科学的ということにはならないことに注意すべきである。

　現在の英語教育は細分化された研究対象への、統計等を用いた実証的なアプローチが主流となりつつあるが、英語学は理論言語学の一分野でもあると同時に、英語教育の一分野（あるいは、英語教育の専門家のカバーすべき領域）でもあるべきである。すなわち、英語学は英語教育という分野（あるいは、英語教育の専門家のカバーすべき領域）に何らかの形で含まれるべきである。英語教育の研究と英語学を意図的に区分することなく、前者は後者の成果に注意を払うべきであると考える。同様

に、第二言語習得研究でも、統計等の実証的側面を重視するだけでなく、例えば、定冠詞の習得を扱うのであれば、定冠詞についての妥当な意味理論に基礎づけられている必要がある。そうでなければ、たとえ、どんなに実証的な方法論に注意を払った研究であっても、拠って立つ意味理論というスタート地点で再考を余儀なくされるであろう。かつて偉大な批評家のエドワード・サイードが「専門分化(specialization)」(Said 1994, 大橋［訳］)と述べた状況が英語教育や第二言語習得の研究に見られることを私は危惧する。

　ここで、第二言語習得研究における「言語理論」の重要性を強調するだけでは十分ではない。「言語理論」によって、形態統語論を意味するだけでは十分ではない場合があるからである。例えば、Wakabayashi (2013) は普遍文法に基づく第二言語習得の過去の研究を列挙し、その帰結として、第二言語習得の研究における「言語理論」の重要性を強調している。しかし、Wakabayashi (ibid.) が列挙している「言語理論」は主に形態統語論的なものであり、意味論や語用論の先行研究が十分に挙げられているとは言い難い。今後、普遍文法に基づく第二言語習得研究は、本当に普遍文法に基づくのであれば、普遍文法の一部を担う言語モジュールに基礎を置く意味論を取り入れるべきだろう。Wakabayashi (ibid.: 105) は、「言語理論」に依拠しなければ、"we only scratch the surface of observable phenomena in second language acquisition."[下線を原典に追加]ということを述べている。しかし、Chomsky (2010: 60) は、音韻論や形態論は、意味論（と統語論）に比べて、表面的な観察が容易な現象が多い、という趣旨を述べている。Chomsky (ibid.)のこの含意を汲むならば、意味論こそ、表面的ではない現象を研究しようとする習得研究が取り込むべきものである、と私は考える。第二言語習得研究がWakabayashi (ibid.) の言う "scratch the surface of observable phenomena" 以上のことを行おうとするならば、言語モジュールに基礎を置く意味論（本書のような意味理論）は避けて通れないはずである。本書のような意味理論を採択しない限りは、普遍文法に基づくとされる第二言語習得研究は、少なくとも定冠詞・定性の意味に関する限り、普遍文法ないしは言語モジュールに基づく研究、すなわち、A層に基づく研究ではなく、実際には、B層やC層に基づく研究を行っていることになる。第3章(1)のような、B層に基づく定性の定義がそうである。当該の研究者が意識しているかどうかは別として、第3章(1)のような定性の定義は、狭義の普遍文法というよりも、B層に基づくものである。今後の普遍文法に基づく第二言語習得研究が、A層に基づく意味理論の理論的立場を参考にされることを切に願う。生成文法系の第二言語習得研究は形態・統語論の「定型問題」に精力を注ぐ傾向があるが、定冠詞の習得研究を「普

遍文法」の観点から行うのであれば、新しい問題に対して常に心を開き、本書のような意味理論を取り入れる必要があるだろう。

　理論言語学や文法研究への風当たりの強さのもう1つの原因は、これも英語教育とも関係すると思われるが、文化を含めた「広い視野」からの研究が素晴らしく、文法のような「狭い」ものだけに囚われてはいけないという、ときどき聞かれる誤解である。もちろん、文化研究は重要であるが、同様に文法研究も重要である。原子や細胞のレベルの研究に対して、「もっと広い視野からの研究を」と言う人はいないであろう。そうであれば、文法研究に対しても同様であるべきである。そして、「文化」と「言語」についての問題は既に述べた通りである。著者の見聞の限りでは、言語と文化が不可分であるとして、それを信じている一部の方々の「信念」は強く、あたかも、言語モジュールを仮定する精緻な理論研究そのものを受け入れない立場に事実上、近い場合があるようである。本書で議論した通り、言語と文化が不可分の側面もある一方で、言語と文化を分け、言語外の要因を取り払い、言語のモジュールそのものを探究（探求）することによってのみ、見えてくるものがあるのであり、それは通常の科学的態度である。

　以上のような2つの風当たりをはね返すのに本書が微力ながら貢献できれば幸いである。特に、本書が英語の母語話者の言語知識の解明に貢献し、言語学の研究者のみならず、広く英文法に関心を持つ方々の目にもとまり、さらには、今後、言語学を研究することになる学生諸氏にとっても、言語事実をどのように見て、どのように分析するか等の点で何らかの刺激になれば幸いである。私が普段の意味論の講義で一番重視している点である。教育政策的には本書で取り上げたような英語の言語表現の曖昧性に関する意味論・語用論は人文科学・自然科学の学部生の必須科目になることを願っている。数学が広く自然科学の学生の必須科目になっていることと同様である。

　なお、本書での学術的引用と批判は、あくまでも学術的目的のためであり、学術的立場の相違を明確にし、議論を鮮明にするためである。懇意にして頂いている先生方の論文等も多々、引用させて頂いているが、その点、どうかご理解を賜り、今後も温かいご指導をお願い申し上げる。

　最後に、本書をお読み頂いた読者の皆様に衷心より御礼申し上げる。今回の著書でここ5年くらいの研究の総まとめは一定程度できたと思っているが、今後も謙虚に新しい知識を吸収し、地道に研究を続けていきたいと考えている。

平成 30 年 3 月

著　　　者

参考文献

［はしがき］

Chomsky, Noam. 1995. Language and nature. *Mind* 104.413: 1-61.

岩﨑永一. 2015b.『英語定冠詞とコピュラの意味論―背後に潜む自然数概念―』東京: 金星堂.

Iwasaki, Eiichi. 2017. *The Syntax and Semantics of Comparative Correlatives: A Generative-Cognitive Language Design*. Nagoya: Sankeisha.

西山佑司. 2003.『日本語名詞句の意味論と語用論―指示的名詞句と非指示的名詞句―』東京: ひつじ書房.

西山佑司. 2017.「認知言語学と関連性理論」成蹊大学プロジェクト「認知言語学の新領域開拓研究」シンポジウム「認知言語学と語用論」(2017 年 8 月 29 日) 講演配布資料.

［要旨］

各章の文献情報を参照されたい.

［第 1 章］

天野みどり. 1995a.「が」による倒置指定文―「特におすすめなのがこれです」という文について.『新潟大学人文科学研究』88: 1-21.

Baker, Carl Lee. 1968. *Indirect Questions in English*. PhD dissertation, University of Illinois.

Borsley, Robert. 2000. What is generative grammar?, In Piotr Banski & Adam Przepiorkowski (eds.), GLIP-1: *Proceedings of the First Generative Linguistics in Poland Conference*. Warsaw: Polish Academy of Science.

Chafe, Wallace. 1976. Givenness, contrastiveness, definiteness, subjects, topics, and point of view. In Charles N. Li (ed.) *Subject and topic*, 25-55. New York: Academic Press.

Chomsky, Noam. 1995. Language and nature. *Mind* 104.413: 1-61.

Chomsky, Noam. 2013. Notes on Denotation and Denoting. In Ivano Caponigro & Carlo Cecchetto (eds.), *From Grammar to Meaning: The Spontaneous Logicality of Language*, Cambridge: Cambridge University Press, pp. 38-46.

Den Dikken, Marcel. 2006. *Relators and Linkers: The Syntax of Predication, Predicate Inversion, and Copulas*. Cambridge, MA: The MIT Press.

Donnellan, Keith S. 1966. References and definite description. *Philosophical Review* 75: 271-304.

Fauconnier, Gilles. 1985. *Mental Spaces: Aspects of Meaning Construction in Natural Language*. Cambridge, MA: The MIT Press. [Fauconnier, Gilles. 1994.

Mental Spaces: Aspects of Meaning Construction in Natural Language. Cambridge: Cambridge University Press.]

Fodor, Jerry A. 1983. *The Modularity of Mind.* Cambridge, MA: The MIT Press.

Heim, Irene R. 1979. Concealed questions. In Rainer Bäuerle, Urs Egli & Arnim von Stechow (eds.) *Semantics From Different Points of View.* Springer-Verlag. pp. 51-60.

Heggie, Lorie & Eiichi Iwasaki. 2013. *The Inverse Copular Construction Revisited: Pragmatic Ambiguity and Dual Syntactic Positions.* Ms., http://ling.auf.net/lingbuzz/001970

日向清人. 2014. 『即戦力がつく英文法』 (第5刷, 2015) 東京: DHC.

今井邦彦, 西山佑司. 2012. 『ことばの意味とはなんだろう』東京: 岩波書店.

今井邦彦. 2015. 『言語理論としての語用論―入門から総論まで―』東京: 開拓社.

庵功雄. 1994. 「定性に関する一考察 : 定情報という概念について」『現代日本語研究』 (大阪大学) 1, 40-56.

岩﨑永一. 2014. 「非指示的な定冠詞の意味論的分析と英和辞書の記述への示唆―変項の個数と日本語の「は」との対比を巡って―」『國士舘大學教養論集』76: 27-57.

岩﨑永一. 2015b. 『英語定冠詞とコピュラの意味論―背後に潜む自然数概念―』東京: 金星堂.

Iwasaki, Eiichi. 2013. The Phantom of Biolinguistics, the Reality of Psycholinguistics, and the Ontology of Particular Languages: Chomsky, the Platonists, and beyond. 『國士舘大學教養論集』74: 43-63.

Iwasaki, Eiichi. 2017. *The Syntax and Semantics of Comparative Correlatives: A Generative-Cognitive Language Design.* Nagoya: Sankeisha.

Katz, Jerrold J. 1986. Why intensionalists ought not be Fregeans. Ernest LePore (ed.), *Truth and Interpretation*, 59-61, Oxford: Basil Blackwell.

Katz, Jerrold J. 1990. Has the description theory of names been refuted?. George Boolos (ed.), *Meaning and Method: Essays in Honor of Hilary Putnam*, 31-61, Cambridge: Cambridge University Press.

Katz, Jerrold J. 1992. The New Intensionalism. *Mind* 101:1-31.

Katz, Jerrold J. 1996. Semantics in Linguistics and Philosophy: an Intensionalist Perspective. Shalom Laappin (ed.) *The Handbook of Contemporary Semantic Theory*, Oxford: Basil Blackwell.

金水敏. 1986. 連体修飾成分の機能. 『松村明教授古稀記念国語研究論集』602-624. 明治書院.

金水敏. 2015. 「「変項名詞句」の意味解釈について」『日本語疑問文の通時的・対照言語学的研究』研究報告書(3): 107-117. [『日中言語研究と日本語教育』8: 1-11. (日中言語研究と日本語教育研究会・好文出版) の再録] http://j-int.info/report/

Kripke, Saul. 1980. *Naming and Necessity.* Cambridge, MA: Harvard University Press.

熊本千明. 2014. 「指定文・措定文・同一性文」『佐賀大学全学教育機構紀要』 2,

1-13.

Lakoff, George. 1987. Cognitive models and prototype theory. In Ulric Neisser (ed.) *Concepts and Conceptual Development: Ecological and Intellectual Factors in Categorization*. Cambridge: Cambridge University Press, pp.63-100.

Mikkelsen, Line. 2005a. *Copular clauses: specification, predication and equation*. Amsterdam: John Benjamins.

中島平三. 2006. 『スタンダード英文法』東京: 大修館書店.

西川賢哉. 2013. 「二重コピュラ文としての「A は B が C（だ）」構文」 西山 (2013), 167-211. 東京: ひつじ書房.

峯島宏次. 2013. 「変項名詞句の階層」西山佑司編著.『名詞句の世界: その意味と解釈の神秘に迫る』 (pp.407-430) 東京: ひつじ書房.

西垣内泰介. 2016a. 「「指定文」および関連する構文の構造と派生」『言語研究』150, pp.137-171, 2016.

西垣内泰介. 2016b. 「「変項名詞句」としての「量関係節」「潜伏疑問」「主要部内在型関係節」」『日本語疑問文の通時的・対照言語学的研究』平成27年度研究報告書(3)（国立国語研究所）118-138. http://j-int.info/report/

西垣内泰介. 2017. 「「変項名詞句」の統語構造」『トークス』（神戸松蔭女子学院大学研究紀要言語科学研究所篇） 20: 127-142 発行年 http://doi.org/10.14946/00001965

西山佑司. 1988. 「指示的名詞句と非指示的名詞句」『慶應義塾大学言語文化研究紀要』20: 115-136.

西山佑司. 1990. 「コピュラ文における名詞句の解釈をめぐって」『文法と意味の間：国広哲弥教授還暦退官記念論文集』pp.133-148. 東京: くろしお出版.

Nishiyama, Yuji. 1997. Attributive use and non-referential NPs. In Masatomo Ukaji et al. (eds.) *A Festschrift for Akira Ota on the occasion of his eightieth birthday*. Tokyo: Taishukan Publishing Company, pp. 752-767.

西山佑司. 2003. 『日本語名詞句の意味論と語用論―指示的名詞句と非指示的名詞句―』東京: ひつじ書房.

西山佑司. 2004. 「意味、真理 条件、認知」松田隆美（編）『西洋精神史における言語観の変遷』東京: 慶應義塾大学出版会, pp. 31-650.

西山佑司. 2005. 「コピュラ文の分析に集合概念は有効であるか」『日本語文法』5.2: 74-91.

Nishiyama, Yuji. 2008. Non-referentiality in certain noun phrases. Tetsuya Sano et al. (eds.) *An Enterprise in the Cognitive Science of Language: A Festschrift for Yukio Otsu.* (pp.13-25) Tokyo: Hituzi Syobo.

西山佑司. 2009. 「コピュラ文、存在文、所有文―名詞句解釈の 観点から（上）「である」（'be'）を甘くみるなかれ」『言語』Vol. 38, No. 4, 78-86. 東京: 大修館書店.

西山佑司. 2010. 「心のなかの二つのモジュール―文法能力と発話解釈能力―」『応用言語学研究 明海大学大学院応用言語学研究科紀要』12: 29-40.

西山佑司（編著）. 2013. 『名詞句の世界: その意味と解釈の神秘に迫る』東京:

ひつじ書房.

Radford, Andrew. 1988. *Transformational Grammar: First Course*. Cambridge: Cambridge University Press.

Recanati, Francois. 1989. The Pragmatics of what is said. *Mind and Language* 4: 295-329.

Russell, Bertrand. 1905. On denoting. *Mind* 14, 479-493.

坂原茂. 2001. 「メンタル・スペース理論」辻幸夫編『ことばの認知科学事典』 pp. 316-332. 東京：大修館書店.

Snape, Neal. 2005. The certain uses of articles in L2-English by Japanese and Spanish speakers. *Durham and Newcastle Working Papers in Linguistics*. 11: 155-68.

Sweetser, Eve. 1996. Changes in figures and changes in grounds: A note on change predicates, mental spaces and scalar norm. *Cognitive Studies (Ninchi Kagaku)*, Bulletin of the Japanese Cognitive Science Society (Special Issue: Cognitive Linguistics) 3.3: 75-86.

Sweetser, Eve. 1997. Role and individual readings of change predicates. In Jan Nuyts & Eric Pederson (eds.) *Language and Conceptualization*. 116-136, Cambridge: Cambridge University Press.

Sperber, Dan & Deirdre Wilson. 1986. *Relevance: Communication and Cognition*. Oxford: Blackwell.

東郷雄二. 2005. 「名詞句の指示とコピュラ文の意味機能」『指示と照応に関する語用論的研究』, 文部科学省科学研究費成果報告書. http://lapin.ic.h.kyoto-u.ac.jp/papers/kaken17.pdf

上山あゆみ. 2010. 「同一指示条件と定/不定の区別」『文学研究』（九州大学） 107, 185-203.

[第2章]

Donnellan, Keith S. 1966. References and definite description. *Philosophical Review* 75: 271-304.

Heggie, Lorie & Eiichi Iwasaki. 2013. *The Inverse Copular Construction Revisited: Pragmatic Ambiguity and Dual Syntactic Positions*. Ms, LingBuzz. http://ling.auf.net/lingbuzz/001970

服部裕幸. 2003. 『言語哲学入門』東京：勁草書房.

今井邦彦・西山佑司. 2012. 『ことばの意味とはなんだろう』東京：岩波書店.

岩﨑永一. 2015b. 『英語定冠詞とコピュラの意味論―背後に潜む自然数概念―』東京：金星堂.

岩﨑永一. 2015c. 「英語定冠詞とリスト存在文のデータと意味について―辞書記述と英語教育への提案―」口頭発表, 東京大学駒場言葉研究会（KLA）, 2015 年 11 月 22 日, 於・東京大学.

Kripke, Saul. 1980. *Naming and Necessity*. Cambridge, MA: Harvard University Press.

熊本千明. 2014. 「指定文・措定文・同一性文」『佐賀大学全学教育機構紀要』 2:

1- 13.

上林洋二. 1988.「指定文と措定文─ハとガの一面」『筑波大学文藝言語研究・言語編』14: 57-74.

Lyons, Christopher. 1999. *Definiteness*. Cambridge: Cambridge University Press.

峯島宏次. 2013.「変項名詞句の階層」 西山(2013), 407-430. 東京: ひつじ書房.

西川賢哉. 2013.「二重コピュラ文としての「AはBがC（だ）」構文」西山（2013）, 167-211. 東京: ひつじ書房.

Nishiyama, Yuji. 1997. Attributive use and non-referential NPs. In Masatomo Ukaji et al. (eds.) *A Festschrift for Akira Ota on the occasion of his eightieth birthday*, 752-767. Tokyo: Taishukan Publishing Company.

西山佑司. 2003.『日本語名詞句の意味論と語用論─指示的名詞句と非指示的名詞句─』東京: ひつじ書房.

西山佑司. 2006.「コピュラ文の分析に「役割─値」概念は有効であるか」『慶應義塾大学言語文化研究所紀要』37: 45-88.

Nishiyama, Yuji. 2008. Non-referentiality in certain noun phrases. In Tetsuya Sano et al. (eds.), *An Enterprise in the Cognitive Science of Language: A Festschrift for Yukio Otsu.* (pp.13-25) Tokyo: Hituzi Syobo.

西山佑司（編著）. 2013.『名詞句の世界: その意味と解釈の神秘に迫る』東京: ひつじ書房.

奥津文夫. 2008.「日英語比較と背景文化─ "wear"の日本語訳と「腰」の意味範囲をめぐって─」日英言語文化研究会（編）『日英の言語・文化・教育-多様な視座を求めて』東京: 三修社, pp. 27-36.

鈴木雅子. 2015.「「溺れる者は藁をもつかむ」─「つかむ」を表現する英語」『ことわざ』7: 16-26.

[第3章]

Birner, Betty J and Gregory Ward. 1994. Uniqueness, Familiarity, and the Definite Article in English. *Proceedings of the Twentieth Annual Meeting of the Berkley Linguistics Society*. 93-102.

Chomsky, Noam. 1988. *Language and Problems of Knowledge*. Cambridge, MA: The MIT Press.

Chomsky, Noam. 1995. Language and nature. *Mind* 104: 1-61.

Fauconnier, Gilles. 1985. *Mental Spaces: Aspects of Meaning Construction in Natural Language*. Cambridge, MA: The MIT Press. [Fauconnier, Gilles. 1994. *Mental Spaces: Aspects of Meaning Construction in Natural Language.* Cambridge: Cambridge University Press.]

福井直樹. 1998.「極小モデルの展開: 言語の説明理論をめざして」岩波講座言語の科学『生成文法』161-210, 第4章. 東京: 岩波書店.

トム・ガリー. 2010.『英語のあや』東京: 研究社.

長谷部陽一郎. 2005.「総称的名詞表現としての the NP に関する認知的分析」『徳島文理大学研究紀要』（69）, 21-36.

今井邦彦, 西山佑司. 2012.『ことばの意味とはなんだろう』東京: 岩波書店.

岩﨑永一. 2015b.『英語定冠詞とコピュラの意味論―背後に潜む自然数概念―』東京：金星堂.

Iwasaki, Eiichi. 2017. *The Syntax and Semantics of Comparative Correlatives: A Generative-Cognitive Language Design*. Nagoya: Sankeisha.

Ionin, Tania, Heejeong Ko & Ken Wexler. 2004. Article semantics in L2-acquisition: the role of specificity. *Language Acquisition* 12: 3-69.

Ionin, Tania & Ken Wexler. 2003. The certain uses of the in L2-English. Juana M. Liceras, Helmut Zobl, & Helen Goodluck. (eds.), *Proceedings of the 6th Generative Approaches to Second Language Acquisition Conference*. Somerville, MA: Cascadilla Proceedings Project. 150-160.

久米啓介. 2016. 「日本語母語話者による英語冠詞選択における普遍的意味素性の影響」*Second Language* 15: 31-51.

Löbner, Sebastian. 1985. Definites. *Journal of Semantics* 4: 279-326

Lyons, Christopher. 1999. *Definiteness*. Cambridge: Cambridge University Press.

野田尚史. 1996.『「は」と「が」（新日本語文法選書 (1)）』東京：くろしお出版.

Nishiyama, Yuji. 1997. Attributive use and non-referential NPs. In Masatomo Ukaji et al. (eds.) *A Festschrift for Akira Ota on the occasion of his eightieth birthday*. Tokyo: Taishukan Publishing Company, pp. 752-767.

西山佑司. 2003.『日本語名詞句の意味論と語用論―指示的名詞句と非指示的名詞句―』東京：ひつじ書房.

西山佑司（編著）. 2013.『名詞句の世界：その意味と解釈の神秘に迫る』東京：ひつじ書房.

Nishiyama, Yuji. 2008. Non-referentiality in certain noun phrases. Tetsuya Sano et al. (eds.) *An Enterprise in the Cognitive Science of Language: A Festschrift for Yukio Otsu*. (pp. 13-25) Tokyo: Hituzi Syobo Publishing.

小田涼. 2012.『認知と指示：定冠詞の意味論』京都：京都大学学術出版会.

Pope, Emily. 1976. *Questions and answers in English*. The Hague: Mouton.

Rando, Emily & Donna Jo Napoli. 1978. Definiteness in *there*-sentences. *Language* 54, pp. 300-313.

Russell, Bertrand. 1905. On denoting. *Mind* 14, 479-493.

坂原茂. 1996. 「英語と日本語の名詞句限定表現の対応関係」『認知科学』3.3: 38-58.

Snape, Neal. 2005. The certain uses of articles in L2-English by Japanese and Spanish speakers. *Durham and Newcastle Working Papers in Linguistics*. 11: 155-68.

Sweetser, Eve. 1997. Role and individual readings of change predicates. In Jan Nuyts & Eric Pederson (eds.) *Language and Conceptualization*. 116-136, Cambridge: Cambridge University Press.

高見健一. 2015. 「定冠詞と不定冠詞」『英語教育』2015 年 10 月号 14-15.

山梨正明. 1995.『認知文法論』東京：ひつじ書房.

山梨正明. 2000.『認知言語学原理』東京：くろしお出版.

[第4章]

Carlson, Gregory. 1977. *Reference to kinds in English*. PhD dissertation, University of Massachusetts. Amherst.

Cohen, Ariel. 1999. *Think generic!: The Meaning and Use of Generic Sentences*. Stanford: CSLI.

Cohen, Ariel. 2002. Genericity. Appeared in *Linguistische Berichte*, 10: 59-89. http://www.bgu.ac.il/~arikc/gen.pdf ［本書での引用は電子サイト版の頁番号に基づく］

長谷部陽一郎. 2005. 「総称的名詞表現としての the NP に関する認知的分析」『徳島文理大学研究紀要』69: 21-36.

樋口利正. 2009. 『英語の冠詞―その使い方の原理を探る』東京: 開拓社.

樋口利正. 2013. 『英語の冠詞―歴史から探る本質』増補版. 広島: 広島大学出版会.

Huddleston, Rodney & Geogrey Pullum. 2002. *The Cambridge Grammar of the English Language*. Cambridge: Cambridge University Press.

池内正幸. 1985. 『名詞句の限定表現』. 東京: 大修館書店.

今井邦彦・西山佑司. 2012. 『ことばの意味とはなんだろう』東京: 岩波書店.

岩﨑永一. 2015b. 『英語定冠詞とコピュラの意味論―背後に潜む自然数概念』東京: 金星堂.

Iwasaki, Eiichi. 2017. *The Syntax and Semantics of Comparative Correlatives: A Generative-Cognitive Language Design*. Nagoya: Sankeisha.

Krifka, Manfred, Jeff Pelletier, Greg Carlson, Alice ter Meulen, Godehard Link, Gennaro Chierchia. 1995. Genericity: An introduction. In Gregory N. Carlson and Francis Jeffry Pelletier (eds.) *The Generic Book*, The University of Chicago Press: 1-124.

久野暲・高見健一. 2004. 『謎解きの英文法 冠詞と名詞』 東京: くろしお出版

藏藤健雄. 2012. 「総称文と冠詞」藤田耕司・松本マスミ・児玉一宏・谷口一美（編）『最新言語理論を英語教育に活用する』 開拓社 84-93.

Lakoff, George. 1987. *Women, fire, and dangerous things: What categories reveal about the mind*. Chicago/London: The University of Chicago Press.

Lawler, John. 1973. *Studies in English generics*. PhD dissertation, The University of Michigan. [*University of Michigan Papers in Linguistics* 1(1).]

Lyons, Christopher. 1999. *Definiteness*. Cambridge: Cambridge University Press.

中島平三. 2006. 『スタンダード英文法』東京: 大修館書店.

西山佑司. 2003. 『日本語名詞句の意味論と語用論―指示的名詞句と非指示的名詞句―』東京: ひつじ書房.

西山佑司. 2004. 「意味、真理 条件、認知」松田隆美（編）『西洋精神史における言語観の変遷』東京: 慶應義塾大学出版会, pp. 31-650.

西山佑司. 2005. 「コピュラ文の分析に集合概念は有効であるか」『日本語文法』5.2: 74-91.

西山佑司（編著）. 2013. 『名詞句の世界: その意味と解釈の神秘に迫る』東京: ひつじ書房.

Quirk, Randolph, Sidney Greenbaum, Geoffrey Leech, and Jan Svartvik. 1972. *A Grammar of Contemporary English*. London: Longman.

Quirk, Randolph, Sidney Greenbaum, Geoffrey Leech, & Jan Svartvik. 1985. *A Comprehensive Grammar of the English Language*. London and NY: Longman.

Sperber, Dan & Deirdre Wilson. 1986. *Relevance: Communication and Cognition*. Oxford: Blackwell.

Thrane, Torben. 1980. *Referential-Semantic Analysis: Aspects of a Theory of Linguistic Reference*. Cambridge: Cambridge University Press.

辻幸夫.（編著）. 2003.『認知言語学への招待』 東京: 大修館書店.

辻幸夫.（編著）. 2013.『新編 認知言語学キーワード事典』東京: 研究社.

Vendler, Zeno. 1967. *Linguistics in philosophy*. Ithaca, NY: Cornell University Press.

［第5章］

Agbayani, Brian. 2000. Wh-Subjects in English and the Vacuous Movement Hypothesis. *Linguistic Inquiry* 31: 703-713.

Agbayani, Brian. 2006. Pied-Piping, Feature Movement, and Wh-Subjects. Lisa Cheng and Nobert Corver (eds.) *Wh-movement: Moving On*, ed. by, 71-93, The MIT Press, Cambridge, MA.

Agbayani, Brian & Masao Ochi. 2006. Move F and PF/LF Defectiveness. Cedric Boeckx (ed.) *Minimalist Essays*, 19-34, Amsterdam: John Benjamins.

Bianchi, Valentina. 2000. The raising analysis of relative clauses: a reply to Bossley. *Linguistic Inquiry* 31: 123-140.

Borsley, Robert. 1997. Relative clauses and the theory of phrase structure. *Linguistic Inquiry* 28: 629-647.

Borsley, Robert. 2001. *More on the raising analysis of relative clauses*. Ms., University of Essex.

Burton-Roberts, Noel. 1989. Les paradigms génériques en anglais. *Travaux de linguistique,* 19:17-32.

Chomsky, Noam. 1982. *Some concepts and consequences of the theory of government and binding*. Cambridge, MA: The MIT Press.

Chomsky, Noam. 2008. On phases. In Robert Freidin, Carlos Peregrín Otero & Maria Luisa Zubizarreta (eds.) *Foundational Issues in Linguistic Theory. Essays in Honor of Jean-Roger Vergnaud*, Cambridge, MA: The MIT Press, 133-166.

Chomsky, Noam & Howard Lasnik. 1995. The Theory of Principles and Parameters. In Chomsky, Noam. *The Minimalist Program*. Cambridge, MA: The MIT Press.

Cohen, Ariel. 1999. *Think generic!: The Meaning and Use of Generic Sentences*. Stanford: CSLI.

Den Dikken, Marcel, André Meinunger & Chris Wilder. 2000. Pseudoclefts and Ellipsis. *Studia Linguisitica* 54, 41-89.

Den Dikken, Marcel. 2006. *Relators and Linkers: The Syntax of Predication,*

Predicate Inversion, and Copulas. Cambridge, MA: The MIT Press.

Donati, Caterina & Carlo Cecchetto. 2011. Relabeling heads: A unified account for relativization structures. *Linguistic Inquiry* 42: 519-560.

Donnellan, Keith S. 1966. References and definite description. *Philosophical Review* 75: 271-304.

Fauconnier, Gilles. 1985. *Mental Spaces: Aspects of Meaning Construction in Natural Language.* Cambridge: Cambridge University Press. [Fauconnier, Gilles. 1994. *Mental Spaces: Aspects of Meaning Construction in Natural Language.* Cambridge: Cambridge University Press.]

福井直樹. 1998. 「極小モデルの展開: 言語の説明理論をめざして」岩波講座言語の科学『生成文法』161-210, 第4章. 東京: 岩波書店.

服部裕幸. 2003. 『言語哲学入門』東京: 勁草書房.

Haegeman, Liliane. 2012. *Adverbial Clauses, Main Clause Phenomena, and Composition of the Left Periphery: The Cartography of Syntactic Structures, Vol. 8.* Oxford: Oxford University Press.

Haider, Hubert. 2010. *The Syntax of German.* Cambridge: Cambridge University Press.

Heggie, Lorie & Eiichi Iwasaki. 2013. *The Inverse Copular Construction Revisited: Pragmatic Ambiguity and Dual Syntactic Positions.* Ms, http://ling.auf.net/lingbuzz/001970

Huang, C.-T. James & Masao Ochi. 2004. Syntax of The Hell: Two Types of Dependencies. *Proceeding of the North East Linguistic Society* 34, 279-293.

Huddleston, Rodney & Geogrey Pullum. 2002. *The Cambridge Grammar of the English Language.* Cambridge: Cambridge University Press.

岩﨑永一. 2015b.『英語定冠詞とコピュラの意味論—背後に潜む自然数概念—』東京: 金星堂.

Iwasaki, Eiichi. 2017. *The Syntax and Semantics of Comparative Correlatives: A Generative-Cognitive Language Design.* Nagoya: Sankeisha.

Kayne, Richard. 1994. *The Antisymmetry of Syntax.* Cambridge, MA: The MIT Press.

熊本千明. 2014. 「指定文・措定文・同一性文」『佐賀大学全学教育機構紀要』2: 1-13.

河野継代. 2012. 『英語の関係節』東京: 開拓社.

Kimura, Hiroko. 2010. A Wh-in-situ Strategy for Sluicing. *English Linguistics* 27: 43-59.

Kimura, Hiroko. 2011. *A Non-Movement Analysis of Sluicing.* PhD dissertation, Tohoku University. http://hdl.handle.net/10097/51111

久野暲・高見健一. 2004.『謎解きの英文法 冠詞と名詞』 東京: くろしお出版.

Lasnik, Howard & Mamoru Saito. 1992. *Move α: Conditions on Its Application and Output.* Cambridge, MA: The MIT Press.

Lee, David. 2001. *Cognitive Linguistics: An Introduction.* Oxford: Oxford University Press. [デイヴィット・リー著, 宮浦国江訳. 2006. 『実例で学ぶ認知言語学』東京: 大修館書店]

López, Luis. 2000. Ellipsis and discourse-linking. *Lingua* 110, 183-213.

Lyons, Christopher. 1999. *Definiteness*. Cambridge: Cambridge University Press.

Merchant, Jason. 1999. *The syntax of silence-sluicing, islands, and identity of ellipsis*. PhD dissertation, UCSC.

Merchant, Jason. 2001. *The syntax of silence: sluicing, islands, and the theory of ellipsis*. Oxford: Oxford University Press.

Merchant, Jason. 2002. Swiping in Germanic. In Werner Abraham & Jan-Wouter Zwart (eds.) *Studies in comparative Germanic syntax*, 295-321. Amsterdam: Benjamins.

Merchant, Jason. 2004. Fragments and ellipsis. *Linguistics and Philosophy* 27: 661-738.

Mikkelsen, Line. 2005a. *Copular Clauses: Specification, Predication and Equation*. Amsterdam: John Benjamins.

森澤万里子. 2012.「定関係代名詞の歴史的変遷に関する独英比較」『慶應義塾大学日吉紀要　ドイツ語学・文学 』(Hiyoshi-Studien zur Germanistik). 49: 155-182.

西山佑司. 2003.『日本語名詞句の意味論と語用論―指示的名詞句と非指示的名詞句―』東京: ひつじ書房.

西山佑司. 2013.『名詞句の世界―その意味と解釈の神秘に迫る』東京: ひつじ書房.

Pelletier, Francis Jeffry. 2009. *Kinds, Things, and Stuff: Mass Terms and Generics*. Oxford: Oxford University Press.

Pesetsky, David. 1987. Wh-in-situ: Movement and Unselective Binding. Eric Reuland & Alice ter Meulen (eds.) *The Representation of (In)definiteness*, 98-129, The MIT Press, Cambridge, MA.

Quirk, Randolph, Sidney Greenbaum, Geoffrey Leech, Jan Svartvik. 1985. *A Comprehensive Grammar of the English Language*, Harlow, Essex: Longman.

Radford, Andrew. 2009. *Analysing English Sentences: A Minimalist Approach*. Cambridge, UK: Cambridge University Press.

Radford, Andrew. 2016. *Analysing English Sentences Second Edition*. Cambridge: Cambridge University Press.

Radford, Andrew & Eiichi Iwasaki. 2015. On Swiping in English. *Natural Language & Linguistic Theory* 33.2: 703-744.

Ross, John R. 1969. "Guess Who?" R.I. Binnick, Alice Davison, George Green, and Jerry L Morgan (eds.) *Proceedings of the Fifth Regional Meeting of the Chicago Linguistic Society*, 252-286.

Sprouse, Jon. 2005. The Accent Projection Principle: Why the Hell Not? *University of Pennsylvania Working Papers in Linguistics* 12, 349-359.

Sweetser, Eve. 1996. Changes in figures and changes in grounds: A note on change predicates, mental spaces and scalar norm. *Cognitive Studies (Ninchi Kagaku)*, Bulletin of the Japanese Cognitive Science Society (Special Issue: Cognitive Linguistics) 3.3: 75-86.

Sweetser, Eve. 1997. Role and individual readings of change predicates. In

Jan Nuyts & Eric Pederson (eds.) *Language and Conceptualization*. 116-136, Cambridge: Cambridge University Press.

[第6章]

青木伶子. 1992.『現代語助詞「は」の構文論的研究』(笠間叢書 249) 東京: 笠間書院.

天野みどり. 1995a.「「が」による倒置指定文―「特におすすめなのがこれです」という文について」『新潟大学人文科学研究 』88: 1-21.

天野みどり. 1995b.「後項焦点の『AがBだ』文」『新潟大学人文科学研究』89: 1-24.

Declerck, Renaat. 1988. *Studies on Copular Sentences, Clefts, and Pseudoclefts*. Leuven: Leuven University Press.

Den Dikken, Marcel. 2006. *Relators and Linkers: The Syntax of Predication, Predicate Inversion, and Copulas*. Cambridge, MA: The MIT Press.

Den Dikken, Marcel, André Meinunger & Chris Wilder. 2000. Pseudoclefts and Ellipsis. *Studia Linguisitica* 54, 41-89.

Fauconnier, Gilles. 1985. *Mental Spaces: Aspects of Meaning Construction in Natural Language*. Cambridge, MA: The MIT Press. [Fauconnier, Gilles. 1994. *Mental Spaces: Aspects of Meaning Construction in Natural Language*. Cambridge: Cambridge University Press.]

Gundel, Jeanette, K. 1977. Where do cleft sentences come from? *Language* 53: 543-559.

今井邦彦・西山佑司. 2012.『ことばの意味とはなんだろう』東京: 岩波書店.

Hasegawa, Nobuko. 1996. On the Word Order of Copular Sentences. 『言語科学研究』(神田外語大学大学院紀要) 2: 1-18.

畠山雄二. 2004.『英語の構造と移動現象―生成理論とその科学性』東京: 鳳書房

Heggie, Lorie. 1988a. *The syntax of copular structures*. PhD dissertation, University of Southern California.

Heggie, Lorie. 1988b. A unified approach to copular sentences,″ in *the Proceedings of West Coast Conference on Formal Linguistics VII*, 129-142.

Heggie, Lorie & Eiichi Iwasaki. 2013. *The Inverse Copular Construction Revisited: Pragmatic Ambiguity and Dual Syntactic Positions*. Unpublished Manuscript, available from http://ling.auf.net/lingbuzz/001970

池上嘉彦. 1981.『「する」と「なる」の言語学―言語と文化のタイポロジーへの詩論―』東京: 大修館書店.

今井邦彦, 西山佑司. 2012.『ことばの意味とはなんだろう』東京: 岩波書店.

岩﨑永一. 2015b.『英語定冠詞とコピュラの意味論―背後に潜む自然数概念―』東京: 金星堂.

岩﨑永一. 2016.「書評: 辻幸夫 (編著) 『認知言語学への招待』 東京: 大修館書店. 2003. xvii+283pp』『外国語外国文化研究』26: 37-46.

上林洋二. 1984.『措定と指定―ハとガの一面』筑波大学修士論文.

岸本秀樹. 2012.「日本語コピュラ文の意味と構造」影山太郎 (編)『属性叙述の世

界』東京：くろしお出版，39-67.

北原保雄．1981.『日本語の文法』(日本語の世界 6) 東京：中央公論社

熊本千明．1989.「指定と同定―「…のが…だ」の解釈をめぐって―」『英語学の視点 大江三郎．先生追悼論文集』307-318 九州大学出版会.

熊本千明．1995.「同定文の諸特徴」『佐賀大学教養部紀要』22：17-35.

熊本千明．2000.「指定文と提示文 一日・英語の観察から」『佐賀大学文化教育研究論文集』5.1：81-107.

久野暲・高見健一．2004.『謎解きの英文法 冠詞と名詞』東京：くろしお出版.

小屋逸樹．2013.「固有名と（疑似）カキ料理構文」西山(2013), 213-240. 東京：ひつじ書房.

Marti, Luisa. 2006. Unarticulated Constituents Revisited. *Linguistics and Philosophy* 29：135-166.

Merchant, Jason. 2001. *The Syntax of Silence: Sluicing, Islands and the Theory of Ellipsis*. Oxford University Press, Oxford.

三上章．1953.『現代語法序説』刀江書店. [1972. 復刊 くろしお書店.]

Mikkelsen, Line. 2005a. *Copular clauses: Specification, predication, and equation*. Amsterdam: John Benjamins.

西垣内泰介．2016.「「指定文」および関連する構文の構造と派生」『言語研究』150：137-171.

西垣内泰介．2017.「「変項名詞句」の統語構造」『トークス（=*Theoretical and applied linguistics at Kobe Shoin*)』(神戸松蔭女子学院大学研究言語科学研究所篇) 20：127-142.

西山佑司．1985.「措定文, 指定文, 同定文の区別をめぐって」『慶應義塾大学言語文化研究所紀要』17, 135-165.

西山佑司．2000.「二つのタイプの指定文」山田進, 菊地康人, 籾山洋介（編）,『日本語意味と文法の風景：国広哲弥教授古稀記念論文集』31-46. 東京：ひつじ書房.

西山佑司．2003.『日本語名詞句の意味論と語用論―指示的名詞句と非指示的名詞句―』東京：ひつじ書房.

西山佑司．2004.「意味、真理 条件、認知」松田隆美（編）『西洋精神史における言語観の変遷』東京：慶應義塾大学出版会, pp. 31-650.

西山佑司．2009.「コピュラ文、存在文、所有文――名詞句解釈の 観点から（上）「である」（'be'）を甘くみるなかれ」『言語』Vol. 38, No. 4. 東京：大修館書店. pp. 78-86.

西山佑司．2010.「擬似分裂文の意味解釈について」『明海大学外国語学部論集』第22集, p. 77-87.

西山佑司（編著）.2013.『名詞句の世界：その意味と解釈の神秘に迫る』東京：ひつじ書房.

野田尚史．1996.『「は」と「が」（新日本語文法選書 (1))』東京：くろしお出版.

奥津敬一郎．1978.『「ボクハ ウナギダ」の文法―ダとノ―』東京：くろしお出版.

Radford, Andrew. 1988. *Transformational grammar: A First Course*. Cambridge: Cambridge University.

Radford, Andrew & Eiichi Iwasaki. 2015. On Swiping in English. *Natural Language & Linguistic Theory* 33.2: 703-744.

Recanati, Francois. 1989. The Pragmatics of what is said. *Mind and Language* 4: 295-329.

Rizzi, Luigi. 1997. The fine structure of the left periphery. In Haegeman Liliane. (ed.) *Elements of Grammar*. Dordrecht: Kluwer, 281-337.

坂原茂. 2001. 「メンタル・スペース理論」辻幸夫編『ことばの認知科学事典』東京：大修館書店.

Sprouse, Jon. 2005. The Accent Projection Principle: Why the Hell Not? *University of Pennsylvania Working Papers in Linguistics* 12, 349-359.

Stanley, Jason. 2005. Semantics in Context. In Gerhard Preyer (ed.) *Contextualism*. Oxford: Oxford University Press. ［本書では上記の草稿である下記（LingBuzz公開）をもとに引用した。
http://ling.auf.net/lingbuzz/000024］

田中江扶・本田謙介・畠山雄二. 2014. 「生成文法から学ぶ和文英訳のコツ」『ことばの仕組みから学ぶ和文英訳のコツ』東京：開拓社.

［第7章］

Abbott, Barbara. 1993. A pragmatic account of the definiteness effect in existential sentences. *Journal of Pragmatics* 19, pp. 39-55.

Bresnan, Joan. 1970. Argument against pronominalization. *Linguistic Inquiry* 1, pp. 122-123.

Declerck, Renaat. 1983. "It is Mr. Y" or "He is Mr. Y"? *Lingua* 59, pp. 209-246.

Hannay, Mike & Elena Martínez Caro. 2008. Last things first: An FDG approach to clause-final focus constituents in Spanish and English. In Gómez González, María de los Ángeles (eds.) *Languages and Cultures in Contrast and Comparison.* (pp. 33-68) Amsterdam: John Benjamins.

岩﨑永一. 2015b. 『英語定冠詞とコピュラの意味論―背後に潜む自然数概念―』東京：金星堂.

畠山雄二. 2004. 『英語の構造と移動現象―生成理論とその科学性―』 東京：鳳書房.

日向清人. 2014. 『即戦力がつく英文法』（第5刷）東京：DHC.

Huddleston, Rodney & Geoffrey Pullum. 2002. *The Cambridge Grammar of the English Language*. Cambridge: Cambridge University Press.

熊本千秋. 2005. 「存在文と指定文の接点をめぐって」『九州英文学研究』（日本英文学会九州支部）6 (1), pp. 111-127.

久野暲. 1973. 『日本語文法研究』東京：大修館書店.

久野暲・高見健一. 2004. 『謎解きの英文法 冠詞と名詞』 東京：くろしお出版.

峯島宏次. 2013. 変項名詞句の階層. 西山佑司編著. 『名詞句の世界：その意味と解釈の神秘に迫る』(pp. 407-430) 東京：ひつじ書房.

中島平三. 2006. 『スタンダード英文法』東京：大修館書店.

西山佑司. 2003. 『日本語名詞句の意味論と語用論―指示的名詞句と非指示的名詞句―』東京: ひつじ書房.

Nishiyama, Yuji. 2008. Non-referentiality in certain noun phrases. In Tetsuya Sano et al. (eds.), *An Enterprise in the Cognitive Science of Language: A Festschrift for Yukio Otsu.* (pp. 13-25) Tokyo: Hituzi Syobo.

西山佑司（編著）. 2013. 『名詞句の世界: その意味と解釈の神秘に迫る』東京: ひつじ書房.

野田尚史. 1996. 『「は」と「が」（新日本語文法選書 (1)）』東京: くろしお出版.

Rando, Emily & Donna Jo Napoli. 1978. Definiteness in *there*-sentences. *Language* 54, pp. 300-313.

谷口一美. 2004. 「行為連鎖と構文 I」中村芳久（編著）『認知文法論 II』シリーズ認知言語学入門第5巻. (pp. 53-87) 東京: 大修館書店.

山梨正明. 1995. 『認知文法論』東京: ひつじ書房.

山梨正明. 2000. 『認知言語学原理』東京: くろしお出版.

Ward, Gregory & Betty Birner. 1995. Definiteness and the English existential. *Language* 71, pp. 722-742.

[第8章]

Blakemore, Diane. 1988. *So* as a constraint on relevance. In Ruth M. Kempson (ed.) *Mental Representation: The interface between language and reality.* Cambridge: Cambridge University Press.

Culicover, Peter & Susanne Winkler. 2008. English focus inversion constructions. *Journal of Linguistics* 44.3, 625-658.

Den Dikken, Marcel. 2006. *Relators and Linkers: The Syntax of Predication, Predicate Inversion, and Copulas.* Cambridge, MA: The MIT Press.

Grice, Herbert Paul. 1989. *Studies in the Way of Words.* Cambridge, MA: Harvard University Press.

Hatakeyama, Yuji. 1997. An analysis of inverse copula sentences and its theoretical consequences for clause structure: A feature compositional approach to the split-CP Hypothesis. *Linguistic Analysis*, 27: 1-2, 26-65.

Hatakeyama, Yuji, Kensuke Honda, & Kosuke Tanaka. 2010. The *so*-inversion construction revisited. *The Linguistic Review.* 27, 1, 25-36.

東森勲, 吉村あき子. 2003. 『関連性理論の新展開―認知とコミュニケーション』東京: 研究社.

Huddleston, Rodney and Geoffrey Pullum. 2002. *The Cambridge Grammar of the English Language.* Cambridge: Cambridge University Press.

Iwasaki, Eiichi. 2010. Pseudo-amalgam heads in English *so*-inversion and comparative correlative constructions. *The Economic Journal of Takasaki City University of Economics* 53.3, 75-91.

Iwasaki, Eiichi. 2017. *The Syntax and Semantics of Comparative Correlatives: A Generative-Cognitive Language Design.* Nagoya: Sankeisha.

岩﨑永一. 2015b. 『英語定冠詞とコピュラの意味論―背後に潜む自然数概念』東京: 金星堂.

岩﨑永一. 2016. 「So 繋辞文の統語構造と意味論・語用論の援用による分析―TP 指定部に位置する変項詞としての so の意味―」『國士舘大學教養論集』79: 1-34.

熊本千明. 2014. 「指定文・措定文・同一性文」『佐賀大学全学教育機構紀要』 2, 1-13.

三木那由他他. 2012. 「グライスにおける語用論的プロセス 推意に関するもう一つの誤解」『哲学論叢』（京都大学）39: 86-97.
http://hdl.handle.net/2433/179495

Mikkelsen, Line. 2005a. *Copular clauses: specification, predication and equation*. Amsterdam: John Benjamins.

Mikkelsen, Line. 2005b. *Subject choice in copular clauses*. Ms., University of California, Berkeley.

西山佑司. 2003. 『日本語名詞句の意味論と語用論―指示的名詞句と非指示的名詞句―』 東京: ひつじ書房.

Nishiyama, Yuji. 2008. Non-referentiality in certain noun phrases. In Tetsuya Sano, et al. (eds.), *An Enterprise in the Cognitive Science of Language: A Festschrift for Yukio Otsu*. (pp.13-25) Tokyo: Hituzi Syobo.

西山佑司（編著）. 2013. 『名詞句の世界: その意味と解釈の神秘に迫る』東京: ひつじ 書房.

Ørsnes, Bjarne. 2002. Case marking and subject extraction in Danish. In M. Butt and T. H. King (Eds.), *Proceedings of the LFG02 Conference*, pp. 333-353. Stanford, CA: CSLI.

Patten, Amanda. 2012. *The English It-Cleft: A Constructional Account and a Diachronic Investigation*. Berlin: De Gruyter.

Quirk, Randolph, Sidney Greenbaum, Geoffrey Leech, Jan Svartvik. 1985. *A Comprehensive Grammar of the English Language*. Harlow, Essex: Longman.

Schütze, Carson T. 2001. On the nature of default case. *Syntax* 4(4):205-238.

Toda, Tatsuhiko. 2007. *So*-inversion revisited. *Linguistic Inquiry* 38.1: 188-195.

Wilson, Deirdre & Dan Sperber. 2012. Linguistic form and relevance. In Deirdre Wilson & Dan Sperber. *Meaning and relevance*. Cambridge: Cambridge University Press, 149-68. [Wilson, Deirdre & Dan Sperber. 1993. Linguistic Form and Relevance. *Lingua* 90: 1-25.]

[第 9 章]

Borsley, Robert. 2001. *More on the raising analysis of relative clauses*. Ms., University of Essex.

Chomsky, Noam. 1965. *Aspects of the theory of syntax*. Cambridge, MA: The MIT Press.

Den Dikken, Marcel. 2006. *Relators and Linkers: The Syntax of Predication, Predicate Inversion, and Copulas*. Cambridge, MA: The MIT Press.

岩﨑永一. 2015b.『英語定冠詞とコピュラの意味論―背後に潜む自然数概念―』東京: 金星堂.

熊本千明. 2014.「指定文・措定文・同一性文」『佐賀大学全学教育機構紀要』 2, 1-13.

西山佑司. 2003. 『日本語名詞句の意味論と語用論: 指示的名詞句と非指示的名詞句―』東京: ひつじ書房.

西山佑司. 2009.「コピュラ文、存在文、所有文――名詞句解釈の 観点から（上）「である」（'be'）を甘くみるなかれ」『言語』Vol. 38, No. 4, 78-86. 東京: 大修館書店.

Massam, Diane. 2017. Extra be: The syntax of shared shell-noun constructions in English. *Language* 93. 1: 121-152.

Patten, Amanda. 2012. *The English it-cleft: a constructional account and a diachronic investigation*. Topics in English Linguistics 79. Berlin: De Gruyter Mouton.

[第 10 章]

Chomsky, Noam. 1981. *Lectures on Government and Binding*. Dordrecht: Foris.

Hirakawa, Makiko. 1990. A study of the L2 acquisition of English reflexives. *Second Language Research* 6, 1: 60-85.

Iwasaki, Eiichi. 2014. *A preliminary note on a "referential anaphor", ZIBUN*. Ms. http://researchmap. jp/musp7qhpy-1847699/#_1847699

白畑知彦. 2006.『第二言語習得における束縛原理―その利用可能性』東京: くろしお出版.

[第 11 章]

Bielak, Jakub, & Miroslaw Pawlak. 2013. *Applying Cognitive Grammar in the foreign language classroom: Teaching English tense and aspect*. Heidelberg: Springer.

Brouwer Luitzen Egbertus Jan. 1913. Intuitionism and Formalism. *Bulletin of the American Mathematical Society* 20, 81-96.

Borsley, Robert. 2000. What is generative grammar?, In Piotr Banski & Adam Przepiorkowski (eds.), *GLIP-1: Proceedings of the First Generative Linguistics in Poland Conference*. Warsaw: Polish Academy of Science.

Borsley, Robert & Richard Igham. 2002. Grow your own linguistics? On some applied linguists& views of the subject. *Lingua* 112: 1-6.

Borsley, Robert & Richard Igham. 2003. More on 'some applied linguists': a response to Stubbs. *Lingua* 113: 193-196.

Borsley, Robert & Richard Igham. 2004. A response to Schmitz. *Lingua* 114: 101-103.

Chomsky, Noam. 1987. *Language and Problems of Knowledge: The Managua Lectures*. Cambridge, MA: The MIT Press.

トム・ガリー. 『英語のあや―言葉を学ぶとはどういうことか』東京: 研究社.

福井直樹. 1998. 「極小モデルの展開: 言語の説明理論をめざして」岩波講座言語の科学『生成文法』161-210, 第4章. 東京: 岩波書店.

原田康也. 2012. 「一般教育としての大学英語教育:『文系』情報教育と『理系』英語教育の課題」公開研究会『理工系英語教育を考える』論文集, pp. 1-10, 日本英語教育学会編集委員会編集, 早稲田大学情報教育研究所発行.

畠山雄二, 本田謙介, 田中江扶. 2015. 『日英比較構文研究』東京: 開拓社.

畠山雄二. 2005. 『科学英語読本 例文で学ぶ読解のコツ』東京: 丸善.

服部裕幸. 2003. 『言語哲学入門』東京: 勁草書房.

今井邦彦, 西山佑司. 2012. 『ことばの意味とはなんだろう』東京: 岩波書店.

石川慎一郎. 2006. 「見える化」 AJELC Newsletter No. 9 (日英言語文化学会).

岩﨑永一. 2005. 「ネイティブの直感に近づく発信型指導法—文法からディスコースまでを分かりすく視覚化—」NPO法人教育情報プロジェクト「英語教育東京フォーラム」(2005年12月28日)

Iwasaki, Eiichi. 2008. A Gift of the Cognitive Science of Language to Secondary EFL Teachers. 日英言語文化研究会 (編)『日英の言語・文化・教育-多様な視座を求めて』東京: 三修社, pp. 295-303.

岩﨑永一. 2015b.『英語定冠詞とコピュラの意味論—背後に潜む自然数概念—』東京: 金星堂

岩﨑永一. 2018. 「書評論文: 山梨正明著『自然論理と日常言語—ことばと論理の統合的研究』東京: ひつじ書房, 2016, x + 210」『國士舘大學教養論集』81: 9-24.

神谷傳造. 1999. 「巻頭のことば」『三田学会雑誌』(慶應義塾大学経済学会) 3-4.

小池生夫. 2015. 「ガラパゴス化からグローバル化への日本の英語教育の変容」森住 (2015), 東京: 三省堂, pp. 31-36.

森住衛. 2015. 「言語観の検証—8つの異論をめぐって—」『森住衛教授退職記念論集 日本の言語教育を問い直す—8つの異論をめぐって—』東京: 三省堂, pp. 1-6.

西山佑司. 2001. 「関連性理論」辻幸夫編『ことばの認知科学事典』pp. 294-303 東京: 大修館書店.

大津由紀雄. 2009. 『危機に立つ日本の英語教育』東京: 慶應義塾大学出版会.

大津由紀雄・窪薗晴夫. 2008. 『ことばの力を育む』東京: 慶應義塾大学出版会.

Said, Edward. 1994. *Representation of the Intellectual: The 1993 Reith Lecture.* New. York: Vintage Books.

Schmitz, John Robert. 2004. Taking linguistics seriously: on the varied dimensions of applied linguistics. *Lingua* 114: 95-99.

Sidhu, Kulbir Singh. 2006. *The Teaching of Mathematics.* New York, NY: Sterling Publishers Pvt. Ltd, 2006

Stubbs, Michael. 2002. On text and corpus analysis: A reply to Borsley and Ingham. *Lingua* 112: 7-11.

Sperber, Dan & Deirdre Wilson. 1986. *Relevance: Communication and Cognition.* Oxford: Blackwell. [内田聖二・宋南先・中逵俊明・田中圭子. 1999. [翻訳]『関連性理論—伝達と認知—』東京: 研究社.]

山梨正明. 2016.『自然論理と日常言語―ことばの論理と統合的研究』東京: ひつじ書房.

[第12章]

Fauconnier, Gilles. 1985. *Mental Spaces: Aspects of Meaning Construction in Natural Language*. Cambridge, MA: The MIT Press. [Fauconnier, Gilles. 1994. *Mental Spaces: Aspects of Meaning Construction in Natural Language*. Cambridge: Cambridge University Press.]

福井直樹. 1998. 「極小モデルの展開: 言語の説明理論をめざして」. 岩波講座言語の科学『生成文法』161-210, 第4章. 東京: 岩波書店.

Iwasaki, Eiichi. 2013. The Phantom of Biolinguistics, the Reality of Psycholinguistics, and the Ontology of Particular Languages: Chomsky, the Platonists, and beyond. 『國士舘大學教養論集』74: 43-63.

岩﨑永一. 2015a. 「狭義のチョムスキー学派の第一言語獲得モデルの誤謬―「個別言語」の概念規定を巡って―」『國士舘大學教養論集』77: 27-56.

岩﨑永一. 2015b.『英語定冠詞とコピュラの意味論―背後に潜む自然数概念―』東京: 金星堂.

Iwasaki, Eiichi. 2017. *The Syntax and Semantics of Comparative Correlatives: A Generative-Cognitive Language Design*. Nagoya: Sankeisha.

岩﨑永一. 2018. 「書評論文: 山梨正明著『自然論理と日常言語―ことばと論理の統合的研究』東京: ひつじ書房, 2016, x + 210」『國士舘大學教養論集』81: 9-24.

Morris, Charles W. 1938. Foundations of the Theory of Signs. *International Encyclopedia of Unified Science*, vol. 1, 77-138. Chicago: University of Chicago Press.

西村義樹 (編著). 2002. 『シリーズ言語科学 2 認知言語学 1 事象構造』東京: 東京大学出版会.

西山佑司. 1987. 「E-言語から I-言語への移行をめぐって」『慶應義塾大学言語文化研究所紀要』第 19 号, 105-132.

西山佑司. 1998. 「言語と生成文法にたいする解釈をめぐって―心理主義 対 言語実在主義―」『慶應義塾大学言語文化研究所紀要』第 30 号, 169-199.

西山佑司. 2003. 『日本語名詞句の意味論と語用論―指示的名詞句と非指示的名詞句―』東京: ひつじ書房.

西山佑司 (編著) 2013.『名詞句の世界 その意味と解釈の神秘に迫る』東京: ひつじ書房.

西山佑司. 2017. 「認知言語学と関連性理論」成蹊大学プロジェクト「認知言語学の新領域開拓研究」シンポジウム「認知言語学と語用論」(2017 年 8 月 29 日) 講演配布資料.

Sweetser, Eve. 1996. Changes in figures and changes in grounds: A note on change predicates, mental spaces and scalar norm. *Cognitive Studies (Ninchi Kagaku)*, Bulletin of the Japanese Cognitive Science Society (Special Issue: Cognitive Linguistics) 3.3: 75-86.

Sweetser, Eve. 1997. Role and individual readings of change predicates. In Jan Nuyts & Eric Pederson (eds.) *Language and Conceptualization*. 116-136, Cambridge: Cambridge University Press.

谷口一美. 2004. 「行為連鎖と構文Ⅰ」中村芳久（編著）『認知文法論Ⅱ』シリーズ認知言語学入門第5巻. (pp. 53-87) 東京: 大修館書店.

辻幸夫. 2002. 「認知的隠喩研究に向けて」『日本認知言語学会論文集』2: 272-275.

Tyler Andrea & Vyvyan Evans. 2003: *The Semantics of English Prepositions. Spatial Scenes, Embodied Meaning and Cognition*. Cambridge: Cambridge University Press.

山梨正明. 2016. 『自然論理と日常言語——ことばの論理と統合的研究』東京: ひつじ書房.

［あとがき］

Chomsky, Noam. 1980. *Rules and Representations*. NY: Columbia University Press.

Chomsky, Noam. 2010. Some simple evo devo theses: How true might they be for language? In: Larson, Richard K., Déprez, Viviane, & Yamakido, Hiroko (eds.), *The evolution of language: Biolinguistic perspectives*, 45-62, Cambridge: Cambridge University Press.

Den Dikken, Marcel. 2005. Comparative Correlatives Comparatively. *Linguistic Inquiry* 36, 497-532.

福岡正夫. 1986. 『ゼミナール経済学入門』東京: 日本経済新聞社.

服部裕幸. 2003. 『言語哲学入門』東京: 勁草書房.

今井邦彦. 2017. (Bookshelf 掲載の書評) ＜（被書評書籍）西山佑司・杉岡洋子編. 『ことばの科学　東京言語研究所開設50周年設立セミナー』四六版/192pp. 東京: 開拓社. ＞『英語教育』2018年1月号 pp. 93-94. 東京: 大修館書店.

Iwasaki, Eiichi. 2008. A Gift of the Cognitive Science of Language to Secondary EFL Teachers. 日英言語文化研究会（編）『日英の言語・文化・教育-多様な視座を求めて』東京: 三修社, pp. 295-303.

Iwasaki, Eiichi. 2013. The Phantom of Biolinguistics, the Reality of Psycholinguistics, and the Ontology of Particular Languages: Chomsky, the Platonists, and beyond. 『國士舘大學教養論集』74: 43-63.

岩﨑永一. 2015a. 「狭義のチョムスキー学派の第一言語獲得モデルの誤謬—「個別言語」の概念規定を巡って—」『國士舘大學教養論集』77: 27-56.

Iwasaki, Eiichi. 2017. *The Syntax and Semantics of Comparative Correlatives: A Generative-Cognitive Language Design*. Nagoya: Sankeisha.

北原久嗣. 2004. 「人に具わる知識の種子-プラトンの問題に対するチョムスキーの試み—」　松田隆美（編）『西洋精神史における言語観の変遷』東京: 慶應義塾大学出版会, pp. 67-80.

Katz, Jerrold & Paul Postal. 1991. Realism vs. Conceptualism in Linguistics. *Linguistics and Philosophy* 14: 515-554.

森住衛. 2016. 「「文化」とは何か」『AJLEC 創立10周年記念随想集』（日英言語文化学会）pp. 202-207.

村田年. 2016. 「文法も文化を反映する―主語省略と基本文型おける日英語の違い―」
　　　『AJLEC 創立 10 周年記念随想集』(日英言語文化学会) pp. 195-201.

西村和雄. 1990. 『ミクロ経済学』東京: 東洋経済新報社.

西山佑司. 1987. 「E-言語から I-言語への移行をめぐって」『慶應義塾大学言語文化
　　　研究所 紀要』第 19 号, 105-132.

西山佑司. 1998. 「言語と生成文法にたいする解釈をめぐって―心理主義 対 言語実
　　　在主義 ―」『慶應義塾大学言語文化研究所紀要』第 30 号, 169-199.

Said, Edward. 1994. *Representation of the Intellectual: The 1993 Reith Lecture.*
　　　New York: Vintage Books. [エドワード・サイード (著) 大橋洋一 (訳) 1998.
　　　『知識人とは何か』東京: 平凡社]

辻幸夫. (編著). 2003. 『認知言語学への招待』東京: 大修館書店.

辻幸夫. 2017. 「＜リレー連載＞私の本棚㊸ことばと文化を考える」『英語教育』
　　　2017 年 10 月号. p. 91. 東京: 大修館書店.

Wakabayashi, Shigenori. 2013. Why do we need a linguistic theory to describe
　　　learners' behaviors? *Second Language* 12: 81-108.

【著者紹介】

岩﨑　永一 / Eiichi Iwasaki

慶應義塾大学経済学部卒業。英国エセックス大学大学院言語学科修了(M.A. in English Language & Linguistics)。ケンブリッジ大学セント・エドモンド・コレッジ客員研究員(Visiting Scholar)等を経て、現在、早稲田大学産業経営研究所招聘研究員、明治大学兼任講師(文学部の意味論も担当)、早稲田大学、千葉大学、国士舘大学非常勤講師。専門は意味論・語用論・統語論ならびに言語哲学。著書(単著)に、和文研究書『英語定冠詞とコピュラの意味論—背後に潜む自然数概念—』(金星堂、2015)、英文研究書 *The Syntax and Semantics of Comparative Correlatives: A Generative-Cognitive Language Design* (三恵社、2017)がある。

意味論と語用論に基づく最上級英文法理論
ー変項・認知・文脈からの母語話者の言語知識の解明ー

An Upper-Advanced Grammatical Theory of English Based on Semantic and Pragmatic Theories: Understanding Native Speakers' Linguistic Knowledge from the Perspectives of Variables, Cognition, and Context

2018年6月20日	初 版 発 行
2018年6月29日	第2刷発行
2020年1月22日	第3刷発行

著　者　　岩﨑　永一

デザイン　　田口　理江(オルクリエイション)

定価(本体価格2,500円+税)

発行所　　株式会社　三恵社
〒462-0056 愛知県名古屋市北区中丸町2-24-1
TEL 052 (915) 5211
FAX 052 (915) 5019
URL http://www.sankeisha.com

乱丁・落丁の場合はお取替えいたします。

ISBN978-4-86487-834-0 C3082 ¥2500E